高齡學習

黃　富　順主編

中正大學高齡者教育研究所
成人及繼續教育學系教授

五南圖書出版公司 印行

作者簡介

黃富順（兼主編）

國立台灣師範大學教育學博士、美國奧斯汀德州大學、北卡州立大學博士後研究

國立中正大學教授、曾任教育部科長、中小學教師、大學教授、主任、研究所所長、副校長、校長

林麗惠

國立中正大學成人及繼續教育學系博士

國立中正大學成人及繼續教育學系助理教授

陳明蕾

國立中正大學成人及繼續教育學系博士，美國明尼蘇達大學進修

國立清華大學臺灣語言研究與教學研究所副教授

隋復華

英國諾丁漢大學碩士、國立中正大學成人及繼續教育學系博士

序

　　人口的高齡化，是世界各國發展的一致趨勢。台灣自1994年邁入高齡化社會後，由於經濟發展，社會穩定，民眾壽命的不斷延長，及少子化的現象，使人口高齡化現象日益加遽。至2003年底，老化指數達46%，老化程度再創新高，此一現象正顯示台灣社會已逐步走向超高齡化的社會，值得重視。

　　面對老人人口的增多，及老年人口依賴比例的增加，有二項課題值得關注：一為如何讓高齡者能享有愉快的高齡生涯，即如何使他們過得健康快樂；其次為高齡者的人力如何善加利用，以有助於社會整體的發展，及個人生活的滿意。畢竟高齡者是社會的一項資產與資源。此二項課題，均與教育或學習有關。蓋唯有透過教育與學習，才能讓高齡者習得生活與生存的必要知能，使高齡生涯能發展智慧，以達到自我實現的目標；其次，透過學習可以獲取新知，使其具有再投入新工作的能力，發揮生命的光輝，使社會洋溢光明與溫暖。故高齡學習，在高齡生涯中扮演了相當重要的角色。

　　有鑑於此，本書特以高齡學習為主題進行探討。全書計分為十六章，除第一章緒論及十六章高齡學習與未來，係屬綜論及未來展望的探討外，餘十四章可分為三大部分：一為學習活動發展與哲學，包括第二、三章；二為老化現象與學習，包括第四、五、六、七、八等五章；三為高齡學習的實務問題，包括第九、十、十一、十二、十三、十四、十五等七章。

　　全書的撰寫，由本人及中正大學成教系博士班畢（肄）的同學分別擔任，他們均已在高齡學習領域，有所專研，或有志於此一領域的探討。為求全書脈絡一貫，架構完整，體例一致，用詞遣字劃

一，經約請各撰寫者再三研商交換意見。全書各章節的撰寫重點，由本人確定後，即由各撰稿者分別進行，每章撰寫完初稿後，即交由本人審閱，進行調整與修正。每章均經多次研酌修訂後始逐漸定稿，最後再作目錄、圖表及索引的彙編工作。因此，本書無論體例、內容、文字、用語等均已力求一致，儘量求取全書前後呼應，相互貫串。為求品質的提高與齊一，全部寫作過程較之原預期完稿時間稽延達半年。基於完善與完整，雖有若干延誤，但彼此仍認為這是值得的。

本書各章節之撰寫者為：黃富順負責一、二、十四及十六等四章；隋復華負責三、四、五、六、十二等五章；陳明蕾負責七、八、十一等三章；林麗惠負責九、十、十三、十五等四章。各章撰寫者，雖經再三研酌與修正，但均秉持認真負責的精神，求真求善的態度，戮力以赴，在此對於他們各位的付出與貢獻，謹致最大的謝意。

本書的出版，希望提供高齡教育機構或高齡者教師的參考與指引，而有助於我國高齡教育及高齡學習的發展與進步，這是個人及共同撰寫者的心聲與願望。本書能夠付梓，要感謝五南圖書出版公司楊董事長榮川慨允出版，其次感謝成教學會同仁陳淑櫻及李孟穎在統整、校對及連繫協調工作上的協助。由於個人及諸位撰寫者學驗有限，勉力完成此書，疏漏之處，敬祈國內外各位先進賜予指正。

黃富順
謹誌於二○○四年二月

目　　錄

第一章

緒　論

　　由於壽命的延長，人口結構的改變，高新科技的發展及終身學習理念的激發，高齡學習活動正快速興起，高齡者成為成人學習活動的新興人口。此一現象，將隨個人健康的改善，社會的變遷遽烈而加速。高齡學習，必為二十一世紀社會快速發展的新型態活動，值得政府當局及社會各界關注與正視，俾採取適當的措施，及早因應，才能促進高齡者個人的發展，及社會的穩定與進步，達成「人人學習，處處學習」的終身學習社會。本章探討高齡學習的意義、源起與特性等，茲分三節說明之。

第一節　高齡學習的意義與範圍

　　高齡學習是一門新興的學門，其意義如何？範圍為何？其與成人學習的關係如何？乃為本節探討的重點所在。

☪ 一、高齡學習的意義

　　「高齡學習」乙詞，包括「高齡」及「學習」兩個名詞，茲就此兩個名詞的涵義探討如下。

㈠高齡

　　「高齡」一詞，一般係指年齡較大的意思，有時亦可用來泛指年齡較大的族群，亦常以「高齡者」稱之。與高齡相類似的名詞頗多，包括老人、老年、老齡、銀髮族、資深公民等。在台灣地區的社會中，常以「老年」或「老齡」稱之，屬於老年或老齡者，一般以「老人」或「老年人」的稱呼最為普遍。然究竟何時可稱為「老」？「老人」的標準為何？仍有若干爭議。不同的時期，不同的社會有不同的標準。我國古籍，以五十歲為老人年齡的下限。皇侃疏云：「老，謂之五十以上」。邢昺疏：「老，謂五十以上」。醫藥中《靈樞經衛氣失常篇》也說：「人在五十以上為老，二十以上為壯，十八以上為少，六歲以上為小。」《楚辭離騷》：「老冉冉將至兮，望脩名之不立。」王逸注：「七十曰老」。《資治通鑑

漢高帝二年》：「蕭何亦發關中老弱未傳者悉詣滎陽。」胡三省注：「過五十六歲為老。」許氏說文云：「老，考也。七十曰老，人，從毛化。言須髮變白也」。又云：「年八十曰耋，年九十曰耄。耄耋，皆老也。」由此觀之，老並沒有明顯的界限，老的年齡差距在二十年以上。

　　邱天助（2002）曾在 2000 年 3 月至 6 月間，採立意抽樣法，按照年齡、性別、教育程度和地區為效標，訪談台灣民眾對老年的意象，其年齡分布在十二歲至六十五歲以上，男性 275 位，女性 223 位，教育程度自國小至大專以上均有，地區則遍及北（37.5%）、中（26.6%）、南（25.1%）、東（10.8%）。以「你認為幾歲是老人？」為題，進行開放性訪談，訪談結果，老人的年齡範圍，自五十歲到七、八十歲均有。五十歲（1.6%）、五十五歲（4.6%）、六十歲（26.7%）、六十五歲（21.7%）、七十歲（15.1%）、七十五歲（0.8%）、八十歲（2.2%），其中亦有認為應視身、心、社會的狀況而定（17.6%）。在他的研究中，亦發現對老人的認同，不同的年齡群有不同的界定，與老年距離較遠的年齡群，有將老年提早界定的趨勢，而臨界法定老年的年齡群，則有延後界定的趨勢，而身為老年層者，則有將老年擴大的趨勢，顯示了老化經驗在年齡距離上的差異意義。他將此種現象，稱之為「年輕人的老年拒斥」、「中年人的老年焦慮反彈」、「老年人的族群泛化」。邱天助的研究，是近年來以台灣社區民眾為調查對象的實證性研究，提供了當前台灣社會民眾對「何謂老人」的一般看法。

　　就西方社會而言，至十九世紀工業化之後，國家退休制度形成，乃以退休年齡為老年之開始，亦即人生到「一定年齡」須轉換到另一種生活模式，而有「第二人生」或「第三年齡生涯」之稱（吳老德，2003）。對老年或老人的界定，宜從生理、心理、社會及主觀意識等四種層面為之，較能獲得客觀、正確的概念。

1. 實足年齡

　　實足年齡作為老年或老人的標準，最為普遍，也最被廣泛使用。此一界定方式，係將達到某一年齡界限者，即劃入老年或老人的範圍。然則實

足年齡達到多少歲？始可稱為老人呢？從歷史上來看，有採五十、六十及六十五歲者。在二次戰後，許多國家採取六十歲為標準。1956 年，聯合國以六十五歲為老年的起點。依據聯合國世界衛生組織（World Health Organization, WHO）所訂定的標準，六十五歲以上人口，占全國總人口 4%以下者為「青年國」，4%至 7%者為「中年國」，7%以上為「老年國」，即達到高齡化社會的標準。目前國際上的人口統計，六十歲及六十五歲皆列為老年人口的統計指標。以六十歲為老人指標者，如大陸、過去的日本、俄羅斯等，台灣地區及其他不少的歐美國家均以六十五歲為標準。

2.生物年齡

生物年齡係指依據個人身體的發展與變化狀況，推估其在個人可能的生命期中，所占的相對位置，用以表示隨時間的推移，機體的結構和功能的衰老程度。從生物年齡而言，通常「老」的重要指標有四項：(1)生殖能力喪失：以婦女而言，就是停經，約發生在五十歲左右；男性則無此種明顯的現象；(2)頭髮變灰：每個人發生的時間有早、有晚，個體間有所不同。這是從外貌上，最易於歸入老年的一個重要特徵；(3)生理功能的減退：包括視聽能力衰退、呼吸短促、彈性減退、平衡能力減弱、心肌打擊力道減少、肺活量變小、活動的耐力及爆發力不足等。這些變化，通常是自己能感受到的，也是主觀上認定自己老的根源之一。每個人生理功能減退的時間、衰退速率和嚴重程度，亦屬不同；(4)慢性病產生：個體如以慢性病的產生來代替短期性的疾病，並已成為日常生活的一部分，通常就是進入老年的徵象之一。

3.心理年齡

所謂心理年齡通常係指個體適應環境及其反應在學術性技巧、情緒和動機上的能力。這些能力包括記憶、智力、感情、動機及其他維持自尊及自我控制的技巧。在老年心理學中的心理年齡，通常係指由社會因素和心理因素所造成的個人對老化程度的主觀感受。所謂社會因素，包括孩子長大離家、第三代的產生、配偶的死亡、日常生活的健忘、及欠缺耐心等。心理因素，包括對認知方面判斷力的減退及衰退感的產生，如失去思考、

損失記憶、不能集中注意、欠缺解決問題的能力等。因此，個人老不老，事實上也涉及到相當的主觀認定。有人六十歲已自己覺得老了，常把「老」字掛在口裡，思想及行為相當受此影響；有人年高八十歲，猶不覺得「老」，動機強，活動性高，日常生活積極而樂觀，生活滿意度亦高。

4.社會年齡

　　社會年齡係指某一年齡者所扮演的角色與社會對該年齡者的期待是否符合的程度。從社會的層面來看，個人何時被歸為老人，通常有三種指標：(1)退休：即個人不再從事全時有薪的工作，而以退休金或退職金作為生活經濟的主要來源。退休，通常被視為老人的重要特徵，因此，退休與老人通常被劃上等號，視為老人的專屬權益。退休制度的產生，係肇源於十九世紀末葉，當時普魯士由俾士麥首相執政。他看到六十五歲以上的人，身體羸弱，已不堪繼續從事工作，但有感於他們數十年來為社會、國家的付出，從國家的立場而言，應給予支領退職金作為未來生活的保障，以安養天年。1884 年，他為了謀求勞工團體的福利，保障礦工和工廠工人的生活安全，乃進行立法，提供老年疾病和殘障者的保險，並規定六十五歲為強迫退休的年齡，於 1887 年獲得通過。雖然俾士麥本人直到八十歲才退休，但「六十五歲」的原始創議，已成為人事制度的標準（徐立忠，1981）。此一標準的建立，其後為不少國家所效法，採納為老年退休的界線。

　　時至今日，對於退休的年齡，不同的國家，亦有不同的標準，主要有六十歲及六十五歲二種。以六十歲為退休年齡者，如大陸、過去的日本、法國及俄羅斯等。然大多數的歐美國家均採取六十五歲為強迫退休的標準，如美國、英國、德國、荷蘭、加拿大、義大利、瑞典、盧森堡、西班牙及台灣等，均以六十五歲為法定的強迫退休年齡；(2)扮演祖父母的角色：開始扮演祖父母的角色，通常亦被視為老年的一項特徵。究竟何時開始扮演祖父母的角色，不同的社會及時代，其標準亦有不同。過去，一般在四十九歲至五十歲之間，目前由於社會變遷，晚婚情形頗為普遍，故扮演祖父母的年齡有逐漸後移的現象；(3)失去父母：失去父母，自己成為家庭中年齡最大的一代，通常也被視為一項老的指標。但由於壽命的延長，

此一指標，已有愈來愈晚的趨勢。

　　經由上述，個人何時變老，何時進入老年，有各種不同層面的看法。不同的層面，均有其被指認的標準存在。事實上，它也涉及相當主觀的認定。因此，很難有一致的標準來加以界定。通常從法律的層面而言，在國際上，就是六十歲及六十五歲兩種年齡指標了。

　　就教育層面而言，在國際上，高齡的學習活動，從五十五歲、六十歲及六十五歲開始者均有。以歐洲相當著名與盛行的學習活動，如第三年齡大學，其年齡的下界皆從五十五歲開始。有關成人學習或教育的文獻，其討論的範圍類皆從二十五歲到五十五歲或五十九歲為止，很多成人教育機構對成人學生的統計，很少超過六十歲或六十五歲。超過六十五歲以上，往往視為例外。六十五歲以上的學習者，在人數、學習型態、偏好和需求等的探討，仍屬一片未開發的園地。因此，美國學者藍登及佛給特（Lamdin & Fugate, 1997）在其所著的「高齡學習」（Elder Learning）一書，就將高齡學習界定在五十五歲以上者的學習活動。以台灣社會而言，不少的高齡學習活動，其所規定的年齡下限亦為五十五歲，如老人大學、長青學苑等招生均以五十五歲為下限。因此，就教育層面而言，無論是學術研究或實務操作，所謂高齡，一般係指五十五歲以上的人。

　　(二)學習

　　學習是一個相當常用的名詞，它已融入個人的生活之中，而成為生活的主要方式之一。個體的學習活動，隨時隨地發生，因此，它也常被視為無須再作界定的名詞。事實上，學習的產生看不見，也摸不著，要對學習作界定，也相當困難。一般在學術上，較能受到普遍接受的說法，就是將「學習」界定為：「個體因經驗而使行為產生較為持久改變的歷程。」此一界說，包括四個重要的概念：(1)學習會產生行為的改變，但行為的改變，並非均來自學習；(2)學習引發的行為改變，係較持久的，凡屬短暫性的改變，非屬學習的結果；(3)學習的改變來自經驗，經驗是構成學習的原因；(4)學習是一種歷程：學習的本身是導致行為改變的一種過程。

　　經由上述分析，可知所謂「高齡學習」，係指年滿五十五歲以上的人，透過經驗而使其行為產生較持久性改變的過程，目的在於知能的增進，情意與態度的改變，以及達成自我的實現。

☪二、高齡學習與高齡教育、教育老人學

　　高齡學習俗稱老人學習。與此相類似的名詞，經常交相為用的另一個名詞係高齡教育，或稱老人教育。所謂「教育」，係指一種有計畫、有組織、有順序的學習活動，目的在促進個人知能、態度和價值觀念的改變。因此，高齡教育，係指為高齡者所提供的有計畫、有組織的學習活動，目的在於增進受教者知能，改變態度及價值觀念的過程。而高齡學習，則係指高齡者透過經驗而使行為產生較持久改變的過程，其目的亦在於增進個人知識、技能、態度或價值的改變。「教育」係從國家、社會、機構或施教者的立場出發；而學習則較從個人的觀念著眼，強調以學習者為主體。準此而言，學習的範圍，大於教育。蓋學習除包括機構所辦理的有組織、有順序的活動之外，尚含蓋自我學習。

　　在學術領域上，另一個常使用的名詞為「教育老人學」（educational gerontology）。此一名詞，在北美地區尤廣為使用。首先使用此一名詞的是被譽為「教育老人學」之父的馬克拉斯基（Howard McClusky）。他在1970年於密西根大學（University of Michigan）的博士課程中，首先開設此一研究領域。1976年，「教育老人學」期刊發行，此一名詞開始獲得美國全國的採用。馬克拉斯基開設此一課程，係在探討教育和老人之間的問題。其後，洛杉磯南加州大學（University of Southern California）的彼得遜（D. A. Peterson）對此一名詞的範圍加以擴充，1976年彼得遜對「教育老人學」作了系統性的界定。他指出：教育老人學是在成人教育和社會老人學（social gerontology）發展下的一個新研究領域，旨在探討有關老年人教育的實務與研究。它包括三個相關的層面：(1)提供給老人的教育；(2)有關老化的教學；(3)提供從事有關老化和老人的服務者，具有專業或半專業知能的預備教育（Glendenning, 1985:33）。教育老人學的名詞，目前已成為全

球老人教育研究領域上被接受的名詞，係指對老年人教育理論與實務的研究。

就高齡教育的研究而言，早期較從「教育」的觀點出發，故以「老人教育」、「教育與老化」、「老人教育學」為名的專著不少。但晚近，教育的思潮較偏向從學習者的立場出發，故近年來探討高齡學習、老人學習的研究與文獻日漸增多，不少的專著均改以高齡學習（elder learning）、高齡學習者（older adult learners）、高齡即學習者（the older adults as learner）、第三年齡的學習（the third age learning）等為名，可見對高齡教育的研究，已從「教育」的觀點轉到「學習」或「學習者」的角度。

☾ 三、高齡期的範圍與分期

高齡學習，經由前述的分析，一般係指五十五歲以上的人所從事的學習活動。因此，高齡學習的範圍，自宜含蓋五十五歲以上至生命期終點為止。但事實上，個體到達衰老期階段，身心功能急速退化，已不可能再行參與或進行學習活動。因此，高齡學習究指哪一階段的高齡人口？究竟那一年齡範圍為高齡學習的主要人口？要回答此一問題，就須要對高齡期有進一步的瞭解。

自教育層面而言，高齡學習係指五十五歲以上的人所進行的學習活動。將五十五歲以上的人皆劃入高齡期，此種劃分，亦失�漫，難以掌握該年齡階段的特徵。近年來，世界各國由於壽命的延長，高齡期不斷的後移，個人生命期長達八、九十歲已屬平常，百歲以上的人瑞，在我們的社會屢見不鮮，愈來愈多。因此，將一個五十五歲的人，和一個八、九十歲的人皆稱為老人，其不適切性至為明顯。兩者的差異甚大，以相同名稱泛指之，自非適當。因此，由於高齡期個體間身、心及社會發展的迥異，為適切掌握高齡者的特徵，自有必要對高齡期再加以細分。

對於高齡期的劃分，不同的學者看法不同，而有不同的劃分標準，其分期的多寡，自然有別。

㈠初老、中老、老老

　　一般而言，對高齡期的劃分，最常見的做法，就是以「年齡」作為分期的依據。有將其分為初老及老老兩期，亦有分為初老、中老、老老三期，亦有在三期中各加入轉換期而成為五期者。二期的劃分法，所謂「初老」，係指六十五歲至七十四歲；「老老」係指七十五歲以上的人。三期的分類法，「初老」係指六十五歲至七十四歲；「中老」係指七十五歲至八十五歲；「老老」係指八十五歲以上的人。初老期的人，身心健康，仍積極參與社會的相關活動，動機強，具獨立性，能控制，往往是高齡學習的主要人口。中老期的人，通常身心功能已開始呈現下降的現象，個人開始罹患一種以上的慢性病，而逐漸減少活動量，逐漸從社會活動中撤離。而老老期的人，通常已臥病在床，身心功能加速退化，失去獨立與控制的能力，冀期能再參與學習活動，已屬不易。

㈡高齡前、中、後期

　　日本學者通常將高齡期劃分為前期、中期及後期等三階段，教育在三階段的作用亦有不同。

1.高齡前期

　　指五十五歲至六十五歲者。此係過去日本在個人退休之前、後期，是生命週期的重要轉換。此一時期的高齡者身心健康尚佳，就業意願亦相當強。為適應生涯的轉換，退休前教育成為重要課程。為輔導其再就業或轉業的需求，有關轉業或再就業的教育與輔導工作，亦為重要的目標。

2.高齡中期

　　指六十五歲至七十五歲者。此期的高齡者，通常已不再從事全時的工作，自立生活能力也開始產生變化，較須依賴家人的照顧，由於與子女共同生活而會產生社會及生活的調適問題。此時期的高齡者，需要學習適應新環境所需的知能，發展新的生活目標及重新調整日常生活的能力。

3.高齡後期

指七十五歲以後，身體與能力有顯著衰退現象，配偶與朋友等關係親密的人相繼凋零，容易有情緒性問題。故此一時期，教育的重點在於幫助高齡者坦然接受生理機能衰退的事實，協助其對知識性探索保持高度興趣，發展對未知新領域之關懷，使其得以從中尋得生命意義，同時從拓展知識的領域中而獲得成就感與滿足感（宋明順，1991）。

(三)第三及第四年齡

對高齡者的另一種說法，係以第三年齡稱之。此一說法始自法國，其對高齡階段所提供的教育措施，往往以第三年齡教育稱之，如第三年齡大學（University of the third Age, UTA, U3A），在歐洲地區，尤其法國、英國、德國、澳洲、紐西蘭等均甚為盛行。所謂第三年齡，依拉斯里特（Laslett, 1989）在其名著「新的生命圖：第三年齡的誕生（A fresh map of life: The emergence of the third age）」的說法，係將人生分成四個年齡階段：

1.第一年齡

開始於出生至個體開始工作之時，約為二十歲或二十五歲時止，此階段係為成人生活作準備的階段，此一年齡階段的特徵為身體和經濟的依賴。此一時期的主要任務為接受教育，進行社會化和準備工作。兒童在此時期中，完全依賴父母，從而獲得保護、營養和學習語言，直至其能處理家庭和社會生活中的事務為止。成功的第一年齡就是給予年輕人教育，賦予自主和認同感。教育的目的，在於為未來的工作和家庭生活作準備。此一年齡，事實上是一個依賴的時期。

2.第二年齡

從開始工作、結婚到退休為止，係指進行工作、成立家庭、進入婚姻關係及扶養子女的階段，這是最長的年齡階段，也是最具生產力的時期。此一年齡階段的特徵為成熟、獨立，擔負生產、負擔家庭和社會的責任。其主要任務為生育子女，經營家庭，維持家庭，及對社會作經濟的貢獻。重要的挫折為沒有足夠的時間，因此，仍有許多個人未完成的工作要移到

第三年齡。故這是一個獨立和負擔家庭和社會責任的時期。

3.第三年齡

開始於個人退休之時，終止於個體身心機能開始進入快速衰退的時期。此時期個人離開工作場所，並且停止許多家庭上的責任，得以自由地滿足個人的想法及需要，是個人成就的年齡。這是一個透過活動而使個人獲得充實的時期，使個人感受快樂和價值感的時期。這些活動通常是繼續工作（付薪或不付薪），積極追求個人興趣，發展新的興趣，參與社會和政治的活動，重新對社會承諾，重行參與學習，開發潛能，達成自我實現。

至二十世紀末，由於生命期的延長，第三年齡已長達二十五至三十年，展望二十一世紀，第三年齡的時間將持續增長。總之，第三年齡是個人成就和自我發展的時期，充滿各種可能性及不確定性，它也是一個難以界定的名詞。到達此一年齡階段，仍有四分之一的人健康、精力充沛，他們經驗成熟，因此，個體需要有新的架構和態度來因應此一年齡階段的生活。

4.第四年齡

開始於第三年齡的結束至生命期結束止。係指依賴、衰老以及死亡的年齡，此一階段，傳統上稱為老年，可能是屬於失能的階段。其開始時間並不明確，可以從六十歲至一百二十歲均有可能，或永不會來臨。成功老化者，可能永不會來臨，但不幸者，可能有相當多年的第四年齡階段。此一階段的特徵是罹患疾病，身體脆弱，依賴他人，接近死亡。因此，這是一個脆弱和衰退的時期。

減少參與理論，可以說是此一階段生活的描述，個體在此一時期中，無論生理或心理皆呈現快速衰退的狀態。但即使個體到達此一時刻，仍有若干高度有效的教育活動，可以使個體回復到前一年齡階段的狀態。

以上各年齡階段的劃分或界定，均建立在功能的基礎之上，並非依實足年齡而定。

第二節 高齡學習興起的因素

　　從個體的學習或教育的觀點而言，早期受到重視的是兒童或青少年的學習活動，認為兒童或青少年未具成人社會的知能，自應提供其生活必須的知識和技能，俾便在未來成人社會中適應良好。因此，社會普遍重視兒童或青少年的學習活動，將教育的資源均分配給他們，由國家負起教育的責任。故早期「教育」一詞，即等同於兒童教育，教育成為人生前段的活動。其後，由於科技發展迅速，社會變遷時距縮短，知識爆增及過時快速，而引發了成人教育的運動，成人教育發展了一段時間後，才開始注意到高齡者教育的問題。

　　自高齡學習的觀點而言，高齡者的學習活動，應與人類的歷史相伴而生。亦即自有人類以來，高齡學習活動即自然產生。但過去的高齡學習活動，可說是一種個別的、自我的活動，在沒有計畫、沒有組織的情況下進行，也可以說是一種私人的個人活動。如就有計畫、有組織的學習而言，則高齡學習的產生，顯然是在二十世紀五十年代之後，尤其在八十年代後更受關注，其主要的原因來自於高齡人口的增多，終身教育理念的興起及老人教育權觀念的開展。茲分述如下：

☪ 一、高齡人口的增多

　　人口老化的現象是世界一致的趨勢，無論是已開發或開發中國家皆然。就美國而言，從 1900 年至 1990 年代，美國人的平均生命期延長了二十八歲（即從 1900 年的四十七歲延長至 1990 年代的七十五點五歲）。在二十世紀中，成年期約增長了 1 倍。在二十世紀的一百年中，人類在生命期的改變比過去二千年還大，約為過去各世紀平均增長幅度的 23 倍。從1960 年至 1995 年中，美國六十五歲以上的人口，已從 8% 上升至 12%，估計 2020 年將達 17%。屆時超過八十五歲的人口比率，將增長四倍（Lamdin & Fugate, 1997）。就其他國家而言，至 2001 年，義大利六十五歲以上的老

人人口為 18.4%，日本為 18.0%，德國為 16.6%，法國為 16.1%，英國為 15.6%，挪威為 15.1%，荷蘭為 13.6%，加拿大為 12.8%，澳洲為 12.5%（內政部，2003a）。就台灣地區情形而言，台灣剛光復時，老人人口的比率為 2%，至 1985 年，老人人口比率為 4%，至 1994 年增為 7%，達到了高齡化社會的標準，至 2003 年 7 月，全台六十五歲以上的老人計有 2,054,058 人，占總人口的 9.1%（內政部，2003b）。就全世界而言，1970 年，全球六十歲以上的人口為三億七百萬人。至 2000 年，達到五億，增加率為 90%。估計至 2020 年，將達十億。

故高齡人口的增加是世界性的趨勢，且隨社會的進步與發展，其增長的速度正急遽加快，人類的平均生命期不斷後移，老年期約占人生的三分之一。個體自退休後的生活期間加長，約為三十年。

高齡者，依據晚近的研究發現，即使至八十歲，其心智仍然成長，他們在退休後仍然健康，有活力，在面對情境的改變時，他們需要調適，因此，他們普遍走入學習的行列，不僅參加有組織的學習活動，也進行自我的學習，或進行旅行學習，或到博物館、圖書館去自學，或藉由各種非書面的媒介尋求學習經驗。因此，高齡人口的遽增，促使高齡學習的興起，成為社會上普遍受到關注和重視的活動。

☾★二、終身學習理念的興起

終身學習的理念，自古以來即已存在，它與人類歷史相久遠。例如我國古代即有「活到老，學到老」的說法，日本亦有「修業一生」的觀念。但這些古老的觀念，一直到二十世紀初，始獲得近一步的發展，進而形成理論，而成為二十世紀教育改革的指導原則與原動力，也是二十世紀最重要、最具影響力的教育思潮，其影響力橫跨二十一世紀。二十一世紀將是一種終身學習的世紀。

終身學習理念快速崛起，普遍為世人所接受，事實上與終身教育、回流教育、繼續教育等名詞的廣泛使用與普遍被接受有關。終身學習的理念雖古已有之，但此一理念重行受到關注，卻遲至二次大戰後始獲得發展。

1970 年代初期產生了資訊的革命、學習社會的興起以及知識在社會和經濟發展上的重要性與日俱增。由於知識快速過時，人口老化，復加上個人成長需求的強烈，因而促使終身學習蓬勃發展，終身學習運動在世界各地迅速展開，而成為個人生活的方式之一，也是生存的必要條件。

此一理念，強調個人必須終身學習，才能因應社會環境的挑戰。學習與教育不能只在人生的某一階段，它不是一種前端結束的模式（front-end model），而是終生的過程。人生任一階段，均有學習的必要與可能，唯有學習，才能因應環境的改變，唯有學習才能滿足個人的成長需求。因此，終身學習理念的興起，終身學習運動的蓬勃發展，促進了高齡學習的崛起。

☪ 三、學習權觀念的激發

學習是一項基本的人權，此一理念在 1985 年聯合國所召開的第四屆世界成人教育會議中獲得確立。近二十年來，一直是各國遵行的教育南針。學習視為基本人權，旨在闡明每個人，不管其年齡、性別、種族、宗教、職業、居住地區及社經地位等為何，均具有學習的同等權利。教育或學習，非屬某一年齡階段者的專利品，而是每一個生存於世界上的個體所同等享有。

此種學習權的主張，近二十年來，逐漸深入各國社會，而為世人所共識。例如 1999 年，聯合國就將該年定為「國際老人年」（International Year of Older Persons, IYOP）。在國際老人年的各項措施中，加強高齡者教育即為其七大重點工作之一。國際老人年的宣言與主張，係延伸 1982 年的「國際老化行動計畫」內容而來，指出老人接受教育是一種基本人權，教育政策應考量老人教育權的原則，提供他們充分的資源與適宜的教育方案。社會應根據老人的能力採用適當的教育方法，讓他們可以公平的參與學習，進而從教育中獲益。各種層級的成人繼續教育均應受到認可與鼓勵，大學亦應提供高齡者教育。

因此，高齡學習權的概念，在 1999 年的國際老人年之後，更加受到

尊重。一方面在各國教育政策上逐漸發展老人教育的課程；另一方面高齡者亦逐漸瞭解其同樣具有參與學習的權利，激發了高齡者對學習活動的參與，蔚為一種新的風尚，高齡者逐漸成為學習活動的新興人口，其在學習領域上，由邊陲而逐漸走向核心。因此，學習權觀念的激發，也是高齡學習活動興起的重要因素。

第三節 高齡學習的特性

高齡者由於身心、社會的發展狀況與一般成人有異，此種生理、心理及社會發展上的不同，即構成了高齡者在學習上的特殊性，其學習內容、方法、地點、時間、學習型態、偏好、需求等均有其特色。茲就高齡學習的特性說明如下：

☪一、高齡學習活動的設計以學習者為中心

高齡者的身心正處於衰退的階段，因此，其社會行為與社會活動的發展，自然受到影響。學習活動的規劃，無論是內容、地點、場所、時間等均宜考量學習者的身心發展及生活型態的特性，學習情境的安排，包括教室的地點、桌椅的設計、燈光、溫度、地板的設計、環境的佈置、及廁所的安排等，均宜考量高齡者的身心特性，而妥為規劃安排。因此，以學習者為中心應為整個高齡學習活動設計的根本南針，也是高齡學習的特色所在。

☪二、高齡學習的目的在於應付改變

就人類的發展而言，高齡者是個人生命全程中改變較多的時期。個體的發展，除生命的早期有較大的改變外，就屬高齡期的發展變化較大，其生理、心理及社會層面都面臨了較大的改變，為因應此種改變，亟須透過學習活動獲得必要的知識，或調整過去的觀念與態度，方能適應良好。就外在環境而言，個體在面臨退休、社會活動參與以及社會環境的改變，亦

須學習新的知能才能因應。因此，高齡學習的主要作用，即在於應付「改變」為主，包括內在及外在情境的改變。此為高齡學習的目的所在，亦規劃高齡學習活動的主要原則之一。

☪三、高齡學習團體異質性大

甚多的高齡學習活動，往往採取團體的方式進行，故有計畫、有組織的團體學習，為高齡學習活動中相當重要的一環。在團體學習活動中，學習編組無論是採分齡或合齡的方式，其異質性均相當大。就合齡編組而言，不同世代者一起學習，其差異度達到最大。就分齡編組而言，雖然學習者均為高齡者，但因：⑴高齡者一詞所包括的範圍相當廣，涵蓋了甚多不同年齡的高齡對象，其間的異質性即相當大；⑵在高齡階段，身心、社會的發展變化性較大。故高齡者本身的發展，就含有較大的變異性；⑶高齡者經歷數十年經驗的累積，無論是質與量，均屬相當高。因此，高齡者是人生生命階段，差異度最大的群體，其所組成的學習團體，必然顯現高度異質化的現象。這種高度異質化的特徵，在高齡學習活動上有重大的意義，應予關注。無論是課程與教學，均應採取有效的措施妥為因應，才能發揮教學的效果。

☪四、高齡學習者不喜歡有太大壓力的學習活動

高齡者參與學習活動，首在做好身心保健，擴展新知，維持活動性及進行有意義的活動，其主要目的非在於獲取工作技能或取得學分學位，因此，他們期望在輕鬆的心情下，享受學習的興趣。如學習活動帶來過大的壓力，必然會對其生活產生困擾，進而影響其身心的發展。學習活動如有過多的壓力，必不為高齡者所喜歡，甚而造成中途退出的現象。研究顯示，高齡者在學習活動的參與上，有20%至30%的中途退出。當然其原因甚多，但肇因於學習壓力過大，可能也是相當重要的原因之一。

☪五、高齡學習的目的在於發展生命的意義

　　高齡學習活動由很多的組織或單位辦理，提供了各種不同課程內容與學習方式。其目的不外在提供其新知，以適應生涯的轉換；培養其興趣與嗜好，以充實其生活內容；教導其實用的知能，以解決生活的問題；或作生命歷程的檢視而達到統整的境界。美國學者彼得遜（Peterson, 1990）認為高齡學習的目的，在於為作新工作做準備，承擔志工角色，經由內在的探討而獲得心理的成長，防止身、心及社會能力的衰退，對知識與經驗作超越的瞭解，以發現生命的意義。伊利克遜（E. H. Erikson）和穆德（Moody, 1976）認為最後一項是高齡期所特有的。布蘭威爾（Bramwell, 1992）在概覽相關文獻後，指出心理學家、哲學家和教育學家均強調老人的教育，應側重自我充實、自我實現、自我成長和自我的超越，所有這些均是超越生存的東西（p.437）。英國老人學家吳爾克（Walker, 1996）在探討相關文獻後，亦提出自我實現是老人教育的最高目的。

　　日本是全世界最高齡化的國家，為因應高齡社會的來臨，早在 1986 年提出「長壽社會對策大綱」，1995 年更頒「高齡社會對策基本法」，1996 年根據高齡社會基本法提出「高齡社會對策大綱」，2001 年再加以修訂。在高齡社會對策大綱中，指出高齡化社會對策的三大主題為有關僱用或就業問題、老人福祉問題及增進老人生活品質、以及生命意義的問題。第三項問題被認為是高齡化社會對策中最重要的。高齡者認為生命要有意義，有充實感及喜悅感，如僅是生物壽命的延長，並沒有意義。因此，日本高齡者教育的主要目的，就在於生命意義的感受與體會。日本高齡化社會挑戰的重要課題，即在於培養高齡者感受和發展生命意義的能力。

　　經由上述的探討，可知高齡學習的最高目標在於充實自我，達成自我實現，能作自我超越，發現生命的意義，這也是因應高齡化社會的最高原則與精神所在。

第二章

高齡學習活動的發展

　　高齡學活動的發生，可以說與人類的歷史相久遠，但有組織、有計畫的高齡教育活動，則要在第三年齡人口明顯出現之後才產生。就高齡社會的發展，歐美國家又要比東方國家為早。因此，高齡教育活動，首先出現於西方社會。

　　第三年齡人口的明顯出現，要到 1950 年代才在歐美西方先進國家發生，而且到 1980 年代才真正成為社會結構的特徵之一。其原因乃在於社會整體的平均壽命獲得普遍提高之後，第三年齡人口才會大量出現。在 1950 年代之前，第三年齡人口相當罕見，因大部分在經歷第一年齡的準備階段和第二年齡的成年勞動階段後，便迅速進入衰老的第四年齡階段，歷經短暫時間後即行生命終止。故古人有云「人生七十古來稀」之語。1950 年代之後，健康、快樂、活潑的第三年齡人口日漸增多，才有屬於老人的教育活動出現。故高齡教育真正開始於 1962 年至 1972 年之間。在過去三十年來，老人教育對許多老人的生活有著重要的影響（黃錦山，2002）。

　　高齡齡教育發展的遲緩，除了與第三年齡人口的顯著出現期間有關外，傳統上一直不把老人視為教育的對象，也是重要因素之一。在過去，老人教育並未列為整體教育領域的一環，未受到關注，其原因主要為：(1)沒有學習權的觀念：不把學習視為基本人權，不將學習視為人人應平等享有的權力，故老人的教育活動受到忽視；(2)認為老年人已沒有學習的能力，社會普遍認定「老狗不能教以新花樣」；(3)認為老年人沒有學習的必要，只要平心靜氣，安養天年即可；(4)老人健康情形不佳，不能參加學習活動；(5)個體生命期短，故在結束工作後沒有餘裕的時間參與學習；(6)教育老人不具投資報酬率；(7)沒有多餘的經費來支持老人教育的費用。以上這些因素就是老人教育發展遲緩，不受重視的重要原因。

　　隨著第三年齡人口的逐漸出現，老人教育亦逐漸在社會中生根發展。而各國在老人教育的發展過程中，由於社會文化的不同，也各自發展出適合其國情與社會狀況的高齡學習活動，形成各自的特色。本章介紹主要美、英、日等國及台灣地區高齡學習活動的發展情形，茲分四節說明如下。

第一節　美國高齡學習活動的發展

由於生命期的延長，美國老人人口逐漸增加，已為二十世紀人口學上最大的特徵之一。1900 年，美國人口的平均壽命為四十九歲，至 1990 年已達七十五歲，老人人口占總人口數的比例，也從 1900 年的 3%，增加至 2000 年的 13%，至 2030 年估計將達 21%。大多數人，老年期將達其人生全程的三分之一，形成所謂的「灰色的美國」（graying of America）。此種人口結構的改變，影響了美國社會的各層面，包括政治、經濟、社會和教育；尤其對老年人參與育活動有重大的影響。就美國國家育統計中心（National Center of Education Statistics, NCES）1991 年的調查，發現六十歲至六十四歲的高齡者參與學習活動的比率為 17.2%，六十五歲以上的參與率為 10.5%。1995 年的調查，發現六十五歲以上的高齡者，參與率已提升至 15%（Manheimer, Snodgrass & Moskow-Mckenzie, 1995）。

本節探討美國高齡學習活動的發展，茲分緣起及重要的學習活動等二部分，說明如下：

★一、緣起

美國成人教育機會的提供，最早可以追溯到 1700 年代，當時的咖啡屋就具有成人教育機構的功能。有些政治團體，如韋格斯（Whigs），就常經營咖啡屋，透過他們的言論影響一般民眾的想法。在紐約許多咖啡屋也提供顧客讀與寫的材料。

美國最早的國家領導者就深信民主必須建立在有教育的國民之上。經由教育的普及，公共的決策就可以不斷的改進。在殖民時代，富蘭克林（Benjamin Franklin）就是此種理論的服膺者。因此，他在 1727 年與 11 位朋友創辦一種成人教育的活動，稱之為容托（jantu），這是一個每週五定期聚會一次的學習團體，成員有 12 位，主要討論有關社區和社會的議題，也形成了第一個地方會員制圖書館，維持了三十年之久。約一百年後，

1830 年代，一種名為「討論會」（Lyceum）的系列演講活動出現了，提供小鎮或鄉村地區的民眾必要的知能，試圖提高未完成小學教育者的教育程度。此種型態的系列演講約維持了百年之久，對鄉村地區民眾智能的提升，有相當的作用。

五十年代之後，所謂學托擴運動（Chautauqua movement）出現了，提供成人宗教的、博雅文學的教育和實用的文學課程。此一運動，係由溫賢和米勒（John Vincent and Lavis Miller）於 1874 年在紐約的學托擴湖畔所建立，於夏季招收來自全美各地的民眾一起舉行研討，其後廣及全國。時至今日，紐約學托擴村（The New York Chautauqua village）仍然存在，並且吸引很多老人參加，其課程已擴展到職業的、個人的、公民的、和社區的教育，並為老年人規劃特別的課程。至 1950 年代，教育所關注的層面仍放在年青人的身上，此種文化上的偏差，影響了老人教育活動的發展。1949 年，全國教育聯合會成人教育部（The Department of Adult Education of the National Education Association, NEA），才開始成立老化教育委員會（Committee on Education for Aging）。1951 年，美國成人教育協會（The Adult Education Association of the United States）成立，老化教育委員會歸併於其下。在此一期間，該委員會出版了第一本探老年人教育方案的專著—「晚成熟者的教育手冊（Education for Later Maturity: A Handbook）」。

1960 年代及 1970 年代初期，對老人教育的興趣逐漸增加，主要受到兩個因素影響：成人教育和高齡學的誕生。例如 1971 年白宮老化研討會（White House Conference on Aging）強調要重視高齡學習者的需求，並主張提供美國社區及初級學院學會（American Association of Community and Junior Colleges, AACJC）二年的經費補助，使得公立社區學院可以獲得經費支持，來因應老年人的需求和提高生活品質。此外，有些社區學院，因 1965 年高等教育法案（the Higher Education Act of 1965）和老人法案（the Older Americans Act of 1965）的規定而獲得新的補助，使這些社區學院可以僱用總監或部分時間的方案主任，來設計及執行老人的課程。此期間，教育的目的在於強調提供老人必要的知能，使其能成功的解決問題。依據

彼得遜（Peterson, 1983）的說法，老人課程強調解決退休適應的問題，及協助克服角色改變所帶來的震盪。在 1950、1960 年代間，僅有少數的行政人員曾考慮應提供課程給老人就讀，但也僅是實驗的性質，並沒有研究的依據。

1960 年代初期，老人學的研究者開始探討老化、智力和記憶的關係，在認知能力與年齡關係的研究上，發現認知能力隨年齡的增高而下降，對參與老人教育具有負面的影響。

1980 年代，已有學者致力探討老年人生活回顧課程的智慧與創造力問題，發現老年人不僅能夠、而且也願意表現自己。由於他們具有豐富的過去經驗，可以成為老師最好的學生。由此，終身學習的觀念由中年吹向老年。終身學習的觀念，一直到八十年代之後，才開始應用到老年學習者身上。由於老年學的成立，影響到成人教育運動，開始將老人視為終身教育的潛在學生。

☾★二、重要的高齡學習型態

美國老人育的實施，主要可分為機構及非機構二大類。機構式的活動，大多由大學院校辦理，包括四年制學院及大學社區學院、老人寄宿所（Elderhostel）、退休學習學會（Learning in Retirements Institutes, LRIs）、圖書館、老人中心（Senior Centers）、老人服務及資訊中心（Older Adult Service and Information System, OASIS）；非機構式的則包括電腦、遠距、旅行等方式，茲簡述如下：

㈠機構式的學習活動

機構式的學習活動，可分為由大學院校辦理或支持和非大學院校辦理的高齡學習活動兩種。

1. 大學院校辦理或支持的高齡學習活動

1970 和 1980 年代，由於二次戰後嬰兒潮的結束，大學面臨招生不足的困難，因此，成人學生大量湧入大學內，成為校園的新人口。九十年代

以後，大學也開始注意到招收高齡者，形成「灰色校園」（the graying of the campus）的現象。此外，大學長期以來，一直支持一些高齡學習活動，其中最具盛名的就是老人寄宿所及退休學會的學習活動。

(1)大學院校

由於傳統學生自 1970 年代後逐漸的減少，至 1980 年代美國的高等校院面臨了經濟的困難，對高等教育產生了空前的挑戰。於是大學院校開始招收非傳統年齡的學生作為補充。依美國教育部的統計，非傳統年齡學生自 1991 年的一千四百萬人，至 2002 年增加為一千六百萬人，所增加的學生 23%係來自三十五歲以上的成熟學生（Manheimer, Snodgrass & Mckenzie, 1995），此時尚未關注到第三年齡對象的學習活動。

大學院校提供給五十五歲以上的高齡者的課程，大致可為三類：(1)特別為高齡者設計的課程；(2)一般正規或繼續教育的課程，可能是有學分的或旁聽性質的，主要為彌補學費的流失；(3)透過繼續教育，基於老年人的特殊興趣而開設的課程。依據美國全國教育統計中心（National Center for Education Statistics, 1991）的調查指出，1987 年在大學修習學分課程的五十至六十四歲的學生為 239,029 人，六十五歲以上的學生為 94,875 人。修讀碩士學位課程者，五十至六十四歲者計有 51,991 人，六十五歲以上者計有 7,494 人。1992 年，全國育統計中心（NCES）的調查，在大學校院就讀學分課程的六十五歲以上的學生，計為 63.588 人，其中四年制大學校院為 19,934 人，在二年制學院為 44,172 人，占全部註冊學生的 0.04%，多數（58,066 人）為部分時間學習者，全時學生僅為 6,500 人；其中 61%是婦女（Lamdin & Fugate, 1997）。

(2)老人寄宿所活動

這是最富盛名的老人學習活動，開始於 1974 年。美國社會學家馬丁諾頓（Martin Knowton）及其朋友畢安可（David Bianco）徒步旅遊歐洲四年後，從歐洲的青年寄宿所（Youth Hostel）得到靈感。他們又觀察到歐洲老人參與社區活動的活躍，而規劃了老人寄宿所活動。此一活動的目的在發展老人的興趣，擴展其視野，並使其有機會交換人生經驗。1975 年第一

個老人寄宿所活動在新罕布夏州（New Hampshire）五個大學校院展開，共有 220 人參加。1977 年它受到大學的支持，成為獨立的非營利的組織，於波斯頓（Boston）成立總部，協調全國的老人寄宿所活動。

此一活動規定滿六十五歲以上的老人才能參加，無學歷限制。通常於暑期在大學校院舉行，活動期間為一週至三週，住宿於學校宿舍。每週活動有三門課程，其中二門為學術課程，另一門為課外活動。課程一般為博雅和人文的研究，有關老化的課程禁止開設。教學方式多採小團體討論與分組座談，經費由參與者繳交。此種活動可使學員朝夕相處，培養良好的友誼，沒有考試、分數及家庭作業等，則為其特色所在。

老人寄宿所活動至 1995 年，參與者共 235,000 人，境外學生有 65,000 人。至公元 2000 年，全美共有 1,500 所大學院校或其他學習機構開辦老人寄宿所活動。

(3)退休學習學會（Learning Retirement Institute, LRI）

退休學習學會是一個退休學習者的組織，旨在提供成員的教育機會。可分成機構取向及成員取向兩種類型。所謂「機構取向」係指課程的設計由專業的人員負責，並由高等教育機構的人員來負責教學。「成員取向」則由成員扮演積極的角色，成員自己選出管理人員掌理組織事宜，與高等教育機構是合作夥伴的關係。退休學習學會的特徵為：(1)此一組織係以社區內的遠距學習來因應老人的育需求；(2)課程多樣，多數具有大學水準；(3)由大學院校、機構或組織來支持開設大學水準的課程；(4)屬於非營利組織性質，只收取合理的學費或會員費；(5)提供以需求為本位的獎學金課程；(6)教育活動的目標在於給予參與者肯定；(7)多數由成員擔任志願教師或課程領導者；(8)強調個人社會文化及經驗的提供；(9)鼓勵參與者參加課程的計畫、評量、和執行。總之，退休學習學會的特徵在於由組織成員擔任教學和管理的角色。

退休學習學會開始於 1962 年，紐約社會研究新學校（The New School for Social Research）所建立的退休專業協會（Institute for Retired Professionals, IRP）首開其端，該會由一群退休教師所組成。至 1994 年，類似的組織已

達 200 個，其中 80% 係在 1989 年後所設立（Manheimer, Snodgrass & Moskow-Mckenzie, 1995）。全美大約有 240 個大學校院，支持此種自我管理的高齡學習型態，通常由大學提供空間及行政的輔導，管理由成員自行負責，自行決定課程費用和訂定相關的規定。每一學會人員從 40 人至 800 人不等，平均為 220 人，因此，全美約有 5,000 人參與此種組織的學習。

退休學習學會課程，包括核心課程及博雅人文課程，其中文學、歷史、公共事務、音樂及藝術欣賞係較受歡迎的課程。核心課程包括電腦、外國語、繪畫、寫作、社區與泛文化問題、及科學整合研究等。上課地點不限於傳統教室內，亦有包括一天或過夜的訪問博物館、歷史遺跡、文化古蹟等的田野旅行學習。此外，近年來也開始提供跨國的旅行學習，如探討古羅馬金字塔、進行哥斯大黎加（Costa Rica）的原始自然景觀的研究、倫敦和都柏林（Dublin）的建築研究、小國家（如荷蘭、比利時）在歐盟的地位研究等。課程長度通常六至十五週，在白天開設，與其他成人育課程不同。

在美國和加拿大，現在有不少辦理相當成功的退休學習學會。例如在北卡大學（University of North Carolina at Asheville）的北卡創造性退休中心（North Carolina Center for Creative Retirement, NCCCR），於 1988 年所設立的高齡學苑（the College for Seniors）即是相當著名的例子。這是一個成員取向的組織，提供給五十五歲以上的老人豐富生命的課程，只須付 80 元的會費即可參加每期八週的課程，每個人可以修習一至五門課，所付費用並包括停車費及使用大學圖書館費用等。多數課程係由已退休的志願人員擔任，每年約有 800 至 1,000 人參與。進入學苑學習沒有入學的條件限制、沒有考試及分數。相關工作的執行係由參與者一起分擔，從教學到編印簡訊、辦理註冊及設計課程等。它提供各種實用的課程，包括音樂、文學、歷史、藝術、宗教、環境問題、心理學、哲學、電腦、政治科學、外國語和當前老人所感興趣的事件。

此外，杜克大學的退休學習學會（Duke University's Institute for Learning in Retirement, DILR），也是著名的例子。該學會成立於 1977 年，提供五十

歲以上的高齡者學習之機會，由成員負責教學，課程長達一年。參與者可以使用圖書館、游泳池、語言教室和教職員餐廳。課程包括戲劇、宗教、文學和科學。每學期學會約提供四十門課，每門課十二週，每週上課一次。課程的開設依教師專長及學員興趣而定。每期學費 100 元，可修五門課。學生參與各種工作，包括教學、領導讀書會、作助教和協助行政工作等。

前述老人寄宿所及退休學習學會，均是由大學院校所支持而相當著名的第三年齡學習活動，其服務對象往往偏向白種人、經濟良好及高教育程度的族群。另外，尚有一些較不具知名度的正式學習機構，提供給更廣泛高齡對象學習的機會。這些組織通常以社區為基礎，如社區老人中心或地方及州所設的相關機構，也提供高齡者各種的服務，如送餐活動（Meals on Wheels）、接送就醫、提供財務方面的諮詢、及家庭健康服務等。他們也提供民俗舞蹈、打橋牌等的課程，以因應高齡者興趣為主，認知訓練的程度較低。其中以高齡者中心（Senior Centers）及高齡者服務與資訊中心（Older Adult Service and Information System, OASIS）較為重要。

2. 非大學院校辦理的高齡學習活動

非由大學院校所支持的機構式的高齡學習活動，以高齡者學習中心及高齡者資訊系統較普遍與系統化，參與人數較多。

(1)高齡者中心（Senior Centers）

高齡者中心是一種提供老人服務與活動的場所，它由高齡者俱樂部發展而來。第一個高齡者中心係 1943 年在紐約設立的威廉赫遜社區中心（William Hodson Community Center）。高齡者中心是一個多元服務的老人組織，服務的內容包括送餐服務與營養教育、健康教育、就業服務、交通協助、社會工作服務、教育活動、創造性藝術活動、休閒、領導和提供志工服務等。1970 年，在全國老化委員會（National Council on the Aging, NCOA）的支持之下成立全國高齡者中心協會（National Institute of Senior Centres, NISC），將高齡者中心的服務項目區分為三類：個別的、團體的和社區的服務。個別的服務，包括諮商、就業、和健康維護。團體的服務，包括娛

樂的、營養的、教育的活動、及團體社會工作。社區的服務，則以針對社區機構或組織提供志工的方式進行。

　　有些高齡者中心也提供娛樂和教育的活動，通常包括藝術和工藝、自然研究、科學和戶外生活、戲劇、體育、音樂、舞蹈、桌球、識字教育、嗜好、演講、電影、論壇、圓桌會議（round tables）和社區服務等。至 1980 年代，全美已有 9,000 個高齡者中心，1991 年約有 800 萬人參與老人中心的課程。

　　⑵高齡者服務資訊中心（Older Adult Service and Information system, OASIS）

　　高齡者服務與資訊中心是一個介於營利和非營利之間的組織，主要以充實五十五歲以上高齡者的生活為目的。該中心係由曼思（Marylen Mann）於 1982 年於聖路易（St. Louis）所建立，由五月百貨公司（The May Department Stores Company）在全美各地的據點來提供會議及活動的場所。目前全美設有此類中心者共二十五處，均座落於各地五月百貨公司內，包括波特蘭（Portland）、洛杉磯（Los Angeles）、長堤（Long Beach）、聖地牙哥（San Diego）、伊斯康迪多（Escondido）、鳳凰城（Phoenix）、土珊（Tucson）、丹佛（Denver）、休斯頓（Houston）、聖安東尼（San Antonio）、聖路易（St. Louis）、芝加哥（Chicago）、印第安納波里（Indianapolis）、亞克朗（Akron）、克利夫蘭（Cleveland）、羅契斯特（Rochester）、水牛城（Buffalo）、匹茲堡（Pittsburgh）、海亞斯威爾（Hyattsville）、波斯頓（Boston）、安非爾（Enfield）和瓦特伯利（Waterbury）等，共有參與者 129,000 位。每個中心都有特別設計的辦公室、學生休息室和會議室。百貨公司在會員生日時會送上蛋糕，為會員辦理特別減價日，會邀請會員參與活動，及提供歡迎的活動與氣氛。會員免交會費，參與課程只收少許費用或免費，採白天授課，每週一次，課程長度一至十二週。所提供的課程內容，包括藝術、音樂、戲劇、創造性寫作、當代問題、歷史、科學、運動和健康。很多課程係與當地文化和教育機構合開。

(二)非機構式的學習活動

非機構式的學習活動，主要的型態包括圖書館、電腦、遠距學習和旅行學習等，這些方式更能因應個別學習者的需要。

1.圖書館

圖書館是社區中具有豐富學習資源的地方。依據 1948 年的調查顯示，僅有 18%的成人和 50%不到的兒童在過去一年中曾使用圖書館。至 1991 年，國家教育統計中心（NCES）的調查，成人的使用率上升至 53%，約為 1948 年的三倍，使用者多數為白人，中等階級及高教育程度者，六十五歲以上的使用者約為三分之一（Lamdin & Fugate, 1997）。

高齡者對使用圖書館的反應相當積極，當被問到自己使用何種學習資源時，47.2%的反應者均將圖書館列入其中，甚且有三分之一的人反應，這是他們最常使用的方法。尤當問及他們使用何種社區的學習資源時，41%的人都反應是圖書館，遠遠高出教堂的 28.5%。老年人在圖書館中，常使用的資源是印刷資料。對他們而言，所謂「識字」（literacy）的意思就是書本，而非電腦。閱讀是他們最為偏好的學習型態。閱讀是他們自己的選擇，是娛樂，是基於好奇心的驅使，而非基於必要。

2.電腦的學習

電腦是當前社會獲取資訊不可或缺的工具，非印刷材料可以替代。電腦創造了對知識的新思維，保留資訊的新技術。時至今日，電腦已在社會中普及化，也深入了每個家庭。年輕人幾乎人人一部手提電腦，成為生活中不可少的工具。對於高齡者而言，電腦的新科技，他們也還能使用。第三年齡者仍然對電腦有興趣，其對電腦能力與興趣並不亞於其中年子女。退休給予高齡者更多的時間學習電腦。其學習電腦的理由為「可與時俱增，避免落伍」、「可以瞭解孫子女所生活的世界」、及「嘗試新的事務是一件有趣的事」等。

有13.6%的高齡者反應電腦是他們偏好的學習型態，男性略高於女性，其原因可能是性別與科技的刻板化印象，但仍然有不少的婦女挑戰此一刻

板印象。對電腦有興趣者，其年齡從五十五歲至九十五歲均有，顯示不受過去教育程度或收入的影響。

　　高齡者學習電腦的場所，類皆在學校、電腦公司、高齡者中心、圖書公司，或自行學習、透過朋友鄰居及孫子女的幫忙。電腦可以協助高齡者學習語言、建構族譜、財務管理、作新聞摘要、安排旅遊行程、藝術品搜集及欣賞等，似乎生活中的事務均可應用電腦。為協助高齡者透過電腦學習，美國於 1986 年成立了「高齡者網站」（Senior Net），這是一種非營利的組織。1988 年會員僅為 22 人，至 1997 年已增至 17,000 人，成長相當迅速，成員遍及全美五十州及海外地區。在全國七十五個學習中心內，約有一半的志工或學生在進行高齡者電腦課程的教學，其他人則透過網路學習，足見高齡者透過電腦學習已愈來愈普遍化。

3.遠距學習

　　遠距學習，並非一個新的概念，長期以來係為邊遠地區、交通不便、身體殘障者、或不便離家的家庭主婦等提供的一種學習活動。近年來無論在方法、技巧、傳輸方式均有相當大的改進，也提供高齡者進行學習。此種新的科技，對高齡學習者，也頗為適當，其理由為：

　　(1)此種學習沒有壓力，可以依學習者自己的步調進行。

　　(2)可依個人的學習型態，選擇適當的管道。

　　(3)可以適用於殘障者。

　　(4)能雙向互動，反應與否可由學習者自行決定。

　　(5)學習時間的長短，可依自己的步調進行。

　　(6)沒有競爭，學習者不會感到焦慮。

　　(7)可以與朋友一起學習或單獨學習。

(三)旅遊學習

　　旅遊學習幾乎為每一個高齡學習者所偏好。旅行具有教育、娛樂雙重功能，它可以擴展個人的視野。波格利賓（Letty Cottin Pogrebin）說：「這是延緩老化最好的方法。當旅行時，我們走到陌生的地方，會再度引發好

奇與懷疑的兒時感覺,同時我們感覺到時間乎緩慢下來,而生命似乎不斷的擴展」（Lamdin & Fugate, 1997:139）。依據調查結果顯示,高齡者將旅行視為自己喜好的學習型態者占 55.7%,在過去二年曾經進行有關旅行學習者占 51.6%。可見,旅行學習普受高齡者歡迎。旅行學習是一種有組織的旅程,要挑選有經驗的導遊,每天至少有一場的演講,主題係有關歷史、地理、文化、動物和植物等領域。在晚餐後,會對今天的活動作簡要的歸結,並對次日的活動先提供必要的資訊。旅遊學習的確有助於高齡者的認知、社會和身體的活動,使他們有強烈的慾望來瞭解世界。此一學習方式,無疑的將會愈來愈受歡迎,愈來愈吸引更多的高齡者參與。

第二節　英國高齡學習活動的發展

工業革命之後,科技進展一日千里,帶動了經濟的高度發展,使得人類壽命不斷地延長,無論是已開發或開發中國家皆然。英國工業化的產生甚早,其社會老化的現象至為明顯。1880 年,六十五歲以上的人口占 4.5%,至 1980 年已達到 15%,至 2000 年老人人口一直維持在 15%左右。2001 年,英國老人人口的比率為 15.6%。

由於英國社會長久以來人口老化情形顯著,因此,就逐漸發展出一些和老年有關的組織或機構,如「幫助老人」（Help the Aged）、「關心老人」（Age Concern）、「貝斯、強森基金會」（The Beth Johnson Foundation）、「老化政策中心」（the Centre for Policy on Ageing）、「退休前教育協會」（Pre-retired Education Association）、「老人教育權利論壇」（Forumon the Rights of Elderly People to Education, FREE）、「卡內基第三年齡計畫」（Carnegie Third Age Program）、以及「教育老年學協會」（Association for Education Gerontology）等,均十分積極介入有關老年和老化相關的政策及實務的議題,扮演相當重要的角色。當然,這些組織亦相當關注高齡教育的發展,而形成不同型態的活動。故英國的高齡學習活動,起源甚早,型態亦屬多元。

☾ 一、緣起

　　由於很多心老人或老人議題的組織出現，連帶這些組織亦關注老年人的學習，提供各種的教育機會，老人教育的活動乃在這種情況下出現。1975 年後，英國的老人教育活動逐漸浮現，成為提升老人整體生活品質計畫中的一部分。英國「第三年齡」（third age）一詞係來自法國托洛斯大學（The University of Toulouse）1973 年所開辦的「第三年齡大學」。該大學開設的目的，係在自我規劃的基礎上，將大學開放給退休人員，鼓勵其身心活動，以增進其健康，及進行老化的研究，並鼓勵退休人員形成積極的政治組織。「第三年齡」一詞，原先係指六十或六十五歲以上的人，至1990 年代，它逐漸地向下延伸包括五十歲以上的人。

　　1970 年代，在英國各地已有很多老人的團體開始辦理老人的教育和休閒的活動。至 1980 年代，「老人教育權利論壇」成立，目的在於提供老人教育活動的資訊和機會。當時，提供老人教育機會的四個理由是：

　　1. 1970 年代以後，人口老化的現象日益顯著。老人的休閒時間增多，教育的提供可以填補大多數老人所面臨的休閒時間增多的空檔。

　　2. 1950 年至 1960 年代，退休前教育開始展開，形成一種運動。教育界人士認為老人教育可以幫助高齡者在面對退休的生涯轉變上，扮演重要的角色，這是造成七十、八十年代老人教育崛起的先驅。1964 年，英國及北愛爾蘭退休前協會（The Pre-Retirement Association of Great Britain and Northern Ireland, PRA）於倫敦成立，開始致力於高齡者退休前教育活動，其在全英各地的分支機構也分別提供有關健康的諮訊、財務規劃的諮詢、休閒活動及晚年的人際關係等，1982 年該協會終獲教育科學部（The Department of Education and Science, DES）認可為國家開設退休前育的主要活動，並給予經費的補助。

　　3. 高齡者教育權概念的發展，促成了老人教育運動的開展。過去探討教育權的概念，幾乎無視於老人的存在。1970 年代，由於對老人教育的提供，成為英國教育系統主流的一部分，因此老人教育權的觀念也愈來愈受

注意。但 1970 及 1980 年代，政府由於受限於經費，仍未予老人教育權明確化。1987 年教育及科學部撥款給成人繼續教育發展單位（The Unit for the Development of Adult Continuing Education, UDACE），要求其應為老人提供教育，並提供地方教育當局「老人教育工作手冊」。

　　成人繼續發展單位對老人教育的政策主張，係基於下列四個原則（Withnall & Percy, 1994: 54）：

(1)老人不是社會中可以分離的特殊族群。

(2)教育可以幫助老人發展其才能，學習因應角色和責任的改變，使其在社區中扮演積極的角色。

(3)老年人與年輕人一樣可以同等參與教育活動。

(4)老人的教育活動，要建基於他們的經驗之上。

　　4.受到終身教育觀念的激發。最早有關終身教育的提出係聯合國教科文組織（UNESCO）於 1965 年的「國際提升成人教育委員會」（International Committee for the Advancement of Adult Education）之建議。1976 年，在聯合國教科文組織的會員大會中，特別提到要為高齡者設計教育活動，其重點為：

(1)使高齡者更能瞭解當前社會的問題及青年世代。

(2)協助高齡者能獲得休閒的技巧，促進健康和充實生活的意義。

(3)提供高齡者解決問題的方案，及因應工作改變所帶來的問題。

(4)使老年人在退休後，能繼續保有身體和心智的能力，並能繼續參與社區的生活。

　　1976 年會員大會的建議，激發後續的會議關注老人教育的議題，並促成更多的組織提供老人的學習活動。英國老人教育的議題，持續由許多自助團體關注與提供。終身學習及終身教育的觀念，從此一直受到國家教育當局的重視，一再地宣導。1995 年國家教育與就業部（the Department for Education and Employment, DfEE）更出版了「終身學習」（Lifetime Learning）一書，強調僱主有責任提供職業的終身學習，以及高動機、彈性和高品質的人力對國家競爭力的重要性，連帶也引起對老人教育的工具

性及表現性目標的爭辯。

1981 年英國第三年齡大學（U3A）成立但與法國托洛斯大學所開辦的第三年齡大學不同，它不是一個以大學校園為基礎的組織，英國將第三年齡大學改變為「社區學習者無私的聚在一起追求知識與真理」的活動。

近年來已有愈來愈多的高齡者參與教育活動。依據英國成人繼續教育學會（National Institute of Adult Continuing Education, NIACE）於 1997 年所做的調查顯示，五十五歲以上的高齡者在過去三年間曾參與教育活動的比率為 9%，顯示近十年來高齡者參與有組織的學習活動，已有大幅度的增加（Sargant, 1997）。

☾★二、重要的高齡學習型態

英國老人教育的提供者，類型頗多，屬於全國性發展的機構，包括地方教育當局（Local Education Authorities, LEA）、高等教育機構、開放大學、第三年齡大學和住宿學院等均提供高齡者教育的機會，其中第三年齡大學係專為提供老人教育而成立的組織，在英國最具盛名，亦富特色。此外，尚有其他地方性質的機構與組織，更能滿足當地老人的需要。他們類皆由公立機構與政府組織共同支持，且由當地民眾主導，尤其是由第三年齡者自己來主導，其中基督教老化委員會（The Christian Council on Aging）、大倫敦老人論壇（The Greater London Forum for the Elderly）等，均為較具著名的活動。以下就第三年齡大學、基督教老化委員會、及大倫敦老人論壇等所提供的老人教育活動，簡介如下。

(一)第三年齡大學

英國的第三年齡大學與法國的有所不同。法國的第三年齡大學創始於 1972 年，由托洛斯大學（University of Toulouse；L'Universite du Troisieme Age）首先成立，係由老人從事自我規劃的大學教育型式，由大學教師組織與授課，並由政府提供經費，此種模式稱之為法國模式或原型模式，大多分布在歐洲大陸的國家，如比利時、瑞士、瑞典、波蘭、義大利、西班

牙、及美國和加拿大的魁北克等地的第三年齡大學均屬此一模式。歐陸的第三年齡大學一般以「UTA」字頭語表示。另一模式，即為英國模式，又稱為「劍橋模式」。此模式創始自劍橋，在英國廣被接受，受影響的國家包括美國、加拿大及澳洲等。此一模式的特色係採「自給自足」的組織概念，仍維持「大學」的名稱，但以追求知識及真理為其目的，且強調社區本位和「自己做」的精神。英國模式的第三年齡大學，一般採用「U3A」字頭語表示。

法國的第三年齡大學係附屬於大學組織下的單位，並不單獨設置，不給予文憑，入學資格也無限制，其課程內容多屬文化陶冶和生活常識，例如各種語言學習、文化古蹟、手工藝、國際時事、當前社會問題等。教學方式，包括研討會、實地參觀、旅遊、巡迴教學、實務練習等。因此，可以說這是一種由第二年齡者為第三年齡者提供教育服務的模式。英國的第三年齡大學，則為老年人自己所發起的一項自助運動。1982年，首先於劍橋設立，同年先後成立的尚有塞頓（Sutton）、加菲爾德（Coldfield）、史蒂弗納吉（Stevenage）、及哈賓登（Harpenden）等。至1986年，全英已有115個第三年齡大學，7,000位會員和一個全國性的委員會。因此，英國第三年齡大學是一種第三年齡者為第三年齡者提供教育服務的模式。

英國第三年齡大學的組織型態，可以分為三個層級，即第三年齡信託基金及全國執行委員會、支部與小組團體。第三年齡信託，由那斐爾基金會（Nuffield Foundation）提供經費，為地區性的第三年齡大學提供服務。全國執行委員會（National Executive Committee, NEC）定期召開會議，共商相關問題。「支部」則以市或郡為主要行政組織，又稱為地方第三年齡大學（Local U3As），可由個人在任何地方設立，組織大小不一，差異甚大。課程依當地會員的需求與期望開設，所有的行政、連繫、協調等工作均屬義務性質，由會員擔任。課程以小組團體方式實施，內容相當多元，只要有人教，有人學，新課程就開設，範圍極廣，自語言、文學、照相到數學均有（Withnall & Percy, 1994）。

上課地點通常在交通方便的會員家中，人數在十人以下，或向當地學

校、教會、民間組織租借，大多在白天上課。經費採自給自足，不依賴政府，會員每年繳交少許費用，自二磅到二十磅不等。教師由當地退休的人士擔任。學習者以退休人員為主，不限年齡、性別、教育程度，沒有成就評量，和任何資格或文憑的取得。學員自五十歲至九十歲均有，平均為六十九點二歲（劉伶姿，1999），四分之三為女性，其中 80%係單身（包括寡居、離婚及分居）。他們參與第三年齡大學只是數種學習活動之一，不少學員同時參與勞工教育協會（Worker's Education Association, WEA）和地方教育當局（LEA）的課程。招生方式主要靠口耳相傳。

英國第三年齡大學，在 1983 年「第三年齡信託」（Third Age Trust）的全國性組織成立後，便獲得快速而成功的發展。至 1999 年，已有 360 個第三年齡大學加入「信託」，擁有 75,000 以上的會員（Dale, 2001）。

第三年齡大學強調自助、互助及志願的原則，視老年人為資源的創造者，而非享用者，這些都是其主要的教育原則，亦為其特色所在。但其使用「大學」名稱，卻不符合大學的學術標準。其次，由於經費困難，並無法提供更多的博雅課程，導致不少的成人教育團體介入。此外，第三年齡大學均由高齡者主導，也引發老年人是否具有「自我決定」的管理能力等的爭議。以上這些均為其受到質疑或產生爭議的問題。

㈡基督教老化委員會

此一組織成立於 1983 年，是一個全國性的民間組織，特別關心老年人的需求和潛能。凡認同該會目標，願意提供支持或幫助的個人或團體均可加入。宗教對老年人而言，是相當重要的力量，因此，該會在探討老年的宗教信仰及對老化的神學看法上扮演重要的角色。該會的目標為：

1. 探討老年人對基督的信仰及促進老化方面的神學思考。
2. 教育教友關心老化的過程、老人人口增長的現象，以及其在社會和宗教方面的意義。
3. 與其他機構或組織合作關心老化的問題。
4. 鼓勵老年人完全融入當地教會和社會的生活與事務。

5. 促進牧師關注老年人。

6. 激發對關心老年人的支持與補助。

7. 提供文學和資訊方面的訓練。

8. 關心在安養院或獨自生活者的照顧及補助。

9. 促進基督教對老人教育的辦理。

為達成上述目標，該會辦理了一系列的活動，包括發行季刊、舉辦研討會、開設課程等，以增進對老年人的瞭解，滿足其精神方面的需求。此外，並印發專題報告，探討基督教觀點的老化及老化的精神與意義。該組織認為退休就是對基督精神的一種挑戰，可提供個人重行檢討日常生活的機會。

該會持續探討老年的精神議題，鼓勵老人融入不同世代的人的活動，鼓勵教會和社會對老年人的精神需求力加以回應，並出版教材，組織課程和工作坊。經由這些管道，來發展老年人的自我實現。因此，可以說，基督教老化委員會使用各種學習方法，提供老年人探討其信仰，在老人教育角色的扮演上日趨重要。

(三)大倫敦老化論壇

該論壇係不屬於英國任何黨派的政治組織，其目的關注有關老人的議題及代表老人發聲。該論壇允許個別會員及團體加入，形成結構化的組織，以便長期關注老人的問題。論壇透過訓練老人團體平等而有效參與委員會事務、及與地方官員討論有關老人議題的技巧。

第三節　日本高齡學習的發展

日本是當前世界上人口最為高齡的國家之一，其老人人口所占比率相當高。對老人教育關注，也成為政府及民間組織共同的課題。1970 年，日本六十五歲以上的老人已達 7.1%，正式步入了高齡化的社會。三十餘年來，此項人口老化的速度有增無減，至 1994 年老人人口的比率倍增，達

到14%，2002年達到18.5（內政部，2003），預估至2015年將達到26.0%，亦即全部人口中，六十五歲以上的高齡者將達到四分之一，屆時將步入「超高齡的社會」。由於老人人口快速的增加，使得日本政府對長壽社會所帶來的挑戰，很早就提出對策因應。在此種社會潮流之下，高齡者成為被關注與重視的族群，連帶使政府及民間重視高齡者教育的問題，而有各種學習機會的提供，高齡教育逐步發展而漸成體系，頗具特色。

☾ 一、緣起

　　1970年代後，日本進入了高齡社會，高齡者教育的問題才開始受到重視。而隨著高齡人口的增加，高齡教育也成為整個高齡社會政策的重要一環。日本的高齡化對策，主要集中在三個領域上；(1)有關僱用或就業的問題，亦即勞動生產結構的問題，目的在使高齡勞工的生產能力能夠充分活用，即具有工作意願、有勞動能力的高齡者，如何使其留在工作崗位上，繼續對社會作出貢獻。其對策為：(1)延長退休年限，開發適合高齡者工作的新職種，及提供再就業的訓練等；(2)老人福祉問題：日本在此方面一向重視年金制度、醫療及保健制度及照顧孤苦無依的老人；(3)增進高齡者生活品質及生命意義：日本老人所關心的三大問題為健康、收入、及家族關係。疾病、貧困、及孤獨無依是老人的三大敵人。高齡者很希望透過工作來增進生命的意義及生活內涵。在長壽社會中，單單生物年齡的延長，並無意義，而是要使多出來的生命，具有充實感、喜悅感、幸福感才有意義。亦即日本高齡教育的最重要目的，就在於生命意義的感受與體會。此點必須透過個人的意識，自覺的努力才能達到。故如何培養感受及發展生命意義的高齡者教育，乃成為日本因應高齡化社會挑戰的另一重要課題（宋明順，1991）。

　　日本對於高齡育的推動首先係由社會福利部門開始，它重視高齡者的福利措施，學習只是其關注的主題之一。但因高齡者福利問題多年來均為政府政策中極重視的一環，連帶影響高齡學習的發展；其後，教育行政部門亦積極投入，目前係由二種行政體系相互配合，成為高齡教育的二個重

要主導體系。因此，對高齡者的學習，需要從此二個體系中採取綜合的觀點加以探討，才能暸解。

　　1951 年，日本「中央社會福利審議會」（現改為全國社會福利協議會）創建老人俱樂部，開啟了高齡者教育的序幕，開辦老人教育為俱樂部的重要工作之一。當時全國共有 112 個，至 1960 年增至 5,000 個，成長非常迅速。1963 年，日本政府訂頒老人福利法，政府開始對老人俱樂部的設置提供經費的補助，老人俱樂部的數量乃急遽增加，至 1964 年已高達 47,600 所，其中亦有專辦「學習」的俱樂部。因此，老人俱樂部確具有老人教育的功能。

　　1970 年，日本厚生省「中央福利審議會」提出「關於老人問題的綜合性措施」建議，是老人福利行政轉趨積極化的開始。在此之前，社會視高齡者為弱者，老人福利行政的目的在於發揮救濟的作用。在此之後，老人福利行政轉趨以發展高齡者生命意義為其主要目的。1985 年，為因應高齡社會的來臨，日本政府於內閣設置「長壽社會對策關係會議」，厚生省設置「高齡者對策計畫推進本部」。1986 年，「推進本部」提出有關高齡者措施的基本原則為：重視高齡者的獨立與自助、重視高齡者的人力資源、及採取使用者付費的原則。1986 年日本政府提出「長壽社會對策大綱」，高齡者教育成為整體長壽社會對策的重要一環。1989 年，厚生省提出「高齡者保健福利十年策略」，於中央特設「長壽社會開發中心」；於都道府縣設「快活的長壽社會推進機構」，其主要工作有二：一為舉辦高齡者全國福利節；二為推動高齡者社會參與，開辦培養領導者的「老人大學」。

　　在教育行政方面，1965 年文部省開始於市町村設置「高齡者學級」，每縣平均設置二個。1971 年，社會教育審議會在「因應社會急遽變遷之社會教育應有作法」，特以支持高齡者教育作為社會教育行政的主要措施。1973 年文部省對市町村所舉辦的「高齡者學級」擴大辦理並開始補助經費。1981 年，中央教育審議會「關於終身教育」的建議中，提出擴充高齡者的學習和社會參與，因此，文部省於 1984 年辦理「高齡者生命意義發展綜合事業」，其重要的措施就是辦理高齡者教育、培訓志工、運用高齡

者人力資源、及進行代間交流與生活諮商服務等。1988 年，日本在各都道府縣開始設置「終身學習局」，1990 年公布「終身學習振興法」，將過去以「市町村」為主的高齡者教育活動，改以「都道府縣」為辦理單位，並補助其所設置的「長壽學園」。1994 年，日本高齡者人口的比率超過 14%，政府更加重視有關高齡者的相關措施，開始補助都道府縣所辦理的培養高齡者領導人才之教育活動。對市町村所辦理的高齡學習活動，也予經費的補助。

綜上所述，可知日本的高齡者教育活動，係由社會福利行政部門所支持的老人俱樂部開始，其具有高齡者學習團體的性質。其後由於老人人口快速成長，社會福利行政部門為因應此項發展，發布多次有關高齡社會的對策，成為政府對高齡者相關措施的施政原則，連帶亦激發對高齡者教育的重視。而主要的高齡者教育活動，則由教育行政或社會福利部門辦理或提供經費補助，包括高齡者教室及長壽學園等。日本高齡者教育的目的，依其演進亦可分成三個階段：一為適應社會快速變遷而提供；二為開展高齡者生命意義而辦理；三為促進社會參與及人才資源的運用，重視領導人才的培訓工作。目前，已進入第三階段。

☪ 二、重要的高齡學習活動

日本提供高齡者教育措施的機構或單位相當多，包括大學校院、開放大學、公民館、終身學習中心等，均開設高齡者教育活動，但專門針對高齡者而辦理的教育活動，則有高齡者教室、長壽學園及老人大學等。其中高齡者教室及長壽學園，係由教育行政部門所辦理；前者由文部科學省提供經費，補助市町村辦理；後者由「都道府縣」辦理。老人大學則係由福利部門所支持辦理。故此處特將此三種專設機構的運作簡介如下。

㈠高齡者教室

高齡教室係為提高高齡者的社會能力，保障其學習機會而開設的講座。所謂「教室」通常係指一系列有計畫的講座，參與人數與總時間數有

一定規定。1965 年，文部省開始於市町村委託設置「高齡者學級」，以招收六十歲以上的高齡者為對象，學習時間一年最多二十小時。文部省要求都道府縣在 1970 年之前，每一市町村都至少要成立一個，因此，高齡者學級自 1965 年至 1970 年之間，逐漸普及日本全境。至 1971 年，高齡者學級總數達到 3,853 個，參與人數 25 萬人。

　　1971 年，社會教育審議會提出「因應急遽變遷社會之社會教育應有作法」的諮詢報告中，提出以高齡者教育作為社會教育行政的重點工作。該諮詢指出，今後的高齡者教育須培養適合於高齡期的各種社會能力，使其能獨立，並縮短代間差距，減少代間磨擦，以實現充實而有意義的人生。1971、1972 年，日本政府為回應前述答詢乃委託進行有關「高齡者學習活動促進方案」的研究。根據研究的結果，發現高齡者學習的效果不錯。因此，1973 年文部省乃將「高齡者學級」擴充為「高齡者教室」，仍由市町村辦理。政府亦自該年起對市町村所辦的「高齡者教室」正式編列預算提供經費的補助，開始推動高齡者教育事業。「高齡者教室」改以六十五歲以上的老人為對象，學習時間每年二十小時以上，每一教室學員約 20 至 50 位，學習地點在公民館、老人福利中心或學校等場所。其學習內容包括：瞭解社會的變化、瞭解年輕世代、健康維護、培養興趣、參與社會及志工活動，提升其發展階段的社會能力等。1977 年，全國高齡者教室總數達到 20,734 個，參與者為 1,080 萬人。1986 年，高齡者教室再擴展為 24,669 個，學員人數達 1,779 萬人（曾彌七重，2003）。

　　高齡者教室除由國庫補助外，另有由地方自治團體補助開辦的，故在型態上，極具多樣化，名稱上亦各有不同，有稱「武士學級」、「高齡講座」（壽講座）者；在辦理的機構上，有由教育委員會社會教育課辦理，亦有由老人福利課、老人福利中心、或社會福利協會等單位辦理。在學習內容方面，由政府補助者，以瞭解社會變遷、瞭解年輕世代、維護健康、培養興趣嗜好、充實新知、和社會服務為主。除此之外，高齡者教室的內容尚包括再就業的訓練、聯誼活動、地區社會活動的參與、兒童會指導者的訓練等。由此可知，高齡者教室已將高齡者整個生活均納入學習活動的

範圍，故它是一種學習團體、地區團體和休閒團體的綜合體，能促進人際的關係和人際的交互作用。

㈡長壽學園

日本的高齡教育活動中，文部省和厚生勞動省推動的長壽學園或老人大學扮演了非常重要的角色。在文部省管轄的老人大學稱為「長壽學園」，厚生省管轄的老人大學則名稱不一。

長壽學園是專門提供高齡者學習的機構，其目的在培育地區高齡者活動的領導者，招生對象為六十歲以上的高齡者，辦理單位為都道府縣，通常會與地區的大學校院或民間教育機構進行合作。學習時間二年以上，修滿二十學分以上者發給修業證書，認定其具有地區終身學習領導員資格，並登錄於人力銀行。至 1993 年，全日本共有 20 個縣開設長壽學園，其中群馬縣的「群馬長壽學園」及山梨縣的「山梨壽勸學院」辦理最為成功。因此，長壽學園和「高齡者教室」無論在辦理單位、目的、招收學員年齡、及實施方式、課程設計上均有所不同。

㈢老人大學

在老人福利部門方面，1989 年，厚生省根據「高齡者保健福利十年策略」，於都道府縣設置「快樂的長壽社會推進機構」。此機構的主要工作項目，包括開設老人大學以培養高齡活動的領導者。第一所此類型的老人大學為 1969 年兵庫縣的「印南野學園」。至 1990 年，此類學校已增至 17 校。1990 年後由於受到厚生省「高齡者保健福利十年策略」政策之影響，而積極推動，至 1994 年已增至 41 所。在日本 47 個都道府縣中，有 12 個縣同時設有文部省辦理的長壽學園和厚生省的老人大學。雖然主管機關不同，但兩者的課程內容、辦理方式等卻大同小異，其主要的原因有三（曾彌七重，2003）：

　1.二者均以兵庫縣印南野學員及美國的社區學院作為典範。

　2.日本高齡者教育為整體高齡社會政策的一環。因此，無論是文部省

或厚生省均按照「高齡社會對策大綱」的政策，進行高齡者教育活動。按日本政府為因應長壽社會的來臨，特於 1995 年訂頒「高齡社會對策基本法」，1996 年提出「高齡社會對策大綱」，1996 年後加以修訂，而成為日本因應高齡社會政策的最高指導原則。

3.就辦理目的而言，兩者皆以培養高齡者領導人員為其主要目的。

為進一步瞭解高齡學園辦理現況，特以兵庫縣印南野學園及其附設高齡者放送大學為例，簡介如下。

1.印南野學園

印南野學園係 1969 年由當時兵庫縣教育委員長古定之丞的建議而設立，主管機關為兵庫縣教育委員會，同時附設有函授部以提供更多老人就讀，1977 年函授部改制為高齡者放送大學。1989 年，該校之營運委託財團法人兵庫縣高齡者生命意義發展協會負責。該學園擁有廣大的校園，建築物特別考慮高齡者的生理狀況、採平房為主，其設施包括大禮堂、教室、宿舍、餐廳、圖書館、陶藝館、農園、球場、運動場所及自產品販賣部等。成立之初，原修業年限一年，1972 年大學部改為四年制，1977 年開設領導者培養課程，相當於研究所課程，修業二年，1987 年更名為社區活動領導者培養課程，以培養社區或社會活動的領導人才。

目前就讀學員計為 2,800 人。入學資格，大學部須年滿六十三歲，社區活動領導者培養課程，須年滿五十八歲，並經社區組織（自治會、老人俱樂部、婦女俱樂部）或縣、市長之推薦。大學部上課每週二日（一天課程研討，一天為社團活動），全年上課三十天，共 120 節；社區活動領導者培養課程，一年上課三十三天，共 132 節。大學部分設園藝學科（100人）、健康福利科（200 人）、文化學科（100 人）、及陶藝學科（40 人）；社區活動領導者培養課程分園藝系（45 人）、福利系（45 人）及地區活動系（60 人）等。

課程分通識課程、專業課程和社團活動三類。通識課程為必修課程，旨在提供學員一般素養，包括高齡者終身學習、高齡者的福利、社會參與、社會現況、文化、宗教、思想、健康、高齡者問題、人際關係、社區

活動及環境問題等。專業課程為各學科專門性技能及生活技術的課程。社團課程則以促進社會參與及提高自我實現為主。收費情形為：學費 20,000 圓、入學費 4,000 圓、學員自治費 3,500 圓，圖書費 1000 圓等，合計 28,500 圓。

2.高齡者放送大學

原附設於印南野學園大學部，1997 年改為高齡者放送大學，旨在提供兵庫縣各地高齡者終身學習機會，協助生命意義的發展。學員分本科生、旁聽生及永久旁聽生。本科生為年滿六十歲的正式註冊的縣民，限收 500 名；旁聽生指自行收看（聽）教學節目的人，沒有任何限制；永久旁聽生係非本科畢業的自行收看（聽）節目的人，目前共有學員 3,550 人。教學方式，於週六上午 6:30 至 7:00 收聽廣播，主題包括高齡期的發展、溝通技巧和人際關係、通識課程、健康等。每節課後，本科生必須繳交心得報告。教材每月發行一次，學員須一年兩次到印南野學園本校接受面授，及參與兩天一夜的研討活動，進行師生間的溝通與交流。收費，本科生一年 6,000 圓，旁聽生 5,000 圓。

以上就日本高齡學習活動的實施情形作簡要探討。由上述可知，日本文部省之高齡學園及厚生省之老人大學為當前日本高齡教育甚具特色的教育活動，其差異不大，但彼此間的聯繫合作，則尚待加強；其次，對高齡者教育採取使用者付費的原則，學費的負擔對高齡者而言，有日趨沉重之感，可能會妨害高齡者的學習參與；再次，此種高齡者教育方式，是否太具學校化的色彩，均為其受到質疑的地方。

第四節　台灣地區高齡學習活動的發展

台灣光復後，民生凋疲，百廢待舉，當時六十五歲以上的老人人口約占 2%。1949 年政府遷台後，勵精圖治，無論在政治、經濟、文化、教育及社會層面上均有長足的進步。尤其自 1970 年之後，台灣經濟獲得高度的發展，社會進步，醫藥水準提高，人口的平均壽命不斷地增長。台灣剛

光復時，全台人口的平均壽命約為四十歲，至 1960 年人口平均壽命增長為五十歲，1980 年達到了七十歲，至 1985 年老人人口的比率首度跨越了 4%，正邁入了聯合國教科文組織所定的「中年國」標準。1993 年底，台灣地區老人人口的比率達到了 7%，正式進入高齡化社會。此種人口老化的現象更持續向前發展，至 2003 年 7 月，全台超過六十五歲的老人達到 2,054,058 人，占總人口比率的 9.1%（內政部，2003b）。

由於老人人口的增加，造成社會人口結構的改變，連帶亦使整個社會在政治、醫藥、商業、建築及教育等產生變革。換言之，台灣社會已因老人人口的遽增，產生了一種靜態的「銀髮革命」。社會關注老人福利、保健、衛生及教育等，老人議題倍受重視。教育為整體社會現象之一，連帶亦受到高齡化社會的衝擊，造成高齡者教育的發展，高齡者學習權受到重視，高齡學習機會日漸增多，這是一種可喜的現象，亦足以彰顯台灣社會的進步與發展。

☪ 一、緣起

台灣地區老人教育有計畫、有組織的推展，係由社會行政部門首開其端。最早可以追溯到 1982 年，由高雄市政府社會局與高雄市女青年會合作開辦的「長青學苑」；接著 1983 年台北市亦隨即跟進開辦長青學苑，其後台灣省各縣市亦紛紛仿效開辦，招收年滿五十五歲以上的高齡者就讀。

高雄市長青學苑上課地點在老人活動中心、女青年會、仁愛之家、中正文化中心等，每半年為一學期，每年開設春季及秋季二班，一期二十四週，每班 20 至 30 人，每位學員修課二門。六十五歲以上免費，六十至六十四歲繳交 500 元學費，五十五歲至五十九歲繳交 1,000 元。課程依學員意願需求調查、指導委員及班代表聯席會議等三方面的意見開設，大致分為語言（如國語、英語、日語）、技藝研習（如國畫、書法、陶藝、園藝、詩詞欣賞、音樂、平劇），及課外活動（如座談會、專題演講、機構參觀及其他聯誼性活動）等。

台北市長青學苑於次年跟進。1986 年後，為充分運用大專院校之場

地、設備及圖書，以提高教學水準，經由社會局協調大學校院開辦大專研習班，當時計有中興大學、台北醫學院、東吳大學、實踐管理設計學院及文化大學開辦。為方便高齡者就近參與，並提供多樣化的教學內容，由台北市社會局委託各社區相關福利機構辦理。參與者逐年俱增，1983 年為278 人，至 1991 年已達六千餘人。上課地點包括大學校院六校，各長青文康活動中心及各老人安養機構十一處，各社區相關福利機構九處，共二十六個地點。台北市長青學苑不收學費，課程以語文、技藝、文史、衛生保健、社經及電腦等為主。

　　此外，社會局並鼓勵高齡者依興趣，籌組各種性質之長青社團，自行規劃各種活動與運作，促成成員自治自發，相互合作，相互研討，此種自主性社團亦提供其成員的學習、交流機會。其種類包括：(1)康樂性社團：以休閒康樂為目的；(2)學藝性社團：以研究學術技藝為目的，如中國文史、紫微斗數、國劇、瑜珈、太極拳、劍術研究等；(3)聯誼性社團：以促進友誼，聯絡感情為目的，包含長青文化交流、長壽聯誼、老人會等；(4)服務性社團：如長青榮譽服務團等。

　　以上由社政部門開設的長青學苑，至 2002 年，共有二十三縣市開辦長青學苑 270 所，開設 2,849 班，參與學員 90,985 人（內政部，2003c），是台灣地區老人教育實施的主體；另由長青社團所提供的自主性學習活動，亦分散全台各地，為高齡者的學習提供更便捷的服務。

　　在教育行政部門方面，台灣地區老人教育雖由社會行政部門首開端，但受到終身教育理念的激發，以及學習權觀念的倡導之下，教育行政機關亦逐漸瞭解老人教育的提供，為其應盡的責任之一。終身教育的推展更不能忽略在人生後段的高齡者，否則將流於空談，成為一種烏托邦罷了。有鑑於此，教育部乃於 1996 年首先委託文化大學及實踐大學等開辦老人教育種子培訓班，其後教育部並透過廣播與電視播放老人教育節目。例如於2001 年度委託光啟社製播「快樂銀髮族」節目，長達半年，並補助警察廣播電台製播「東西南北」節目，增進老人吸收新知。此外，教育部並以經費支持社教館、社會工作站開辦老人教育課程。2001 年 3 月 6 日教育部訂

頒「補助各機關及民間團體辦理家庭教育、老人教育及婦女教育活動實施
要點」，補助相關機構及民間組織開設老人教育課程，2001 年計辦理 200
餘場次，參加人數達 20,000 人以上。另補助新竹、彰化、台南、台東社教
館辦理老人教育活動，計 45 場，參加人數達 3,700 人。2001 年並辦理老人
教育活動 33 場，參與人數 300 人。2001 年補助中正大學、台灣師範大學、
高雄師範大學辦理老人教育教師培訓，共有 1,200 位高齡者參與受訓，成
為推動老人教育的尖兵（教育部，2002）。

　　在教育部支持下，台東社教館首先於 1997 年附設老人大學，提供五
十五歲以上的高齡者就讀，沒有任何入學條件的限制。2003 年，台南社教
館亦設置高齡學習中心，在中心之下附設長青社會大學，提供年滿五十五
歲以上的高齡者就讀，以增進新知，充實生活內涵。

　　此外，在民間組織方面，亦有不少的民間社團及宗教團體，相率投入
高齡者的教育活動。例如，台北市老人教育協會就於 1989 年開始附設老
人大學，開設各種課程，提供五十五歲高齡者就讀，成為目前台灣地區規
模最大、學員人數最多的專設老人教育機構。其餘如高齡學會亦附設遐齡
大學、基督教長老會附設敬老大學、中華長青文教協會設有中華長青社區
大學、台中縣曉明女中設有老人大學、三信文教基金會開設有老人教育的
課程。全台各地區的老人會亦常辦理老人教育的課程，提供會員學習與進
修。總之，民間組織和宗教團體所辦理的老人教育活動散處各地，相當活
躍，為各地區老人提供了便捷學習的機會，其貢獻實不容抹煞。

　　在大學院校方面，由於受到高齡人口的增加，進行有關高齡相關主題
研究或人才培育學者，在最近二、三年內也如雨後春筍。首先為元智大學
於 1997 年整合校內機械、電機、化工、資訊、社會等系所，結合不同領
域之專長者，以及校內外產官學界的資源，率先正式成立「老人福祉科技
研究中心」，以科技服務廣大的高齡人口族群，從事技術與科技產品的研
究開發，以期提供高齡者較佳的生活與工作環境，享有健康、舒適與安全
的生活，擁有獨立生活能力和社會參與。

　　2001 年 8 月，明新科技大學正式設立老人服務事業管理學系，後更名

為老人福利系,招收四年制日、夜間部學生,授予老人專業課程,其課程包括:⑴老人預防保健、⑵老人照護、⑶老人心理與社會適應、⑷老人福利與服務、⑸老人事業經營管理(吳老德,2003)。

實踐大學為響應「建構台灣長期照護體系計畫」與「福利產業發展方案」,特於2002年在該校設置「老人生活保健研究中心」,同年並經教育部核准,開設「老人生活保健研究班」,招收具備大學學歷或同等學歷,且具有老人保健、老人安養、醫療照護、老人社團組織、老人機構管理與老人休閒產業具實務經驗之人員,培育老人保健師、老人福利服務與老人教育輔導師,以應老人醫療福利與產業市場之需要。每期招收30至40名。修業二年至三年(四至六學期),修習 36 學分,於每週五晚間及週六全日授課,課程包括老人學、老人醫學、老人營養、老人大學方案、老人慢性疾病、老人保健服務、老人安養機構管理、老人家庭研究、老人社會工作、老人心理衛生、老人居住環境設計、老人保健與福利法規、長期照顧研究、銀髮產業市場及老人保健實習等。其中必修12科,選修6科。選修科目尚包括老人文藝音樂欣賞、老人休閒旅遊、老人心理溝通、老人與民俗療法、老人健康食品、老人體育運動、老人靈修研究等。修業期滿,成績及格,由學校發給學分證明書,如修畢全學程者,在未來報請教育部核准開設研究所後,可依規定發給碩士學位證書。

稻江科學及資訊管理學院亦於 2003 年 8 月設立老人福祉系,旨在培養老人福祉知識、敬老禮節、行政管理能力、安養機構及企劃行銷能力,其課程分通識課程(32 學分)、專業必修(48 學分)、專業選修(32 學分)、其他選修(24 學分)。

此外,中正大學亦於 2003 年 8 月設立高齡者教育研究所,首屆招收研究生 11 人,培養高齡教育研究之人才,這是台灣地區高齡教育的研究正式進入大學校院之開始,從高齡教育的發展而言,甚具意義。

綜上所述,台灣地區高齡教育的辦理機構主要可分為社會福利部門、教育行政部門、以及民間組織及宗教團體等所辦理的各種機構或活動。另近二、三年來,大學院校成立高齡相關學系及研究所亦值得關注,均為高

齡教育的重要里程碑。以下特簡介專設之高齡學習機構，包括長青學苑、老人大學、社教館附設老人大學（中心）、及大學院校的高齡教育研究所等，以瞭解其辦理現況。

☪二、重要的高齡學習活動

經由前述的探討，可知台灣地區目前較重要的專設高齡教育機構，有社會行政部門的長青學苑、教育行政部門的老人大學（學習中心）、民間組織的老人大學等，另由大學所設立的高齡教育研究所亦值得注意。

㈠長青學苑

長青學苑大多由社會行政單位設置或管轄，占所有老人教育機構中的85%（林振春，1995），為目前老人教育的主軸。長青學苑首先係由高雄市社會局於 1982 年創設，由社會局與高雄市基督教女青年會合辦，次年台北市社會局亦跟進設置。1983 年，新竹市學租財團法人支持成立「松柏學苑」。同年，台灣省社會處配合內政部之加強老人福利專案計畫經費，由台中市與台南市設置「老人服務中心」，提供對老人的綜合性服務，根據老人的需要與意願辦理各種老人教育活動。1987 年，台灣省訂頒「台灣省設置長青學苑實施要點」，由社會處輔導各縣市視實際需要選擇適當場所設置長青學苑。從此，長青學苑在台灣省各縣市生根發展，而成為台灣地區最具影響力，參與人數最多的老人學習型態。依據內政部 2003 年的統計，截至 2002 年止，台灣地區共開辦長青學苑 270 所，總班級數為 2,849班，參與人數達 90,985 人。開辦的縣市涵蓋全台各直轄市及各縣（市）政府，其中台灣省開設 249 所，參與人數 73,530 人。台北市開辦 20 所，參與人數 3,255 人，高雄市開辦一所，參與人數 14,200 人。茲將各縣市長青學苑辦理校數、班級及參加人數，列表如下。

表 2-4-1 台灣地區九十一年度各縣市長青學苑校數、
班數及學員人數（人次）統計表

縣市	所數	班數	參加人數（人次）
台灣省	249	2,429	73,530
台北縣	49	421	13,016
宜蘭縣	3	14	629
桃園縣	2	93	4,025
新竹縣	8	59	2,035
苗栗縣	51	213	4,410
台中縣	7	294	6,825
彰化縣	7	106	3,833
南投縣	45	106	3,220
雲林縣	7	66	1,863
嘉義縣	31	162	4,478
台南縣	11	50	1,404
高雄縣	1	41	1,365
屏東縣	6	121	3,794
台東縣	1	22	710
花蓮縣	3	35	1,442
澎湖縣	—	12	168
基隆市	1	70	2,164
新竹市	2	127	4,675
台中市	9	176	5,990
嘉義市	1	83	2,593
台南市	4	158	4,891
台北市	20	78	3,255
高雄市	1	342	14,200
合　計	270	2849	90,985

資料來源：內政部，2003c

為瞭解長青學苑的實際運作情形，茲以高雄市及北市長青學苑的辦理情形，簡述如下：

1. 高雄市長青學苑

高雄市長青學苑設立於 1983 年，最早係與基督教女青年會合辦。社會局為辦理長青學苑，經於 1990 年訂頒「高雄市長青學苑設置要點」，以為執行依據，目的在增進老人福利，鼓勵老人參與學術進修，充實精神生活。長青學苑設主任 1 人，由社會局局長兼主任，下設教育、活動、事務、研究發展、公共關係等五組。招收設籍高雄市，年滿五十五歲以上之高齡者。經費由社會局提供，行政及教學等實務工作則委由女青年會辦理。學員收費，五十五歲至五十九歲者每期每科收費 450 元，六十歲至六十四歲者每科 200 元，年滿六十五歲以上者免費。每期上課 24 週，分春、秋兩季招生。每位學員最多修課二門，期滿發給結業證書。其上課地點，自 1998 年高雄市長青綜合服務中心落成後，成為學苑本部的固定場所。另於中正文化中心、女青年會、老人活動中心、勞工育樂中心、楠梓右昌老人活動中心、左營老人活動中心、旗津老人活動中心、南鼓山老人活動中心、仁愛之家等多個場所進行教學活動。課程分語文、技藝、文史、法律、健康、等類。1982 年第一期招生 1,200 人，開設 52 班；至 2003 年，已開辦 24 期，春季班共開設 72 班，參加學員 6,073 人。

2. 台北市長青學苑

台北長青學苑於 1984 年開辦，由台北市社會局主辦，在社會局社工室成立老人福利工作專門小組，負責各項實務工作。招收設籍台北市，年滿六十歲以上者參加。長青學苑主任由市長兼任，執行秘書由社會局長兼任，下設教學籌劃、教輔及行政等三組。學員不收學費。開設班別，包括長期、短期及大專研習班等。長期班每年招生二次，每期五個月（20 週），每週上課三小時；短期班每年招生三次，每期 12 週。每人限參加兩班，每班 20 人。修習達上課時數的 75%以上者，頒發「遐齡碩學」證書。上課地點在老人福利機構、社區活動中心及大專院校等共二十六處。課程包括語文、技藝、文史、衛生保健、社經及電腦等類。另輔導參與學員成立

長青社團，包括康樂性、學藝性、聯誼性及服務性社團。2002 年共有學員 3,255 人參與。

(二)社會教育館附設老人社會大學或高齡學習中心

　　台灣地區四所國立社會教育館及其社教站，包括新竹、彰化、台南及台東均有專為老人開設的學習活動，唯專門設立常設性的老人教育單位，則有台東社教館附設的老人社會大學及台南社教館所附設的高齡者學習中心。茲就此二個單位提供的高齡學習活動簡介如下。

　　台東社教館為提供台東、花蓮高齡者再學習的機會，經於 1997 年報請教育部核准設立老人社會大學，除校本部設於館內外，並於花蓮、台東兩縣十三個鄉鎮設有學習中心或分部，招收年滿五十五歲以上的高齡者就讀。台東縣設有四個學習中心，包括關山、長濱、海端、成功等；花蓮縣則設在吉安鄉、壽豐鄉、花蓮市、瑞穗、光復、鳳村、玉里、及花蓮縣婦女會等設置學習中心，各鄉鎮學習中心類皆設於社教站內。課程開設語文、藝術兩學系及共同科目等。語文學系開設國語、英語、日語及電腦等科目；藝術學系開設素描、書法、國畫、陶藝、舞蹈、樂器、歌唱等。共同科目則開設老人心理、衛生保健、生活禮儀、角色調適、法律常識、環保教育等科目。學員免繳學費，修業二年，期滿發給結業證書。目前台東社教館附設老人大學共有學員 3,500 人。

　　台南社教館為迎接高齡社會的來臨，亦於 2003 年經奉教育部核准設立高齡者學習中心，並在中心下附設「長青社會大學」，招收年滿五十五歲以上的高齡者就讀，修業一年，分二個學期。開設課程包括木球、圓極舞、電腦、日文（初級）、英文會話（初級）、台語、文學、書法、素描、圖畫及歌唱等十個科目。學員選修一個科目須繳交學費600元。全學年修業期滿，發給結業證書。

(三)老人大學

　　台灣地區由民間組織所設立的高齡學習機構，其名稱不一，包括老人

社會大學、長青大學、敬老大學、老人大學、松齡學苑、長春學苑、銀髮
族學苑、長青社區大學等不一而足。這些民間組織（包括協會、基金會、
宗教團體等）所辦理的高齡學習機構，為與教育行政及社會行政福利單位
所辦理的老人教育機構有所區分，特以「老人大學」作為總稱。由於這些
民間組織所辦理的老人教育活動，性質未盡相同，各有其重點與方向，頗
難一以概之。此處特以中國老人教育協會所辦理的老人社會大學為例，以
瞭解其辦理情形。

　　老人社會大學由中國老人教育協會於 1989 年報經內政部核准設立，
租用台北市立圖書館啟明分館四樓部分教室為校本處，並於多處社區廣設
分校，以利高齡者就近就讀。1998 年，遷至台北市健康路 264 號萬國道德
總會會址。該校宗旨為貫徹活到老、學到老之精神，藉研習增進新知，提
高老人生活境界，培養中老年人生活情趣，擴大中老年人生活領域，增進
身心健康，享受老年。

　　招生方面，凡滿五十五歲以上者均可報名。每年分二期，每週上課一
次，每次二小時，修習班數不限。不收學費，唯須繳交老師鐘點費及行政
費 1,500 元（電腦班為 2,500 元），教材、書籍費用自理。上課地點除在校
本部（萬國道德總會校區）外，另於松山新城、宏國大樓、恆旭富士軟
片、國民黨中央黨部、台北市榮民服務處、大直區民眾活動中心、美加機
構、外丹功學會、賴許柔文教基金會、立德長青活動中心、中山區民安里
辦公處、國立台北大學、萬華區民眾活動中心、證嚴社會福利慈善事業基
金會、醫藥健康網路發展協會、林建生文化教育基金會、汐止基隆河文教
基金會等設置校區，以方便高齡者就近參與。

　　各校區所開設的課程類別及數量頗不相同，而以校本部所開設的課程
最多。主要開設的課程有語文（日語、英文、自助旅遊英語、生活美語、
英語導讀等）、休閒（歌唱、圍棋、社交舞、民謠與合唱、漫畫、國
劇、）、保健（健康運動、太極拳、瑜珈、免疫與運動治療、要膳與養
生）、文學（中國文學、易經、詩詞）、藝術（國畫、書法、手工藝、攝
影）及電腦等。其中以英文、醫療保健、易經研究等三項課程最受歡迎。

英文課受到歡迎主要是老人出國旅行機會增加，有些老人兒孫在國外，學英文主要為了溝通。醫療保健和易經研究甚受到高齡者青睞，其原因在於老人關注身體的保養和養生。而目前流行的風水、面相、手相、紫微斗數等的研究，也頗為老人們所津津樂道的科目。

　　每年校本部及各校區約開設 100 班左右，參與學員在 2,000 至 3,000 人。對提升高齡者的知性生活、身心健康及生活調適上頗多貢獻。

㈣中正大學高齡者教育研究所

　　中正大學成人及繼續教育學系鑒於高齡社會的來臨，高齡學習未來將成為成人教育極重要的一環，因此，需要進行高齡教育的研究並培育研究人才，乃申請設立高齡者教育研究所碩士班。經教育部核准於 2003 年正式成立，招生對象以具有大學畢業或同等學歷資格者，修業一至四年，全學程共 32 學分，課程包括研究方法、理論基礎、實務應用及實習等。理論基礎科目包括高齡教育學、成人發展與老化、終身學習、教育老年學、成人教育社會學、高齡學習、高齡生涯發展與輔導、高齡教育哲學、高齡學、高齡教育比較研究。實務應用課程包括成人教育方案發展、遠距教育、高齡者教育、高齡期休閒規劃、高齡事業服務與管理、老人心理與衛生、老人照護與保健、退休人力發展、死亡教育、網路學習等。實習則開設高齡者教育實務一科。首屆招生 11 人，修完規定學分，通過論文考試，可獲頒碩士學位證書，這是台灣地區大學校院正式設置高齡教育的研究單位，將為台灣地區高齡教育的研究開創新頁，在面對高齡社會的來臨時刻，此一研究所的設置，甚具意義。

第三章

高齡教育哲學

　　近年來隨著高齡化社會的來臨，老人不僅在醫療照護、社會福利、休閒育樂等方面逐漸受到社會的重視。老人參與教育活動也引起學界很多的討論，其中多以高齡教學和課程居多，較少觸及高齡教育哲學的問題。本章主要介紹高齡教育哲學的起源、高齡教育哲學的主要課題、時間概念與老化、以及高齡教育哲學的流派。希望藉由哲學的分析能夠釐清高齡教育哲學中的糾結，並肯定高齡教育的正當性與必要性。

第一節　高齡教育哲學的起源

　　從柏拉圖（Plato）到盧梭（J. J. Rousseau）和杜威（J. Dewey）的教育哲學都強調教育作為文化傳遞（transmission of culture）、兒童的培育、德性的養成、文化與社會重建之重要工具，也就是把教育作為形塑下一代的策略。雖然說在教育的實踐與策略中，往往與教育哲學家的理想藍圖有段差距，但是教育實務工作者與教育哲學家所討論的問題至少一樣的，也就是不論是保守或進步的觀點，不管個人或社會的取向，所有過去的教育哲學家都一致認教育事業的焦點應該是兒童和年青人。這種傳統的教育觀點強調的是生命全程中的初期階段，也就是假設教育活動的正確與否端視目標而定，而非教育活動本身。這種以目標為導向的教育哲學，可稱之為目的論的教育哲學（educational philosophy of teleology）（Moody, 1985）。如果教育只把焦點置於生命全程中的初期，就很自然會以未來所達成的目的為依據來評價和批判教育機構、教育實務和教育理論。

　　直到近代這種傳統目的論的教育哲學才受到挑戰，由於成人教育運動的興起和蓬勃發展，許多成人教育學者強調成人的自主性、經驗和個人價值，這些都與目的論的教育觀點有很大的不同。不論是強調個人學習的諾爾斯（Malcolm Knowles）或主張社會重建的弗雷勒（Paulo Freire）都質疑傳統的目的論的教育哲學。

　　諾爾斯的理論屬於美國實用主義的哲學傳統，強調教育乃是學習者經驗的不斷試煉的過程。諾爾斯（Knowles, 1980）尤其強調成人的經驗在學

習歷程中的重要性。成人豐富的經驗可以使成人在學習歷程中設定學習目標、尋找學習資源以及採取適當的學習策略。這種強調學習者經驗的觀點對高齡者的學習尤其顯的重要。因為，高齡可能代表著擁有豐富的人生閱歷和經驗，而高齡學習意味著重新賦予過去經驗的意義。

諾爾斯「成人教育學」（andragogy）的理論是否可以引申為「老人教育學」（gerontology）呢？穆迪（Moody, 1985）不認為諾爾斯的成人教育學原則可以完全類推到高齡教育上去。主要的理由是人生的最後階段與青年或壯年期在本質上有很大的不同，不論就生理、心理、生活方式、社會責任各方面，兩個時期都有相當大的差異。因此，高齡教育哲學的思考方向不但要有別於目的論的教育哲學，而且成人教育哲學的思想恐怕也無法全盤移植。

弗雷勒所主張的成人教育哲學比較不強調個人的自我實現，而較重視學習者的社會責任，也就是社會重建的取向。弗雷勒在拉丁美洲從事成人識字教育的過程中，體悟到成人學習者主動積極的角色，以及尊重學習者所擁有的經驗知識。他主張教育只是讓學習者的意識得以轉化，進而去改變社會上不合理的體制和結構。雖然在弗雷勒的教育理論中，很少論及高齡學習的問題，但他的教育哲學理論仍具有目的論的色彩。尤其是高齡者通常在社會責任上都常不太扮演積極的角色，即使有人是退而不休或鞠躬盡粹，但這種社會投入的本質是與青年或壯年人對社會的投入是有所不同的。

整體而言，成人教育哲學的許多觀點對高齡教育是相當具有啟示性的。高齡教育的哲學應奠基於這些理論之上，來思考生命全程中最後階段教育的挑戰。高齡教育哲學的分析應從最根本的問題開始：老人如何去學習，以及老人教學與學習的內容為何等？

第二節　高齡教育哲學的內涵

教育哲學至少要探討由教育的實務與理論上所產生的三個基本問題。

首先，要學什麼？在教與學所假設的認知本質是什麼？這是個知識論（epistemology）的問題。其次，教育的目的與價值為何？這是個倫理學（ethics）或價值哲學（philosophy of value）的問題。最後，教育通常不僅是個人的學習，而是需要社會的合作與認可，教育的社會角色為何？這是社會哲學（social philosophy）的問題。

　　教育哲學的三個基本問題雖然經常被討論，可是在高齡教育哲學中，有什麼特別的呢？傳統教育哲學的結論和方法對高齡教育有什麼貢獻？事實上，高齡教育與傳統教育最大的區別在於高齡教育落在生命全程的末端而非前端，因此，高齡教育與兒童或青年的學習在本質上有很大的不同。此外，在傳統的教育哲學中也不討論生命和時間的問題，但時間的問題卻是老人學中一個很重要的課題，因此，在本章中也會一併加以討論。

☾ 一、高齡教育哲學的知識論

　　教育如果從有系統的教學活動來看，所強調的重點就是師生互動中的「學與知」。知識論乃是以批判的方式檢視何謂知識，以及知識從何而來。「學與知」對高齡者和年青的成人是否有著相同的意義？一般人通常會以為「學什麼」（知識的對象）都是一樣的，所不同的僅是不同的年齡會有不同的學習形態和能力而已。然而心理學的研究發現這種常識性的假設是不正確的，皮亞傑和伊納德（Piaget and Inhelder, 1969）認為知識的對象會隨著兒童認知發展而有所改變，人類在不同的年齡階段有不同的學與知的方式，如果年齡在質上面是很重要的因素，那麼在老人身上何嘗不是如此呢？如果從這個角度來觀察，知識論的問題就是高齡教育哲學中的核心問題。

　　老人在「學與知」上究竟和年青人有何差異呢？這個問題是否只靠心理學以證驗性的研究就可以回答，而無庸做哲學上的思考和討論呢？然而實證科學的取向也並非無往不利，除了理論或概念的架構之外，沒有任何「事實」能獨立於人類的理解之外。換言之，實證科學發現的「事實」對於回答不同年齡的學習問題，具有什麼意義恐怕尚沒有什麼定論。哲學的

一部分任務就是要扮演批判性的功能（critical function），去分析方法論上的假設；以及充當詮釋性的功能（heuristic function），提出新的概念來解讀「事實」的意義。事實的意義僅能在某些概念架構下成立，而概念架構本身則是脫離經驗的抽象名詞而已，因此，待驗證的假設如果不以批判思考來作基礎，這並不是真正的科學態度，這些所謂的「事實」，充其量也僅是沒有意義的資訊而已。事實、意義和真理雖然有所不同，但彼此卻是相關的概念（Moody, 1985）。

　　穆迪（Moody, 1985）認為就是因為把高齡教育的事實、意義和真理混為一談，高齡教育在知識論上的焦點被模糊，以致使高齡教育的本質和真相無法釐清，穆迪主張從知識論的角度去觀察高齡教育可以得到一些啟示：

㈠高齡教育的研究缺乏想像力

　　對高齡教育研究的貧乏往往不是因為經費的問題，最欠缺的是缺少想像力。哲學可以使我們重新評價抽象的方法論，而且開拓研究的視野和想像，因此，如果沒有批判和詮釋，真正科學的進步恐怕是緣木求魚。

㈡高齡教育的研究沒有結合理論與實務

　　高齡者的學習理論與證驗性研究往往是分開的，此外，學習理論又與高齡教學實務脫節。正如同早期的兒童教育，理論與教學實務常常各行其是，但現在的兒童教育不論是教材、教法、課程、評鑑大都有理論的基礎作依據而發展出來的。因此，高齡學習理論的發展除了擷取現有的學習理論之外，尤需跳脫傳統目的論的框架，在教學實務中發揮更多想像空間。

㈢高齡教育的研究仍存有對老化的偏見

　　許多心理學上的研究依然是從衰退的觀點來看待老人的學習，此外，許多成人教育理論也都沒有涉及高齡學習的課題。因此，高齡教育不是被視為「老狗不能教新把戲」，就是被「存而不論」。雖然，近年來，人口高齡化的現象愈來愈明顯，但是許多的研究依然不脫衰退的論點，對於建

構高齡教育的知識論仍沒有太多正面的取向。

㈣高齡教育的研究需要新的典範

孔恩（Kuhn, 1970）在其「科學革命的結構」（The Structure of Scientific Revolution）一書中指出，當理論無法說明現狀或出現許多反證時，就會產生典範的移轉，也就是新的理論會取代舊有的理論。在高齡教育中，許多心理學或成人教育學的研究和理論並不能解釋老人學習的問題，特別是知識論上的「學與知」的問題。可喜的是近年來許多的研究已經揚棄過去的典範，而試圖開啟高齡學習的新典範，這些研究的領域包括高齡者的智慧、洞見、經驗理解、個人的知識，以及籍由符號和類比知覺來增進認知等。這種種的新嚐試都試圖去解釋高齡學習的事實，賦與高齡學習意義，並澄清高齡學習的真相。這對於高齡教育理論可以說是一種新思維，也就是以新的思考方式去思考高齡教育。

☪二、高齡教育的倫理學

倫理學主要探討的基本課題是目的（purpose）和價值（value）。就高齡教育或學習而言，為什麼老人需要學習？老人學習的目的何在？或者老人學習有什麼價值？如果我們相信教育或學習對高齡者是好的，那麼我們就需要提出一些規準來說明高齡學習是有價值的或具有正當性。然而判斷的規準是什麼？首先，有一點必需先作說明，許多教育工作者包括教師和行政人員都避談倫理學的問題，同時社會上也充斥著相同的態度。例如相對主義就主張：如果學習者想要學的，就是對他有用的。個人主義認為：每個人都根據自己的目標來進行學習。經驗主義以為：先用調查來發現學習者所偏好的課程，然後提供給學習者。這些我們耳熟能詳的教育主張通常認為倫理學的判斷是沒有意義的。可是如果教育者規避高齡學習的倫理判斷，那麼其視野就只能侷限於維持現狀。

為什麼我們認為高齡學習是件好事？其中一種可能的答案便是學習本身就是一件好事。穆迪（Moody, 1985）認為高齡者的學習本身就是好的

（good in itself），因為終身學習乃是人類美好人生的基本要素。但是這樣的主張會不會言過其實呢？有些學習活動僅是浪費生命而已，甚或是一種有害的誤導。例如，在成人教育的研究中發現許多中產階級參與學習活動僅是為了打發時間而已。一般人認為老人家把有限的生命和時間花在學習新知上是很愚昧而且不恰當的。另外，有些人會贊同老人的學習是因為要給老人家一些事情做。

　　在許多文明中都把人生分成許多的階段，因此，人生的階段自然也應有其特定的目的。如果把晚年視為生活的實現，則學習就是老年生活中的要角。然而對於高齡教育正當性的看法卻非常分歧，有人認為高齡教育是找些事情給老人做，或者填補老人過多的閒暇。高齡教育迄今尚無法吸引很多的老人來參與，其中原因和障礙固然很多，但從哲學的角色來看，是高齡教育欠缺嚴肅的正當性或價值感恐怕才是根本的問題。

　　穆迪（Moody, 1985）認為高齡教育的倫理學必需建基於成長（growth）和有限（limitation）的概念之上，由這兩個概念所引申出來的原則就是：有限原則和自我發展原則。所謂的有限原則乃是指生命和自我經驗的有限，就個體存在而言，就是死亡和獨特性（individuality）。套用海德格（Martin Heidegger）的術語，人類乃是「朝向死亡的存有」（being-toward-death）。個體也就是因為死亡的意識更凸顯選擇目標和價值的重要性，如果人們忘記自己的有限性，那麼所追求的目的和價值都是虛無的。因此，高齡教育如果是以有限的存在意識作基礎，就可以解開老人求知與行動的獨特力量，如果不是如此，高齡教育只會變的更分歧和更不明確。

　　一般而言，社會上的許多人，包括老人本身在內都不認為在人生後半階段有學習和改變的可能，其假定人生過了某個階段後，個性和觀點就不會改變。但這個假定有兩個錯誤，首先，外在的刺激（例如死亡的威脅）使人們瞭解到時間的有限。如果生活有可能改變，只有個體本身有責任去讓生活改變。個人體會到倫理的責任和行動的自由是一直到死才會終止。換句話說，自我發展的原則指的是發現未來是開放的，發展總是可能的。簡而言之，一個人的未來並不是由他的過去來決定。其次，發展的相反是

停滯，事實上，生命的有限性提供了一項新的可能性，也就是個體雖然無法決定生命的長度，可是卻可以選擇生命的廣度和豐富性。由此觀之，高齡學習乃是一種充滿發現的歷程。

　　總而言之，高齡教育的倫理學基礎就在於明辨有限性和自我發展的關係。有限性的原則把人類視為自然的存有（natural being），而自我發展的原則把人們比擬為歷史的存有（historical being）。這兩項原則均可證明老人學習具有相當的重要性，因為如果否定有限性便會產不真實與幻想，如果否定自我發展則會造成無助與虛無。倫理學的任務就是讓高齡者在有限與可能之間找到平衡點，而又不會落入幻想和無助。在現實世界中充滿著對立與矛盾，正如有限原則與自我發展原則一樣。哲學的工作就在於釐清對立的說法與觀點，並提供一套反思的架構來反映出對立的說法與觀點。

☾ 三、高齡教育的社會哲學

　　前面討論到倫理學的問題，乃是以個人選擇的目的和價值為主。但是價值同時也會是一種集體的選擇。高齡教育乃是透過各種機構（如學校、大學、圖書館、博物館）來進行，這些機構或多或少都需要從社會獲得經濟的資源，此外，更困難的是如何決定資源的分配。高齡教育的課程與方案在教育資源的分配上往往是被忽略的，而且取得資源的順位也經常是敬陪末座。因此，高齡教育中的社會哲學就益形重要。

　　根據社會學家拉斯威爾（Harold Lasswell）的主張：社會價值的分配，主要的焦點是「誰得到、得到什麼、何時得到，以及如何得到」（who gets what, when, and how）。除了拉斯威爾所提的問題之外，應加上哲學家最喜歡問的「為什麼？」（為什麼得到），也就是每一項特定分配的理由何在。在高齡教育社會哲學最根本的問題就是「為什麼要在高齡教育上作投資？」從傳統目的論觀點而言，學習通常需經由可欲的結果來證明其正當性，在教育上，可欲的結果往往指的是知識技能的獲得、經濟的生產力、公民的培養、道德觀念的養成等等。現在一般人接受目的論觀點的程度比起從前有過之而無不及，如今再加上功利主義強調「最大多數人的最大幸

福」，這種觀點對高齡教育尤其不利。如果是以未來的結果來決定現在的教育投資，而且又要以多數人的福社為依歸，其結果必然是將有限的社會資源投資在兒童和年青人的教育之上，因為如此不但可以獲得可欲的預期回報（如增加競爭力或就業力），而且兒童和年青人在人數和生命期待值都遠大於老人。所以，高齡教育在人數及預期回報上都與兒童或年青人無法相提並論，很自然地，在社會資源分配上處於較不利的地位。

如果先撇開目的論和功利主義對高齡教育社會資源分配不利的影響不談，在極其有限的高齡教育資源如何作合理的分配，也是經常引起爭議的課題。例如，在高齡教育的課程或方案中那些應具有優先性？或者高齡族群中那些次級團體需要優先得到教育服務？一般教育人士多半主張教育是件好事而且多多愈善，這樣的信念不僅來自教育機構的自利立場，也是因為有許多的經驗證據顯示有所謂增加邊際效用的規律（the law of increasing marginal utility）存在，也就是個人如果接受愈多的教育，則愈有可能持續參與其他的學習活動。但可惜的是即便有這樣的事實，高齡教育在公共政策上仍得不到應有的支持，或者高齡族群中特定的次級團體的學習需求也末受特別的關注。這種現象顯示高齡教育缺乏強而有力的正當性，以便在社會資源分配上獲得較多的資源分配和優先順位。

在高齡教育有限資源分配上，通常是根據市場原則和需求評估來進行資源分配。首先，市場原則乃是根據價格來調節供給與需求的機制，這種機制在繼續及成人教育的方案經常被採用。因此，有人主張高齡教育也應採用市場原則。但是市場的機制有其限制存在，就供給面而言，幾乎所有的高齡教育課程或多或少、直接間接都會接受公、私部門的貼補，像是頗受好評的老人寄宿所（Elderhostel）的課程，就是因為得到許多的贊助，所以能夠維持高品質、低收費的學習活動。另外，就需求面而言，因為「增加邊際效用的規律」，高學歷、高社經背景的老人總是擁有較多的接受教育的機會，因此，會產生高齡教育中公平性的爭議。

其次，由於市場機制容易造成教育資源的分配不均，產生教育上的窮人與富人。所以，有人主張以需求評估來進行教育資源的分配。需求評估

最困難的地方往往是對教育或社經地位不利老人教育需求的評估，因為這些老人不是過去沒有太多受教育的機會，就是過去有教育負面的經驗，他們對教育都有不太正確的印象。因此，所作出來的教育需求評估的信度和效度都值得存疑，充其量僅能作為高齡教育規劃者將其課程方案合理化的精緻工具而已。事實上，許多高齡教育的規劃者亦坦承高齡教育的理想目標與現實之間卻實存在著很大的落差（Lumsdem, 1985）。

　　如果市場原則（經濟上）和需求評估（技術上）都無法對高齡教育資源分配的公平性問題提出滿意的答案。那哲學能夠做的是什麼呢？羅思（John Rawls）認為只有社會中最不利團體得到公平的對待，這時才有資源分配的公平性可言。羅思的主張對高齡教育而言，真是一針見血，資源分配不公平的現象在所有的教育階段中皆然，然而以高齡教育中的弱勢或不利團體最明顯。陸思丹（Lumsdem, 1985）相信重建高齡教育的社會哲學有助於導正這樣的缺失。不要對未來的結果有不切實際的假設，高齡教育就可以超越傳統教育的目的論。不要對無限成長有過分想像，高齡教育需要以經驗和有限性作為基礎來建構人類發展的概念。不要假設教育制度適合所有的老人，高齡教育需要發現新的方法來協助社會中最不利的老人。唯有如此，所發展出來的社會哲學才能支持真正的高齡教育，進而以終身教育為手段達到學習社會的理想。

第三節　時間概念與老化

　　老化與時間的關係在老人學中可以說是最根本的問題之一，而主要焦點是討論時間對生物體的作用。研究發現，時間和體態是人們最常用來比喻老化的兩個主題（Adam-Price, et al., 1998）。一般針對老化的研究大都以外在或生物行為的角度來分析時間，其中的理由很簡單，根據人類學對人類的界定，人是一種「受限於時間的動物」（time-binding animals）。何謂「受限於時間」？也就是人受制於過去和未來，人類的文化與成就都是古往今來智慧的結晶。但是人類並非僅是被動地受限於時間，就個體和社會

而言，也有主動的意涵在內。在研究時間的概念時，人具有雙重的特性，即是主體，也是客體。時間概念不但具有多重的意義，而且相當的複雜（Schroots & Birren, 1990）。因此，在探討高齡教育哲學中，有必要對時間的概念作一些釐清。

時間的概念對於老化的研究可以說扮演著重要的角色（Ershler & Longo, 1997）。其中最常被討論的問題就是：人類的老化與時間概念的關係為何？早在一千五百多年前，聖奧古斯汀（St. Augustine）在其「懺悔錄」（Confessions）一書中，對時間有這樣的一段描述：「時間是什麼？如果沒有人問起，我很清楚時間是什麼；一旦有人問起時間是什麼？而我想試著去解釋時，我卻不知如何回答。」（Baars, 1997:286）。時間之所以很難解釋，除了人們對時間太習以為常之外，時間變化有時也讓人們難以捉摸。所以，當人們想把時間具像化時往往是採用空間投射（spatial projection）的方法，例如沙漏或一柱香，即便在資訊時代，電腦上許多下載時間的顯示仍採用前進式的橫條。雖然空間投射的方法有助於人們去計算或推估時間，也有助於吾人瞭解時間與空間的共通性，但是仍然無法回答「時間是什麼？」的問題。

一般而言，時間概念可以分成物理時間和比較時間。所謂的物理時間，就是根據地球的自轉與公轉運動循環所計算出來的時間單位，也就是年、月、日、小時、分、秒等。所以物理時間又被稱為日曆時間。由於科技的進步，科學家製造每秒震動九百萬次的原子鐘（atomic clock），並建立國際原子時間（International Atomic Time），精確的原子時間對於太空物理學以及其他領域物理學的研究可以說相當重要，因為這些領域對時間精確性的要求非常高。雖然物理時間的精確性有助於人們瞭解「何時」（when），「多久」（how long）和「早晚」（earlier or later）。可是時間還有一種比較的意義，也就將兩段具有不同特性的歷程加以比較，例如把比較時間的概念運用到老化的研究，可以使我們瞭解為什麼具有相同年齡的人卻有不同的生理年齡，此外，也可讓我們理解生理老化本身雖是一種普遍化的概念，但事實上，其中包含有許多特定的歷程。最後，比較時間

的觀點，有助於理解生物體在先天和後天的限制之下，其生活和老化的規律性，也就是所謂的生理時鐘。

比較時間的概念在日常生活上的義意遠比物理時間來的重要，尤其是在對人類行為的理解。如果我們的研究從物理和生物的領域拓展到歷史、社會或心理的歷程時，人類行為不僅僅是用時間來衡量（花了多少時間），更重要的是行為可以「建構」時間（Baars, 1991）。例如，正式的籃球比賽都有時間的限制，可是真正會贏球的隊伍，致勝的關鍵往往不是去算計比賽的時間，而以自己的時間和節奏來進攻或防守，使對手僅能被動地配合自己的時間和節奏。簡單地說，球賽的時間是由球場上的球員所「建構」出來的。這種由比較時間而引申出的「建構」概念後來又展出所謂心理老化（psychic aging），社會老化（social aging）和文化老化（cultural aging）等概念（Rentsch, 1997），對於瞭解人類老化或時間的意義確實是提供了另類的視野。

哲學家又如何看待時間呢？叔本華（Schopenhauer, 1966）認為：從年青人的角度來看，生命是無限長的未來；從老人的角度來看，生命是非常短暫的過去。人都會變老，活的時間長了才知道生命是短暫的。在生理上，身體成長的經驗可以類比到時間意識成長的歷程，對時間的知覺乃是經由預期生命的消逝以及生活經驗的累積。柏格森（Henry Bergson）主張時間可以分成時鐘時間（time-by-the-clock）和生活時間（time-lived）。時鐘時間就是物理時間，是一種量化的時間。相對地，生活時間指的是當下經驗的「純粹時間」（pure time），是一種主觀的自我經驗（Hann, 1962）。柏格森對時間的概念提供我們在哲學上對老化兩種不同的思考方向。首先，就時鐘時間而言，當人變老時，意味著活過的日子愈來愈多，而所剩的時日卻愈來愈少，就如同沙漏一樣。而時鐘時間通常是從出生起算的時間，也就是年齡。其次，就生活時間而論，老化乃是不可逆的生命運動經驗質的累積，就是在逐漸喪失的過程中，也會伴隨著經驗在質上的豐富性。

第四節 高齡教育哲學的流派

老人教育哲學經由相關文獻探討可以規分為四個派別：功能主義取向（the functionalist orientation）、批判教育老年學學派（Criticatical gerontology）、人文主義取向（the humanistic approach）、和經驗、對話與超越學派（experience, dialogue and transcendence）（黃錦山，2002）。其中，批判教育老年學學派與經驗、對話與超越學派重疊性甚高，故此處特加以合併探討如下。

☾★ 一、功能主義取向

功能主義主張社會系統有如人體的組織一樣，由各種不同功能且相互連接的次級系統所構成，如果其中某些次級系統產生變化，都將會影響到整體功能的運作。此外，社會系統也會隨著內、外環境的改變而調整本身或次級系統的功能，以維持和調適系統正常運作。隨著高齡化社會的來臨，社會面臨許多前所未有的挑戰與問題，例如老人的醫療、照護、福利和教育，這些必然會對既有社會體系的功能產生影響，因此，社會必須有所調整，以便使社會整體的功能可以持續且正常的運作。老年學功能主義之代表人物有：康明和亨利（Elaine Cumming and William Henry），以及哈維赫斯特（Robert Havighurst）。邦德等人（Bond, et al., 1993）指出功能主義針對高齡化社會提出兩種理論：撤退論（disengagement theory）和活動論（activity theory）。這兩種理論在策略上是相互對立的，但是目標卻是一致的。撤退論強調老人應該從其所擔任的社會角色撤退下來，以便讓年青人可以接棒，如此，社會才會有新的力量投入，使社會系統能平順的運作。相對的，活動論強調老人應持續且積極地參與，以便融入社會之中，其目的則和撤退論一樣，也是要使社會系統能順暢發揮功能（黃錦山，2002）。

功能主義不僅在社會學、政治學、組織行為和心理學有著很大的影響

力，可以說在社會科學領域中，最常被引述的理論。功能主義雖然在學理上並沒有直接論及高齡育的課題，可是在老人教育的實務上，不論是機構或實務工作者，許多都是以功能主義的觀點來舉辦老人教育的相關活動。近年來，功能主義的觀點備受批判教育老年學學派和人文主義的教育老年學派的批評，而逐漸式微。

☪ 二、批判教育老年學學派

批判教育老人學學派主要是針對功能主義的缺失而發的。他們的哲學理論主要是來自法蘭克福學派（Frankfort School）的霍克海默（Max Hor-kheimer），阿多諾（Theodor W. Adorno）和哈伯馬斯（J. Habermas）之批判哲學（Baar, 1991）。最早提出「批判老年學」（critical gerontology）的是穆迪。他指出「批判老年學就是要針對社會科學結構中的工具理性進行批判。」（Moody, 1988: 36）其中，首先要將人類老化的面向加以主體化和詮釋化，而非客體化。其次，不再完全依賴科技，而強調實踐的重要性，實踐不再是理性的「工具」，而所謂的實踐是慎思與對話的行動。其三，重新建立理論與實踐，學術與實務之間的關係。最後，批判老年學是一項「解放的事業」，所謂解放乃是一種具體的實踐，也就是為詮釋自己生活經驗而奮鬥，以及創造自我發展的共同條件。此外，穆迪（Moody, 1992）主張批判意識型態中的隱性利益，把衝突與矛盾揭露出來，而非一昧地追求表面的社會和諧，並提出對生命最後階段的正面理想。

穆迪所謂的衝突和矛盾指的是功能主義的觀點，不論是有生產力的老化（活動論）或是無用的人力資本（撤退論），其本質都是強調老人的工具理性，或把老人視為客體。此外，社會對老人仍多半具有負面的印象，與高齡教育的理想相去甚遠。穆由認為這是一種「文化落差」，對於這種社會的意識型態，需要指出其矛盾，並以生命全程為著眼，作為改變社會的出發點。

如果從「解放」和「轉化」的角度而言，穆迪在教育老年學的角色很類似馬濟洛（J. Mezirow）在成人教育學的地位，他們都是以哈伯馬斯（J.

Habermas）的理論為本，強調批判反思和溝通行動（Weiland, 1995）。穆迪（Moody, 1990）批判當代的老人教育，都未曾發現如何統整高齡學習者的生活經驗，以增進老人的學習歷程，而不是忽視老人的豐富人生經驗，而一昧地要求老人學習新的事物。事實上，所謂成功的老化乃是「藉由當下的生活，以便修補過去和為將來作準備」（Moody, 1990: 26）。因此，穆迪認為高齡教育必須以老人的生活經驗為基礎，以便建立高齡教育的意義與價值。此外，關於溝通行動方面，穆迪（Moody, 1990）主張高齡教育應採用對話的方式，而對話的理想模式就是弗雷勒（P. Freire）所主張的提問式的教育（problem-posing education）。在高齡教育中，老人應該去質疑社會中對老人的刻板印象和歧視，並從老人自己生活的經驗中去提出有建設性的主題，透過提問和對話釐清經驗中所具有深遠的洞見（黃錦山，2002）。

☾★三、人文主義的教育老年學

人文主義的教育老年學代表人物柯爾（Cole, 1992a: xi）曾指出「過去二十年來，許多人都感覺到純粹科學和專業的老年學似乎遺漏什麼重要的東西。主流的老年學標榜的是高度科技，極度客觀和價值中立，但卻沒有論及高齡社會中，基本的道德和靈性的問題。……也就是人類存在的根本問題。」柯爾（Cole, 1992b）認為老化是道德與靈性的邊界，因為老化充滿著未知，恐懼和神秘，唯有以人性、自我知識、愛、熱情和接納才能成功地穿越。所以，高齡教育不是一個科學的問題，而是存在的問題，也就是要從人生的經驗中找尋人生的意義。賈維斯（Jarvis, 2001）認為高齡學習才是真正的學習，也就是學習成長與發展人性。

人文主義的哲學思想主張：人類自然地會渴望去探索和學習生活周遭的環境，所謂的生活則是蘊含著學習與內在的轉變（Jarvis, 1989）。因此，人文主義的高齡教育哲學把學習界定為個人的探索，其目的在達到馬斯洛（A. H. Maslow）的「自我實現」和羅格斯（A. Rogers）的「獨立自主學習」。人文主義的教育老年學除了批評功能主義的觀點，對於批判教育老年學亦有許多質疑。例如，批判論欲揭露老人在社會上所受的不平與歧

視，但事實上它本身可能對人類經驗產生扭曲。此外，所謂的授權賦能和解放本身也有可能變成社會另一種形式的壓制。所以，人文主義的學者懷疑批判教育老年學實踐的可能性（黃錦山，2002）。人文主義教育老年學有三個基本的主張：首先，老人教育的目的應該與其他年齡層的教育目的相同，都是在追求自我的實現；其次，老人教育工作者的角色是在於促進高齡學習者之學習；最後，老人教育應重視高齡學習者的生活經驗。總而言之，人文主義的教育老年學的宗旨與目的不應在批判教育老年學中尋找，而是要回歸到人類存在的根本問題上去，也就是人文的關懷與自我的實現。

曼海默（Manheimer, 1992）曾指出哲學的探究使我們有新的機會瞭解老化和晚年，從前我們只看到老化的單一面向，現在我們可以瞭解到晚年的機會和複雜。不論是從高齡教育哲學的三大問題：知識論、倫理學、社會哲學的思辯；或是對時間概念的哲學思考；抑或高齡教育哲學各流派的主張，再再都顯示高齡教育哲學對凸顯高齡教育的本質，以及理解高齡教育的重要性。

第四章

老化理論與學習

　　當人們上了年紀後，是什麼原因造成生理的改變？迄今科學界對這個問題依然沒有定論，至少沒有一種生理老化理論可以說明或解釋所有老化的現象。過去一般人認為損耗論（wear and tear theory）是解釋老化的主因，人的身體就像一部機器一樣，用久了自然就會損耗，而最終走向報廢。近年來，許多基因生化的研究證據顯示老化和死亡並非漫無目的，而是在精卵結合的那一刻就被基因所決定。此外，科學家認為老化乃是由於身體的自然修補機能遭到破壞，嚴重時會使許多身體的器官和組織功能降低甚至無法正常運作。由於老化的研究發展迄今僅六十多年，誠如史耐德（Schneider, 1992）所說：理論的多寡通常反應出這個領域知識的現況。因此，老化相關的研究理論顯得比較不足。本文旨在介紹近年來與老化相關的理論與研究之發展。

第一節　老化的意義

　　一般在研究和文獻中，對老化的操作性界定可分成兩類，其一，是年齡的，雖然以年齡來界定老化有時會失之太簡，但是在人口和教育統計上卻是非常方便的指標。其二，是發展的，將老年視為生命階段、生活形態或生活態度，並假設在生命全程中人們是持續在發展與改變。老人學學者指出老化的概念應涵概下面幾項重要的層面（Lamdin & Fugate, 1997）。

☾★ 一、年齡的老化或人口的老化

　　年齡經常作為決定一個人能否考駕照、買酒或行使投票權之指標。至於什麼年齡才算是老人？美國在 1935 年的「社會安全法案」中，明定六十五歲以上為老人。在許多國家包括我國在內都把強迫退休的年齡定在六十五歲。有趣的是六十五歲這個「魔術年齡」是怎麼來的呢？早在 1883 年德國首相俾斯麥（Otto von Bismarck）推動社會安全政策時將六十五歲以上的人視為老人。在 1880 年代，平均壽命大約是六十七到六十八歲左右，也就是說在當時人們退休後大概僅有兩、三年可以享受退休生活。反觀現

在由於平均壽命大幅增加，人們離開勞動市場後，約有十至十五年的退休後歲月。

☾*二、醫學上的老化

　　醫學上對老化的界定大都從病理學的角度出發，強調人生晚期的病痛與衰退。由於缺少健康老化的概念，醫學文獻中大都把老年歲月視為必須醫治的疑難雜症或與死亡的長期抗戰，也就是把老化當作「逐漸趨近死亡」。由於醫學上的重心主要是在疾病及其治療，所以比較是從病理和醫療的取向來看待老化的問題。一般人也泰半接受這種醫學的觀點，希望借由藥品、手術和生化治療來延緩老化和促進健康，而比較忽略飲食、作息和運動對老化的正面意義。

☾*三、生理的老化

　　生理的老化通常與年齡的老化是相提並論的。兩者常用曲線來表示，生理狀況的曲線高峰大約是二十多歲，到了六十五至七十歲便開始下降。簡單地說，所謂生理的老化就是個體的身體功能隨著年齡的增加而漸趨於退化。一般人的觀念中也都把老化與衰退視為同義詞。但是這種視老化為衰退的看法似乎忘記了一個重要的事實，就是個體擁有「自我修補的能力」。生理的老化或許無法避免，但是卻是可以延緩的，更何況生命的長度其重要性遠不如生命的品質。許多研究顯示對抗老化最有效的方法就是積極參與社會和學習活動（Hill, et al., 1995; Hultsch, et al., 1993）。如此，才能有巴特勒（Robert Butler）所說的「有生產力的老化」（productive aging），或是如羅威（John Rowe）所謂的「成功的老化」（successful aging），或是伯茨（Walter Bortz）所云的「有用的老化」（useful aging）（Lamdin & Fugate, 1997）。

☾*四、社會的老化

　　老化在本質上雖然是生理的現象，可是其意義卻是透過社會才彰顯出

來。例如在許多的日常用語或隱喻中，充滿著對老年人的偏見和諷刺。社會之所以會對老人有負面的態度，除了生理和醫學上的老化概念外，一般人害怕變老，以及認為老人是社會的負擔等，都在在強化了社會大眾對老人的刻板印象。事實上，老人所面臨的問題大部分都是由社會的偏見所造成的（Bodily, 1991）。此外，對老人的歧視，正如因膚色而產生的種族歧視，或因男女而產生的性別歧視一樣的荒謬。在本質上，歧視老人不僅是貶抑老人，更是貶低自己，因為沒有一個人不會變老（Glendenning, 2000）。

☪ 五、文化的老化

不同的社會對老年人會有不同的價值和態度，而這些價值和態度經過長時間的傳承便形成文化的老化。例如在東方的文化系統中，大都具有敬老的傳統文化，對年齡有著正面的信念，老年人代表著智慧和德性。相對於東方社會，在美國通常強調年青的文化價值，年紀大了意味著將會失去工作、健康和智能。

第二節　老化的理論

生物老化的理論大體上可以分成兩種主要的類型：程式論（programmed）和累積論（stockastic）（黃富順，1996; Belsky, 1990; Lemme, 2002; Moody, 1998）。程式論主張老化是植基於基因系統，某些特定的基因被認為會導致生物的改變，而最終導向死亡。累積論認為，老化是一種生活累積的結果，在生活中個體會遭遇許多偶發的內在與外在的事故，經年累月以後會對生理造成損害，因而引起身體功能的衰退，甚至喪失。這兩種理論的分類只是為了討論上的方便，兩者的差異實際上並不如想像中的大，而且彼此之間有某種程度的重疊。此外，這兩種類型的理論也沒有相互排斥（Moody, 1998; Schneider, 1992）。因為生物老化的現象和歷程相當複雜，是長時間多種因素交互作用所產生的結果，其中包括：先天與後天，以及預定與偶發。

☽✦ 一、設計的老化（aging by design）或程式理論

　　程式理論主張生命全程中個體的發展都是由基因所控制，科學家亦發現許多的證據證明基因程式的存在。首先，每一種生物都有其一定的最大生命期（見表 4-2-1），例如，人比狗活的久，而狗又比果蠅活的長。第二，有證據顯示生物的時鐘現象，例如，女性的生殖機能（排卵）大約在十二歲開始活化，到了五十一歲左右便停止。這些都顯示生物的細胞有某種時鐘（週期）的特性。第三，壽命具有某些相似的特質。例如，同卵雙胞胎的壽命長短的相似性就比異卵雙胞來的接近。第四，與年齡相關的變化有其規律性的現象，很難用偶發的觀點來解釋（Lemme, 2002）。最後，許多證據似乎顯示基因在老化的過程中，扮演舉足輕重的角色，例如，比較星猩猩和人類，人類的壽命約一百二十歲；黑猩猩大約五十歲。但是比

表 4-2-1　生物的最大生命期

生　物	最大生命全程（年）
陸龜	150
人類	120
非洲象	78
老鷹	50
黑猩猩	48
馬	40
家貓	30
美洲水牛	26
狗	20
袋鼠	16
家兔	12
家鼠	3.5
果蠅	25（天）

資料來源：Moody, 1998：365.

較兩者的DNA，發現有99%的基因是相同的。這個數據說明僅有極少數的基因控制著老化的速率。統計數字顯示，如果一個細胞中含有 10 萬個基因、那僅有數百個基因是決定老化的速率。然而這些基因程式的變化如何被活化，何時、何處會發生依然有許多的爭議。此外，環境的變數在其中有何影響亦沒有定論（Moody, 1998）。

(一)新陳代謝理論

有機生物的老化是一個普遍的現象，但是造成老化的原因卻非常複雜。例如體型和新陳代謝功能相類似的動物，可是老化的速度卻非常不同。許多相同科屬的動物其生命最大期卻不盡相同。在哺乳和脊椎動物中，大腦的體積與其壽命成正比。其他與生命全程最大期望值相關的因素有：新陳代謝的速率、體型大小、體溫和能量消耗效率。例如蜂鳥的心跳和能量的新陳代謝都很高，相對地壽命就比較短。另外，花粟鼠的體型和大腦較小，壽命只有八年；而體型較大的大象壽命則高達七十八年。這些事實都說明一個廣為人知的概念－生命速率（rate of living），指的是新陳代謝的速率和生命期望值是密切相關的。體型較小的動物新陳代謝速率較快，因此，壽命較短，老鼠和大象的體溫相若，但是老鼠要維持體溫單位的新陳代謝率就比大象高出許多。最具代表性的例子是陸龜，由於其行動遲緩，新陳代謝率就比較低，所以壽命比較長。

新陳代謝理論強調生物體新陳代謝能量是固定的，新陳代謝率與老化之間是正相關。在對老鼠的實驗中顯示，如果減少老鼠40%的熱量（卡洛里）攝取，牠們的壽命會增加約30%。換句話說，如果減少熱量的新陳代謝，就可以延長生命的期望值。但是新陳代謝率並不如想像中的單純。因為如果依照前述的理論來推論，那麼活動量較少的生物（消耗熱量較少）應該活的比較久。可是事實上並非完全如此，例如，無尾熊整天吃了就睡，睡了就吃，其壽命並不比其他熊類來的更長。近年來，科學家發現粒腺體（mitochondnia）是產生95%新陳代謝能量的物質，而粒腺體在呼吸作用中會被破壞，經年累月之後會使細胞的功能下降或耗損（Lemme, 2002）。

㈡老化生理時鐘

根據老化生理時鐘理論，老化是一種生理結構，就像時鐘一樣。最為人熟知的生理時鐘現象就是女性的生理期。老化時鐘理論基本的假設就是程式老化（programmed aging），老化被視為從出生到死亡循環的一部分。在老化時鐘理論中，有些學者強調神經和內分泌系統在老化過程中所扮演角色。他們認為老化的時間是由身體內的腺體所決定，例如下視丘（hypothalamus）、胸腺（thymus）或是腦下垂體（pituitary）。這些腺體的作用就像管絃樂團的指揮一樣，它控制樂團演奏的節奏快慢。

神經和內分泌理論重點放在生物的內分泌系統和控制的分泌的神經中樞，包括下視丘和腦下垂體。神經內分泌系統調控著身體許多的功能，例如生殖和生長。所以當神經內分泌系統有了變化，便會使身體許多的機能改變，甚至危及健康與生命。科學家研究發現許多重要的荷爾蒙對生物的老化具有關鍵的作用，然而製造這些荷爾蒙的內分泌系統會隨著年齡而逐漸喪失功能。例如，雌激素的減少會使女性喪失生殖能力。腦下垂體最重要的功能就是分泌生長激素（growth hormone, GH），雖然腦下垂體在人一生中並不會喪失製造生長激素的功能，可是當年老時，生長激素僅有年少時的三分之一。1990 年，羅德曼等人（Rudman, Feller, and Nagra）曾進行一項人體生長激素注射實驗，對一組年紀超過六十歲的受試者，連續半年，每週一次注射適當劑量的生長激素。實驗結果發現，受試者體脂肪減少、皮膚變好、脊椎彈性增加（Lemme, 2002）。最近一期「美國醫學學會期刊」的報導，指出曾有一項研究追蹤 131 名年齡在六十五歲到八十八歲的男女性後發現，注射生長激素的實驗組的肌肉比使用安慰劑的對照組有明顯的增加，而且脂肪大為減少。不過研究指出號稱「青春之泉」的人類生長激素雖然可以使老化的生理現象逆轉，但是也有若干嚴重的副作用，包括罹患糖尿病與腕道症候群的風險增加（蕭羨一，2002）。

此外，有些研究發現由松線體所產生的荷爾蒙有助於調節生理時鐘（Moody, 1998）。荷爾蒙和內分泌系統已經被證明在老化過程中居主導的

地位。植物和動物的生長、發展和繁殖都是由荷爾蒙所掌控。其中一個最有名的例子是太平洋鮭魚的迴游溯溪產卵，在鮭魚產卵後體內皮質類固醇（Corticosteroid）的濃度非常的高，但是在人類身上卻沒有發現類似的現象。然而科學家發現女性的生理期是受荷爾蒙的控制。雌性哺乳動物終其一生所產生的卵細胞數量是有限的，因此，生理期是相當程式化的，而生理期與老化的健康有著密切的關連，女性到了更年期雌激素的分泌會減少，因而造成骨骼中的鈣質流失，容易產生骨質疏鬆症（osteoporosis）。

(三)免疫學理論

在老化過程中，免疫系統功能下降是個重要的問題。免疫系統是人體用來抵抗外來的病毒和細菌，使身體免於入侵細菌和病毒的危害。當有病毒和細菌入侵體內，身體的免疫系統就會製造抗體（殺手細胞）來消滅它們（Belsky, 1990）。科學家們發現人身的免疫系統在青年時期到達高峰，而後就逐漸衰退，甚至演變成無法區分入侵者和自己身體的組織，因而會攻擊自身的細胞，產生所謂自體免疫系統的疾病，例如白血病。

1989年，卡特尼亞（Joseph Catania）的研究發現成年人比年輕的愛滋病帶原者（human immunodeficiency virus, HIV）更容易發病。其中一項重要的理由就是成年人的免疫系統功能不如年輕人（Rybash, Roodin, & Hoyer, 1995）。吳爾福德（R. Walford）提出老化免疫理論，其中指出兩種與年齡相關的免疫系統之改變，保護身體免於感染的能力下降以及自動免疫的失序增加（即身體的免疫系統會攻擊自己身體的細胞組織）。他發現有一組基因稱為組織配對複合體（major histocompatibility complex, MHC）主控大部分身體的免疫功能，而且會觸發胸腺分泌的增減。胸腺是免疫系統的重要器官，它是調節免疫T細胞分化成熟的主要器官。但是在免疫器官中，衰退最明顯的是胸腺。新生期胸腺約重10～15公克，至青春期可達30～40公克。人體在三十歲左右，胸腺逐漸衰退，到六十歲，血中檢測不出胸腺生成素（孫安迪，2002）。

㈣細胞分裂理論

從細胞生物學的研究中發現正常的身體細胞都會再製的潛能，以便維持身體的機能和生長。最常見的例子就是蛇類的脫皮，每脫一次皮就長長。geron 在希臘字裡是指的老人（老人學 geronology 就是由這個字根而來），geron 這個字的原義是指蛻皮（Hoyer, Rybash, & Roodin, 1999）。細胞再製的潛能是一種內在的結構，是基因密碼的一部分。細胞分裂論主張老化是由於細胞分裂的功能衰退，或許是基因物質的耗盡。當代老化生物學的一個重要里程碑，海富利克（Hayflick, 1961）和他的同事對細胞分裂所作的實驗。根據海富利克的實驗，發現胎兒的細胞約可分裂 100 次，而七十歲老人的細胞分裂的次數就驟降至 20～30 次。這種細胞分裂次數的極限，一般被稱為海富利克限制（Hayflick limit）（黃富順，1992；Moody, 1998）。由海富利克的實驗可以得知年長者的細胞分裂次數明顯低於兒童。近年來研究發現癌細胞的增生卻似乎是沒有極限，也就是說海富利克限制並不適用於癌細胞的分裂。此外，由於海富利克的細胞分裂是在實驗室的環境中進行，排除了營養和荷爾蒙的因素，與人體內細胞分裂的條件有相當的差異存在，所以，人體的細胞分裂的次數是否有其極限，或極限次數究竟多少？迄今則尚無定論。

簡而言之，細胞分裂論主張老化乃是基因的內在結構所決定，即從胚胎到青年而後發展到成年的自然過程。這種老化的程式理論，對於解釋草本植物定期花開結果，散播種籽，種籽重新萌芽生長，開始另一個再生的循環，是相當有說服力的。但是對於高等的哺乳類動物而言，細胞分裂理論是否可以應用哺乳動物，特別是人類身上？尚無明確的定論（Thomas, 1992）。

2002 年，諾貝爾生理／醫學獎是由布倫南（Sydney Brenner）、薩爾斯頓（John Sulston）、和賀維芝（Robert Horvitz）三位學者共同獲得，他們重要的貢獻是：研究基因對生物的發育成長與細胞自殺的控制機制，又被稱為細胞凋零程序（programmed cell death）。生物的生長是從受精卵開始，

經有計畫性的分裂，適時地發育成特定的器官而生長成熟。人體每天有數十億個細胞死亡與再生。雖然細胞會分裂成長但也會有計畫地執行自殺程序以維持平衡細胞總數，這整個成長程序與機制是受控於某些基因的操弄（林天送，2002）。三位得獎人的研究是在細胞核中檢查複製週期每一階段的幾種蛋白質。如果情況順利的話，這些蛋白質會把訊息傳遞給某些基因，這些基因就會執行蛋白質的的再製；反之，如果情況有誤，例如細胞的去氧核醣核酸（DNA）受損，這些蛋白質就會把訊息傳送給所謂的死亡基因，其工作就是下令受損的細胞不再複製，也就是命令細胞自殺。這整個過程稱為細胞凋零程序。因此，生物體的生長、發展、老化與凋亡都是由細胞的基因所決定。

　　總之，程式理論試圖以基因為基礎說明老化過程中的規律性和預測性。程式理論強調年齡相關老化現象的一致性，卻忽略每個人在老化程中存在著許多的差異性。

☪ 二、偶發的老化（aging by accident）或累積理論

　　最早的累積理論是耗損論，近年這種理論已被修正，因為耗損論把老化的過程過度的簡化而且不夠精確。累積理論強調疾病、受傷、毒物和正常的新陳代謝等等，經年累月下來都會使身體的正常機能造成傷害。傷害的累積不是因為身體修補的機能喪失，就是因為有害的細胞不斷地增生，不論是那一種狀況，最終都會導致器官的衰竭和死亡。

㈠損耗論

　　根據損耗論，生物的老化是偶然的。人類和其他多細胞生物一樣經常有細胞死亡和細胞再生。損耗論對某些老化現象提供了很好的解釋。例如人類的指甲和皮膚都不斷地角質化和再生。損耗論最早起源於亞里斯多德（Aristotle），但真正形成有系統的理論是由現代老化生物學（biogerontology）之父，德國生物學家魏斯曼（August Weisman, 1834～1914）所提出（Moody, 1998）。當代有些生物學的理論是損耗論的更新版，例如身體突

變論認為細胞會因為幅射線而產生突變。身體突變的假設似乎可以預測因年紀增加而罹患癌症的機率會增加，可是有趣的是，遭到原子彈轟炸而幸存的廣島居民，雖然罹患癌症的比率較高，可是卻沒有產生老化加速的現象。

　　此外，根據損耗論的觀點，即使細胞沒有突變，經過一段時間，細胞也會喪失再生的功能，那是因為 DNA 在細胞分裂時，基因鏈的尾部不會複製，也就是基因鏈複製的次數愈多，基因鏈就愈短（如圖 4-2-1）。這種現象很類似影印的效果一樣，複印的次數愈多就愈不清楚，最後會導致印出來的東西根本無法辨視（Morgan & Kunkel, 1998）。

(二)交錯結論

　　主張交錯結論的學者化學家伯克斯坦（J. Bjorksten）認為交錯結為介於不能修補的分子間的穩定結，它有改變分子的作用，使其硬化而不再發揮功能。它由新陳代謝中產生，也可能在互相連結的組織和DNA中發現。一旦交錯結逐漸累積，組織就會失去彈性，變乾並且角質化。皮膚的角質

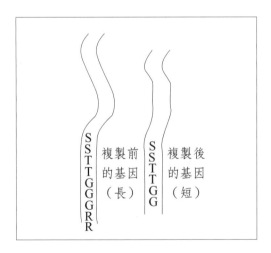

圖 4-2-1　基因的複製

資料來源：Morgan and Kunkel, 1998:116.

化就是最典型的例子（黃富順，1992）。蛋白質的化學成分中的膠原蛋白質（collagen）很容易受到交錯結的影響而改變，如此會破壞蛋白質組織修補的功能，因而造成老化現象。當體內的血糖與蛋白質結合後會產生膠原物質，而膠原物質會造成白內障、血管栓塞和心臟疾病（Schneider, 1992）。

(三)身體突變和 DNA 損壞理論

突變和 DNA 損壞理論假設細胞和 DNA 受到偶發的侵害造成細胞功能喪失或 DNA 的結構改變或損壞。這些損壞可能來自暴露於幅射線環境中，或者是身體自行產生的自由基（free radicals）所造成。每一個基因都有一組的編碼以便產特定的蛋白質，而蛋白質是供應身體組織與功能重要物質。當基因的編碼受損或改變，就會喪失製造原定的蛋白質的功能。如果體內蛋白質修復的機能喪失，那將導致體內細胞、組織和器官相關的功能下降或損壞。對於 DNA 損壞是否是造成老化的原因，學界仍有爭議。亞金（Arking, 1991）就認為 DNA 損壞是老化的結果而非原因。相反地，海富利克（Hayflick, 1994）則主張 DNA 損壞可以解釋許多年齡相關的生理變化。

(四)自由基理論

最早提出自由基論是 1956 年內布拉斯加大學（University of Nebraska）的哈曼（Denham Harman），他認為大部分老化的改變都是由自由基所造成（Lemme, 2002）。自由基是高度活躍的分子，由於它帶有額外（沒有配對）的電子，因此很容易與其他的化學分子結合。自由基產生的原因可能來自細胞分裂、呼吸作用、幅射線、臭氧、污染物或藥物。人類需要氧氣以便進行新陳代謝來產生能量，又稱為呼吸作用。當氧原子分裂來製造能量時，在這個反應過程中會帶走氧的電子，因而產生缺氧自由基（oxygen-free radical）。缺少一個電子的氧分子就會找另一個電子來完成配對（一正一負），因為自由基相當活躍，常會將脂肪和蛋白質的電子「搶走」，而脂肪和蛋白質正是細胞 DNA 重要的成分。如果長久下來則會使細胞功能受損。科學家相信身體功能和結構的老化恐怕與自由基有關，此外，大

約有六十餘種的疾病是與自由基相關，例如白內障、癌症、心臟病和愛滋海默症（Arking, 1991）。

人類的身體會產一種抗氧化的酵素來中和因氧化新陳代謝所產生的自由基，雖然約有 90% 的損壞會被修補，但是還是無法完全預防自由基的破壞。當自由基的破壞累積到某個程度，身體的細胞、組織或器官就自然會降低功能或結構受損。科學家咸信維他命 C 和 E 含量豐富的食物都有抗氧化的特性，可以抑制自由基而延緩老化。

總而言之，累積論強調身體機能的損害都是由於生活上日積月累的結果。這理論在解釋老化的個別差異時，遠比是程式論更具說服力。累積論主張要避免身體機能受損，首要之務就是要增強身體的修補機能，如此才能延緩身體功能的每況愈下。誠如奇克伍（Kirkwood, 2000: 17）所說：「我們並不是被設計成非死不可，只是存活下去的設計不夠完備。」

第三節 老化與學習

老化是所有生物的自然現象，然而過去一般人對老化的概念通常是負面的觀點居多，老化通常意味著生理機能的喪失，心理狀況的僵化和社交能力的下降。連帶使人們對老年人的學習活動普遍存有消極的觀點，總以為老狗不能教新把戲。其中一部分的理由是對老化現象與理論的誤解，以及對高齡學習與老化關係的一知半解所造成。本節除了對前文所討論的老化理論提出個人的省思外，並討論老化與學習的關係。

☪ 一、老化理論的省思

近年來由於經濟、科技和醫學的進步，不但人類的平均壽命逐漸提高，對於老化現象的研究也方興未艾。一般人也逐漸摒除對老化的刻板印象。可是由於老化現象相當複雜，而且個體差異頗大，因此，迄今尚無一種理論可以涵概所有的老化現象。前文所介紹的老化理論僅是列舉較為學界所熟知的，然而其中仍有些問題值得省思。

㈠生理的老化現象並不代表所有的老化

在研究老化現象的理論中，學者似乎太強調醫學和心理實驗的發現，以致產生「資料很多、理論不足」的窘境（Birren & Schroots, 1996）。許多的理論充其量也只是老化的一個面向而已，例如根據生理時鐘論，植物的開花結果都有固定的時程，但九十二年台灣中、北部的櫻花提早在秋天盛開，學者普遍認為與全球溫室效應有關，即乾旱和高溫的外在環境，使植物生理時鐘的機轉錯亂。每一種理論似乎只能對一部分的現象作解釋，主要的原因，乃是老化以及壽命長短受到多種因素的影響（黃富順，1992），而生理僅是其中一個基本而明顯的因素。此外，卡文諾基（Cavanaugh, 1997）認為大家所忽略的一個事實是：生理的改變往往是心理改變的結果；而生理的改變不必然會導致身體功能的改變。所以，要瞭解老化現象生理的變化僅是一個開端，其他如環境、心理、社會的因素也是理解老化現象的重要因素。

㈡老化的研究不僅需要橫斷研究，更需縱貫研究

成人期占生命全程的三分之二，成人發展的時程相較於兒童期、青少年期、青年期為長，然而老化研究多採橫斷研究，橫斷研究的發現無疑地對老化現象的理解很有助益。可是老化是一個經年累月的歷程，短時間的觀察或實驗往往無法一窺老化的全貌。縱貫研究則可以補足橫斷研究的不足。在美國有兩項相當著名的縱貫研究，其一是杜克縱貫研究（Duke longitudinal study），該研究以北卡羅萊納州（North Carolina）為範圍，選取 265 位年齡六十至九十歲的高齡者。杜克縱貫研究主要針對正常老人的老化過程，其涵蓋的範圍包括醫學、心理學和社會學的資料。每位受測者接受檢的項目高達 788 項之多。其二是巴爾帝摩縱貫研究（Baltimore longitudinal study），該研究選取 650 位男性和 350 位女性年齡從二十至九十歲的成年人。其主要目的在瞭解成人期的發展（Belsky, 1990）。這兩項縱貫研究的豐富資料使吾人對人類老化的各種面向有了更深入的理解。

(三)老化現象的研究需要跨學科的研究方法

　　個人生理、心理和社會的老化速率往往不盡相同，也許生理的老化會影響心理和社會老化的速度，反之，心理和社會老化也會影響生理的老化，因此，老化是一種多面向的現象。例如，老人腦部生化物質的改變與老人遭遇重大打擊有關，腦部化學反應可以說明心理因素的結果。從社會學的觀點而言，申請進住精神醫療機構的人通常以老人居多，而且自殺率是隨著年齡而增加。這些現象或許是因年齡所產生的生理變化而導致，因此，除了生理學和醫學之外，更需要心理學和社會學的研究途徑，才能勾勒出老化現象的全貌（Birren & Woodruff, 1983）。此外，有許多對長壽者（人瑞）的研究發現長壽的原因主要有：多運動（活動）、低脂肪的飲食習慣、敬老的社會風氣（Belsky, 1990）。而其中經常被一般人所忽略的是敬老的社會風氣。然而這種敬老的社會現象對高齡者的心理和生理卻有相當大的影響。這些都是瞭解老化現象必須要思考的面向。因為老化的現象不僅是生理和心理現象，更是一種社會現象。

(四)減緩老化沒有速成的方式

　　近年來，基因與生化科技的進步，使許多人想要借助醫藥來改進老化的現象，如注射肉毒桿菌或服用荷爾蒙等，雖然有一定的療效，但是也有風險存在。例如注射生長激素，會有導致糖尿病的危險。因此，在使用這些生化藥劑之前，需要有專業醫師的評估，切不可以聽信坊間的流傳或不實的廣告。從前文的各種老化理論的分析中，可以歸結出延緩老化最基本的原則是：均衡的飲食、運動的習慣、和規律的生活。如果捨這些正途而不由，卻想用藥物來達到延緩老化，恐怕不但無法達到「返老還童」的目的，反而會因為藥物的副作用對身體的健康產生危害。

　　有許多的研究發現蔬果中的維他命C和E都有抗氧化的作用，可以抑制自由基而延緩老化。例如最近當紅的飲料非蕃茄汁莫屬，而其賣點就是茄紅素中富含有維他命C。有句諺語說的好「藥補不如食補」，身體許多

的必要維生素都可以從日常食物的蔬果中攝取。因此，改變個人的飲食習慣，減少飲食中脂肪與糖類的食物，增加蔬果的攝取，對個人的健康有莫大的助益。但是飲食習慣的改變不是一蹴可成，通常需要個人的自覺與家人的協助，才能吃出健康、減緩老化、且預防慢性疾病的發生。

☪二、老化與學習

個體的老化不但影響身體組織的功能，亦會對高齡學習動機、學習能力、反應時間、和學習需求等產生影響。以下將說明老化對學習所產生的影響。

㈠老化會影響學習的動機

個體由於受到老化的影響，因此，高齡者對於克服老化所帶來的不便，或者延緩身體功能的退化，例如養生保健的課程，顯現較高的興趣，也較容易引起學習動機。對於學習活動的選擇，往往以老化的影響作為基礎。

㈡依高齡者的能力安排學習活動

有些學習活動如要用到一些已呈逐漸衰退的能力，則學習者會感到相當大的壓力或挫折，因而有抗拒的現象出現。如強要其參加，他們會感到困擾、憤怒，甚而拒絕、逃避。

㈢學習內容需有立即效果或益處

老化對老年人的心理影響相當巨大。老化現象的產生會使老人感受到時間的壓力，常有時間不足的感覺。而且對時間的觀點也產生了變化，從過去的累積時間的觀點，轉為剩餘的時間觀。因此，他們傾向於有立即效果，可以即學即用的學習活動。

㈣內在需求的滿足與充實

對於兒童、青少年的學習，給與外在的、物質的獎勵，往往是一種刺激學習、增進學習效果的有效方法。唯高齡學習者，對個人、甚至整個人生已有自己的看法，其學習係源於自己內在的需求。因此，外在的獎償對其學習而言，往往不再像年輕時來的有效。

海富利克曾表示：過去一百年來，科學家努力去描繪什麼（what）是老化，卻對為什麼（why）會老化著墨不多（Lemme, 2002）。換句話說，我們對為何會老化的所知不多。對未來能否揭開老化的神祕面紗，主要的研究領域包括：基因科技、分子生物學、癌細胞的研究、物種間的比較研究等等。現有的理論並不必然是彼此相互排斥，同樣也不是對老化問題的最終解答。然而，跨領域的研究對吾人理解人類老化的現象可以提供更完整的圖像。

第五章

生物老化與學習

人類大約在二十五至三十歲之間會到達成熟，也就是生理和健康到達顛峰狀態。之後，隨著年歲的增長會有那些的生理上的變化呢？生理老化的外表特徵主要有：頭髮變疏，發白，體態變胖，皺紋增多等。除了外表的改變之外，內在生理會有那些的變化呢？根據研究，人類身體內部的許多器官系統到了八、九十歲依然可以維持相當良好的運作（williams, 1992），這一點恐怕與一般人對老化的刻板印象有些出入。本章主要的目的在介紹人類生物老化的現象及其對高齡者學習的啟示。

第一節　高齡者外在生理的改變

外在的生理變化是一般人最容易感受到的，舉凡皮膚皺紋的增加到肌肉的彈性不再，都會使人感到老之將至。本節主要在說明皮膚、骨骼、和肌肉的改變。

☽ 一、皮膚與結締組織的改變

老人在外表上的主要特徵為何？大部分的人會說：皺紋和白髮（Guire, et al., 1996）。不論在東方或西方文化中，皮膚的老化在生物上的意義遠不如心理上的意義來的重要。尤其近年來化粧妝品的熱賣和整形手術的風行，正說明皮膚的老化其在心理上的重要性遠勝於醫學上的重要性。

人類的皮膚組織結構可分成三層：上皮層（epidermis）是皮膚的最外層，表皮含有黑色素，而膚色的深淺則是由黑色素所決定。表皮下面一層為真皮層（dermise）結締組織，其主要的成分是膠原蛋白（collagen）和彈力蛋白（elastin）。真皮層的結締組織使皮膚保持彈性和張力。皮膚最內的一層稱為皮下組織（hypodermis），大部分是由脂肪細胞所組成，除了使皮膚能吸收外力之外，並且能儲存熱量和防止體溫的流失。當年紀大了以後皮膚裡的膠原蛋會變的鬆弛，彈力蛋白的數量也會減少，因此，皮膚會變的比較沒有彈性而有皺紋產生。大體上，男性真皮層的厚度較女性為薄所以皮膚的老化程度較女性輕微，也就是皺紋不像女性那麼明顯。根據

研究，過度的日光曝曬會加速皮膚老化的程度（Lemme, 2002）。

此外，和皮膚老化有密切關係的即是臉部皮膚的變化，如魚尾紋、法令紋、抬頭紋的出現。另一個明顯的變化是上眼皮下垂和眼袋的產生。一般而言，年過四十以後這些臉部皮膚的變化就會逐漸明顯（Schulz & Salthouse, 1999）。

☾★二、骨骼的改變

骨骼並不像一般人所認為是固定不動的。事實上，骨骼細胞也是不斷流失和再生，成人以後骨骼再生的速率不及流失的速度，就會產生骨質疏鬆症（osteoporosis）。年紀大的人骨骼就好比乾樹枝一樣，容易脆裂，而且當老人骨折後痊癒所需的時間也較兒童或年青人來的長。骨質疏鬆症會造成老人的駝背，也容易引起脊椎變形而產生疼痛，進而造成下肢的病變，如腰部與臀部的骨折。根據統計，五十五歲以上的老人臀部骨折致死率高達20%，即便治癒約有四分之三的老人需要依賴枴杖才能行走（Lemme, 2002）。

女性在停經後骨骼受到荷爾蒙分泌減少的影響，流失的速度加快，一般估計，成年女性每年的流失全身骨骼的1.5%，因此，很容易造成骨質疏鬆症。據估計，五十歲的女性約有40%有骨質疏鬆的現象。男、女骨質疏鬆的現象差異頗大，根據研究，超過三十歲的男性平均骨質流失的量約12%，而女性則高達25%（Lemme, 2002）。

除了骨質疏鬆的問題之外，關節疼痛也是常見的老人骨骼方面病變。約有48%年紀超過六十五歲的老人患有關節炎。個體在三十歲以後，由於關節經年累月的曲張運動，會造成軟骨的磨損和萎縮。所以，五十歲以後的中老年人，容易產生關節方面的問題（黃富順，1995）。關節的病痛是僅次於心臟病會對老人的活動產生很大的限制（Guire, et al., 1996）。

運動和飲食對於強健骨骼是最有效果的，「用進廢退」的原則對維持骨骼的強健是相當正確的，例如，慢跑、騎腳踏車、跳舞等都可以增加骨骼的強度。為了補充流失的鈣質老人應多攝取乳酪製品（如鮮奶、優格）、

海產和深綠色的蔬果。此外，適度的日曬可以讓身體合成維他命 D，維他命 D 則是可以增強骨骼（Lemme, 2002）。

☪ 三、肌肉的改變

人類的肌肉是由有絲分裂組織（postmitotic tissue）組成，也就是說從出生以後肌肉細胞就不會再生，運動可以使肌肉的纖維拉大拉長。三十歲到七十歲之間，如果運動量不足，男性肌肉會減少 23%，女性則會減少 22%（蔡文輝，2003）。成年後有許多因素會使肌肉產生鬆弛的現象，如缺乏運動、不當的飲食和神經系統受損，使肌肉失去強度與反應。肌肉強度的增大都是因為外在的原因所造成。在實驗研究中發現老人和年青人的肌肉纖維的功能沒有太大的差異，之所以會造成老人肌肉萎縮主要的原因恐怕是生活形態的問題，例如運動不足和飲食太油膩（Guire, et al., 1996）。

第二節　高齡者內在生理的改變

高齡者內在生理的改變雖然從外表上不易察覺，可是對高齡者的健康有莫大的影響，大部分老年人的慢性疾病或多或少都與其內在生理的改變有關係。本節的主要是介紹高齡者在心血管、呼吸系統、免疫系統、生殖系統、內分泌系統、以及泌尿系統的改變。

☪ 一、心血管的改變

心血管系統主要包括心臟和血管，其主要的功能在於輸送體內的養分和廢物。據統計約有二分之一的老人患有不同程度的心血管方面的毛病，對中年和老人而言，心血管的疾病往往是十大死因之一（Arking, 1991）。

心臟和血管系統又可稱為循環系統，成年中期以後，由於脂肪的逐漸累積，加上膠原蛋白變的黏稠而將部分心肌取代，而引起心肌肥厚擴大，使心室的有效容積變小，造成心臟泵浦功能下降（Schaie & Willis, 2002）。在血管方面，由於脂肪堆積在血管管壁，使血管管經變窄，根據統計，六

十歲的老人比三十歲的成人，血管管徑約小 35%（Guire, et al., 1996）。由於血管管徑變小，血管慢慢失去原有的彈性，容易造成動脈硬化，相對使心臟負荷增加，而使血壓上升造成高血壓，高血壓很容易引發心臟病、中風和血管栓塞等常見的循環系統方面的疾病。

☾★ 二、呼吸系統的改變

肺活量是指肺部吸入及呼出的空氣量。年輕時，肺活量都有相當大的儲備量，即便是在運動時，身體僅使用約 50%的肺活量。從三十歲以後由於肺部細胞逐漸失去彈性及纖維化，到八十歲時肺活量約只有年青時的 50%（Lemme, 2002）。雖然一般的成人其肺部尚能發揮正常的功能，可是在較劇烈的活動時，肺部所供應的氧氣便不敷身體所需。所以，上了年紀的人往往動一動就氣喘噓噓，而且老年人也較易受到空氣污染、煙害、呼吸道疾病的危害。這也就是為何中年和老年人較易感染「嚴重急性呼吸道症候群」（Serious Acute Respiratory Symdrome, SARS）的可能原因之一。

此外，老人由於肺泡換氣不足或血液較少流至肺部，使得氣體交換能力下降，再加上呼吸速率因老化而減緩，呼吸時呼出的二氧化碳量減少，因而導致血液中的含氧量也隨之降低，七十歲的老人其血液中含氧量僅及二十歲年青人的二分之一（Guire, et al., 1996）。另外，二氧化碳存留在肺部的量會隨著年齡而增加，二十歲時約 20%，到了六十歲時會增到 35%，如果情況嚴重時容易罹患慢性肺部的疾病（Cavanguagh, 1993）。

☾★ 三、免疫系統的改變

在老化過程中，免疫系統功能下降是個重要的問題。免疫系統是身體內部的防衛機制，當有外來的病毒或細菌入侵體內時，免疫系統會產生抗體來消滅外來的入侵者，使身體的細胞和組織不受危害，以便維持身體的各種機能正常的運作。科學家們發現人身的免疫系統在青年時期到達高峰，而後就逐漸衰退，甚至演變成無法區分入侵者和自己身體的組織，因而會攻擊自身的細胞，產生所謂自體免疫系統的疾病，例如白血病（Belsky,

1990）。

☽四、內分泌系統的改變

內分泌系統主要是指體內的腺體所產生化學物質－荷爾蒙（又稱為激素）。荷爾蒙對生物體很重要，舉凡生長、新陳代謝、生殖、免疫功能、蛋白質的合成和行為都與荷爾蒙息息相關。一般而言，體內荷爾蒙的分泌會隨著年齡的增加而減少，像是生長激素（growth hormone, GH）、胰島素（insulin）、甲狀腺素（thyroid）等都會隨著年紀增加減少或停止分泌。例如胸腺的分泌到五十歲僅剩下年輕時的 5%到 10%，到了六十歲以後就會停止分泌（Lemme, 2002）。此外，內分泌系統與年齡關係最密切的現象，例如女性的停經和男性的攝護腺肥大都與荷爾蒙的分泌密切相關（Lemme, 2002）。近年來，醫學界和生化科技領域對於補充荷爾蒙的研究相當多，其中又以生長激素和女性荷爾蒙最常引起討論。高齡女性在經過專業醫師評估後，適度補充荷爾蒙，對改善老化現象，如骨質疏鬆，確實有其正面的效果。此外，腦下垂體最重要的功能就是分泌生長激素，雖然腦下垂體在人一生中並不會喪失製造生長激素的功能，可是當年老時，生長激素僅有年少時的三分之一。至於注射生長激素用以延緩老化現象，在醫學界尚有許多爭議及風險存在（蕭羨一，2002）。

☽五、生殖系統的改變

不論男性或女性，生殖系統的功能都會隨著年齡的增加而有所變化，生殖系統的老化可能早自成年中期即開始。但女性在生殖系統的變化較男性為明顯。男性隨著年紀的增加，男性荷爾蒙（testosterone）的分泌會減少，可是這並不會對男性的睪丸製造精子功能造成太大的影響。但是會降低男性對性的興趣、活動及能力。男性大約在六十歲以後，男性荷爾蒙分泌會減少，但女性荷爾蒙的分泌則有增加的現象。在女性方面，女性一生中卵巢大約可以製造五百個卵子（Lemme, 2002）。女性一般在四十五到五十五歲之間生殖能力開始下降，卵巢停止排卵，女性荷爾蒙和黃體素分泌

量急速減少，使得女性在生理（月經停止）、外表（臉部潮紅、皮膚乾澀）和心理（易怒、焦慮）產生變化，一般稱之為更年期。

☾☆ 六、泌尿系統的改變

人類的泌尿系統包括腎臟和膀胱等器官。在整個成年期中，腎臟內的腎小管數量約減少一半，使得腎臟過濾毒素的功能大減。因此，腎臟處理身體有毒物質的時間因而增長。雖然老年人腎臟功能有退化的現象，可是基本上還是可以維持體液的酸鹼平衡。此外，年齡對膀胱的功能亦有明顯的影響，一般而言，老人的膀胱的彈性和容積約只有年輕人的 50%左右（蔡文輝，2003）。因此，容易造成老人常有頻尿或尿失禁的現象，六十五歲以上老人中，尤其是獨居與安養院的老年人，其中高達 10%至 30%有尿失禁的問題（彭駕騂，1999），進而影響到老人的睡眠品質和參與社交活動的意願（黃富順，1995）。

第三節　高齡者感官的變化

感官是人類接收外來信息最主要的管道，隨著年齡的增加不論是視覺、聽覺、味覺和嗅覺都會產生變化。其中又以視覺和聽覺所產生的變化最為明顯，對高齡者的認知與活動也會有不同程度的影響（Schneider & Pichora-Fuller, 2000）。

☾☆ 一、視覺的改變

眼睛是個體最重要的感官，因此，視覺的變化對個體而言別具意義。眼睛的結構大體上由外而入依序是角膜、瞳孔、水晶體和視網膜。據統計，六十五歲的人中約有 50%的人有不同程度視力退化（Guire, et al., 1996）。成年期以後，視覺變化主要發生在瞳孔和水晶體上（黃富順，1995）。

首先，在瞳孔方面的變化，老年人的瞳孔會變小而且對光線反應的收縮或放大功能減慢。一般而言，老人瞳孔讓光線通過的量僅及年輕人的三

分之一（Lemme, 2002）。另外，由於老人視網膜的感光細胞功能下降，老人對弱光和強光的敏感度也明顯降低，也就是從亮處到暗處適應光線的時間拉長（彭駕騂，1999）。這也造成老人在黑暗的戲院中無法找到自己的位子，或在燈光昏暗的餐廳中看不清菜單的狀況。因此，有許多老人不願意在夜間外出參加活動。

　　其次，是水晶體的變化，隨著年齡的增加，水晶體逐漸變厚，密度增加，變成不透明的狀態，造成光線進入到視網膜減少。水晶體混濁的現象，在醫學上又稱為白內障（cataract），美國每年約有二百萬六十五歲的老人需要接受白內障摘除的手術（Lemme, 2002）。

　　老人的視覺除了瞳孔和和水晶的變化之外，視覺的銳度，色差，視野也會因年紀的增大而有變化。視覺銳度（visual acuity）就是一般俗稱的視力，即視覺的距離遠近。一般而論，成人約四十五歲左右便有視力退化的現象（Schneider & Pichora-Fuller, 2000），最常見的情況就是出現老花眼。雖然視力的退化很緩慢，但超過六十歲以後視力退化的情況會加劇，因此，往往需要配帶老花眼鏡來矯正視力。老人視覺退化的另一個問題是視覺上的對比敏感度降低，也就是對色差分辨的能力下降。當年齡增加後，由於水晶體逐漸黃化，所以，對於短波長的光線敏感度下降，亦即對藍、綠、紫色光的辨識力下降。相對的，長波長的光線，如紅、黃、橘色光的辨別力卻增加（Guire, et al., 1996）。此外，老年人的視野會隨著年紀的增加而變小。年青成人的視野約 180 度，到了七十歲，大約僅有 140 度。近年來學者致力於「有效視野」（useful visual field）的研究，所謂「有效視野」指的是視力能辨識物體距離的視野。根據研究，老年人的「有效視野」僅及年青人的三分之一（Guire, et al., 1996），這也意味著老年人無法同時注意中心和周圍的事物。

☾ 二、聽覺的改變

　　老年人通常有著不同程度的聽力障礙，其中最常見的聽力障礙是重聽。年齡超過五十歲的成人對高頻聲音的敏感度會減低。因為女性的音頻

較男性高，而兒童又比成人音頻高，所以，老年人通常較難聽清楚女性與兒童的談話，尤其是說話速度太快或者背景噪音太大時，益加會使老人無法聽清楚對方所說的話。因此，重聽可以說是造成老人在口語理解困難上最大的原因（Schneider, et al., 2000）。

造成重聽的原因一般咸信是長時間曝露於噪音污染的環境中。根據調查研究，鄉村地區重聽的老人較工業城市的老人為少；而且女性患重聽的比例較男性為低，程度也較輕微（Lemme, 2002）。可能原因就是男性的工作許多都有嚴重的「噪音污染」，如駕駛卡車或在鋼鐵廠工作。

此外，老人在聽力上所產生的問題是阻隔背景噪音能力的下降，也就是在吵雜的環境中對於聲音的辨別力減弱。老人不喜歡喧囂的環境，在喧譁的情境中，老年人無法聽清楚對方的談話。

☪三、嗅覺、味覺和觸覺的改變

嗅覺和味覺在某種程度上是很難截然劃分的。一般而言，人類舌頭上的味蕾會不斷地再生，所以味覺並不會隨著年齡的增加，而有太大的變化。相較之下，嗅覺在五十五歲之前沒有太大的改變，但隨著年齡的增加嗅覺的敏感度就會逐漸地下降。據研究，年齡超過六十五歲以後，約有50%的老人嗅覺有明顯退化的現象，通常男性比女性不論在嗅覺衰退的時間和程度都比較早而且明顯（Hayfick, 1994）。老年人嗅覺退化所產生的狀況就是食不知味，不但使老人食慾減退，而且容易造成營養不良或飲食不均衡。此外，由於嗅覺的老化會讓老人無法分辨食物是否腐敗，或察覺瓦斯是否漏氣，這些都會形成老人在日常生活上的潛在危險。最後，飲食不僅一種生理需求，也是社會經驗和互動，由於老人會有食不知味的情形，所以，較不願參與社交活動（如喜慶宴會），間接使老人的生活更形孤獨。

觸覺能使個體去操控和確認外在的物體。相較於其他感官知覺的老化研究，觸覺的研究就顯得相當貧乏（Lemme, 2002）。一般而言，隨著其他感官的退化，觸覺似乎也避免不了有比較遲鈍的現象。

波特溫尼克（Botwinick, 1984）曾提醒我們許多針對感官因年齡而衰退

的研究都是在實驗室進行的。這些研究的發現對於老人日常生活的功能到底代表何種意義則不是很明確。即便有實用上的意義，個體多少也會有補救之道，例如改變習慣，多加小心注意，或配帶眼鏡和助聽器。事實上，我們可以改變或修正某些環境因素來適應高齡者的需求。因此，接下來就要討論老年人在生理和感官上的變化對高齡者的學習情境安排的啟示。

第四節　高齡者對生理老化調適與因應

從生命的歷程來看，老年期是人生的第二變動期（青少年是第一變動期），老人很容易因生理變化而產生心理與生理適應上的困難，進而影響到老人的生活與活動。本節主要討論高齡者對生理老化在心理上的調適與生活上的因應之道。

☪一、高齡者對生理老化的心理調適

一個無法接受老化事實的人，不會是個成功和健康的老人。「老」是每個人都無法避免的，但是卻可以人老心不老；也就是生理雖然漸漸老化，然而心理卻可以愈來愈年輕。一般而論，人們在面對生理上日漸衰退的現象多少會產生沮喪、孤獨、焦慮、無助的心理。因此，高齡者如何做好心理的調適，才可以活出健康，活出喜悅。

㈠對現狀感到滿意

老人對週遭的親友和環境常會有不滿的情緒，就容易會有自怨自艾的心理。好像世上再沒有人關心他們，他們已被世界所遺忘。這種自怨自艾的心態不但於事無補，反而容易讓自己掉入失望的深淵。與其如此，何不嘗試著珍惜現有的一切，同時培養知足常樂的胸懷，才能使自己的生活感到幸福與滿足。

(二)充實生活的內涵

俗語說：要活就要動。老人在社會中要保持活躍，應該走出戶外，邁向社會，才能建立人際關係，並參與學習活動。老人可以藉由參與社會和學習活動建立自信與自我效能，生活的內涵是要靠自己去充實，生命的意義也只有自己才能活出來。

(三)培養開朗的心胸

老人在日常生活中應有一顆愉快的心，接受自己老化的事實，把老化視為人生必經的過程。老人應試著培養豁達的心胸，不論對人或對事，常要放的開，拿的起放的下，這樣，生活必然愉快。此外，如果再加上一點幽默感，還可以使週遭的人感染到生命的喜悅。

總之，能夠接受現狀，充實生活，心胸開朗，才可以活出健康，活出愉快，也必然是個成功的老人。

☾二、高齡者對生理老化的生活因應

個體可以透過生活型態的改變及習慣的建立，來增進健康，延緩老化。其中又以運動、飲食和睡眠對高齡者生理老化影響最大。運動不但可以增進關節的彈性和肌肉骨骼的協調，更可以增強心血管功能及肺活量的機能。飲食營養的攝取和均衡對個體的精神、情緒和新陳代謝有直接的影響。睡眠問題可以說是老人最常見的生活困擾之一，老人通常夜間醒來次數多，醒後不易入睡。由於睡眠品質不佳，睡眠的負面效應，亦隨著年齡增加而加強，嚴重影響老人的生活步調與身體狀況。因此，如何以運動、飲食和睡眠等生活型態來適應物生物老化，成為高齡者生活上的重要課題。

(一)運動

運動大體上可分成有氧（aerobic）和緩和（reflexibility）運動兩種，前者包括：快走、跑步、游泳及騎腳車等，後者係指心跳速率未超過最大速

率的 60%的運動，如伸展運動和身體擺動等（黃富順，1992）。有研究發現，經運動訓練的老年人比同年齡未經過運動訓練的老人，在反應敏捷度上的表現較佳。不管老人的年齡為何，有運動的老人其反應敏捷度表現比較好（Lamdin & Fugate, 1997）。另外，達斯曼（Robert Dustman）以不常運動，年齡從五十五到七十歲的老人為受試者；分成三組：一組做有氧運動；一組做緩和運動；一組不做運動。實驗結果發現有氧運動一組的老人在體適能上的表現明顯優於另外兩組，另外，也發現有氧運動一組的老人在認知能力亦有增強的現象（Lamdin & Fugate, 1997）。

　　個人生理的變化一般人往往歸因於老化的歷程，可是生理變化的共同結果往往是老人愈來愈不喜歡運動，所以與其說生理變化是老化所造成，倒不如說是因為缺乏活動所致。俗語說「要活就要動」乃是生理功能「用進廢退」的最佳註腳。即使在醫藥發達的今日，想要減緩老化不二的良方仍是養成運動的習慣。唯一要注意的是在運動計畫進行之前需諮詢醫生或專業人員，適度即可，過度不但無益健康，反而會有反效果。

　　研究顯示有氧運動對各年齡層均有益處。在生理上，它可以增進心血管功能及氧氣的攝取，降低血壓，增強耐力、強化肌肉、骨骼和關節的彈性與協調。在心理上，經常做有氧運動，對壓力和情緒有調適的作用，認知功能（推理、記憶和語言能力）也有促進的功效（黃富順，1992；Lamdin & Fugate, 1997）。

(二)飲食營養

　　飲食營養與老化是個頗富爭議的話題，雖然大家都同意均衡的飲食對身體健康是必要的，然而爭議的焦點在於老人如何攝取均衡的飲食，以及何種營養對身體最為有益。隨著年齡的增加，飲食與老化的關係益見重要，因為老年的健康狀況是多年來飲食習慣的一種累積性的結果。老人由於生理功能的衰退，會影響到營養的攝取，例如視力的退化會妨礙閱讀菜單、食譜和食品標籤；味覺的退化與口味的改變也影響老人對食物的偏好和胃口；牙齒動搖也會降低老人的咀嚼功能，而因限制了食物種類的選擇。

　　許多的證據顯示飲食習慣與身體健康有著密切的關係。飲食與血液中膽固醇含量、心血管疾病和消化道的癌症都有關連。由於老年人味覺退化，所以往往較喜歡重口味的食物，但口味重的食物大都含有過量的鹽、油脂和人工添加物，其中鹽所含的氯化納經醫學證實是引發心臟病的元兇之一；脂肪則是造成血管疾病的重要原因；人工添加物，如防腐劑和色素長期食用對健康有莫大的傷害。此外，也有研究指出，老人骨質疏鬆病可籍由飲食加以預防和減緩（黃富順，1992）。

　　有研究發現葉酸和維他命 B-12 對老年人的認知功能亦有影響，如維他命 B-12 和葉酸的攝取量不足時，會降低記憶與抽象思考的表現。此外，有研究顯示，維他命 E 可以保護腦部蛋白組織（Lamdin & Fugate, 1997）。

㈢睡眠

　　老人的睡眠品質通常不如年輕人來的好，老人睡眠的問題是難以入眠和夜間易醒，睡眠品質不佳會影響到第二天的情緒和體力。研究發現六十五自七十九歲的老人有嚴重失眠情況的達 25%，失眠情況較輕的有 45%。相較之下，十八至三十四歲嚴重失眠的只有 14%（黃富順，1992）。老年人的睡眠受到許多因素的影響，例如身體病痛、藥物、睡眠習慣等。身體病痛方面，通常呼吸系統和泌尿系統的老化與疾病較易影響睡眠。在藥物方面，氣喘藥物含有腎上腺素，若晚上服用會妨礙睡眠，另外，抗憂鬱藥物也會干擾睡眠。在個人睡眠習慣方面，如果白天想睡就睡，會打斷睡眠的週期，使夜間難以成眠。

　　老年人如何提升睡眠品質，首先，要養成規律的睡眠習慣，強調床是唯一睡眠的地方，切不可以坐到哪裡睡到哪裡，如果日間想睡應儘量起身活動，避免在日間小睡。其次，夜間入睡前要讓身體鬆弛，使白天緊張的肌肉漸漸地放鬆，其中如打坐和冥想都是很適合老人的傳統放鬆方式。

第五節　生物老化對高齡學習的啓示

由前述的分析中，瞭解到老年人在生理和感官的變化，因此，高齡學習的情境安排與考量與一般成人學習是不相同的。

☾★一、學習上如何適應老化的現象

老化的現象對學習的各方面都會產生影響，因此在學習上如何適應老化的現象，也是高齡學習的重要課題。對老化的適應，應依別學習者的老化現象而定。就一般情形而言，下列幾項共通性的原則，可供參考（黃富順，1992）。

㈠適度增加感官刺激的強度

個體生物老化中，最顯著的現象之一，就是感官功能的衰退。學習有賴於感官的接受刺激，因此，要增強學習效果，所提供的刺激強度宜適度地增加，以便讓學習者能正確清楚的感受到刺激的存在，才有學習的可能。

㈡增加使學習者適應的時間

由於老化而導致感官功能的退化，除了增強學習的刺激外，讓學習者有較多的時間來適應刺激的改變，也是相當重要的一環。老年人的反應往往有衰退的現象，無論對現境刺激的感受以及對刺激的反應，均需要較長的反應時間始能完成。

㈢鼓勵學習者依自己的速度進行學習

由於反應能力的減退，反應所需時間的增加，對於有時間限制的學習活動，往往會使高齡學習者感受到相當大的壓力。此外，個人的反應能力也不相同，要求以齊一步調進行學習活動，事實上亦有困難。因此，對於老年人除應有充裕的時間來進行學習外，更要允許他們能以自己的步調來

進行學習活動。

(四)學習活動結果的立即給予回饋

由於老化現象的產生，老人對自己的學習能力與學習效果往往欠缺信心。如能對學習結果獲得立即的瞭解，並給予正向的回饋，不但可以激發學習者的信心，亦可對學習的方法及過程作立即檢討，以求精進。

(五)增加得成功的機會

老化往往使成年人對再學習缺乏信心。因此，在剛開始時，學習的內容應力求配合學習者的程度，並能利用其豐富的經驗，使其獲得成功的機會，進而產生信心，提高學習的效果。

(六)鼓勵成人參與或自行設計學習活動

老人最能瞭解自己的學習需要與學習速度。因此，對於學習活動的安排、學習目標的訂定、學習方式的選擇、學習時間的排定、學習步調的進行、學習活動的設計等，均宜儘量讓學習者參與，或由學習者自行設計。

除了上述的共通原則之外，格樂斯（Glass, 1996）根據多年的研究與實務經驗歸整了許多實用的方法，茲分述如后：

一、因應高齡者生理老化與學習情境的安排

由於高齡者外在生理的變化，如肌肉、骨骼的退化，所以在學習情境的安排需要考量這些變化，在高齡者學習的物質環境之安排特別需要多費心思，以符合老年人的需求和特性。

(一)課桌椅的高度和舒適度要適中。坐椅要適合老年人入座或離席。教
　　室的溫度要適中，不可太冷或太熱。

(二)每節課的時間不可太長。課間應有充分的休息時間以便讓高齡者能
　　舒展筋骨以及如廁。

(三)盡可能把教室安排在一樓，除非教室大樓有電梯可供使用。

(四)授課時多安排一些肢體的活動，至於肢體活動的程度和種類則需要

視高齡學習者的體能狀況和教室的空間而定。

(固)如果有高齡者自行駕車或騎車上課，理想上，應選擇離停車場較近的教室。如果可能對於身體或行動有障礙的高齡者提供接送的服務。

二、因應感官衰退與學習情境的安排

由於高齡者不論在視覺和聽覺上會有不同程度的退化，因此，在教學情境上的安排需要考量老年人這些感官上的變化，以符合高齡者的需求。

(一)教室的照明度需要亮一點，但是要避免太亮以免會刺眼。

(二)課桌椅應儘量接近講台，必要時要使用視聽器材輔助教學。

(三)課桌椅的安排以圓形或半圓形為佳，因為這樣每個人都可以正視發言的人。

(四)善用視聽器材輔助講授，如投影片或講義。

(五)投影片或講義在顏色的上選擇應以紅、橙、黃為主。如果必須應用到藍、綠、紫色時，應有較明顯的底色作對比。而且不要把藍、綠、紫色的文字或圖片放的太接近。

(六)使用視聽器材時往往需要關閉部分照明設備，在一暗一亮間，老年人往往需要較長的時間去適應教室光線的變化，所以，進行步調應放慢。

(七)避免噪音干擾。選擇離街道較遠的教室，教室中應避免照明或空調所產生的噪音。

(八)講授者應面對高齡學習者，應避免一邊講，一邊背對著學習者寫黑板，因為，嘴唇的動作和臉部的表情都助於聽力不良的老人瞭解所說的內容。

(九)講課時咬字要清晰，說話速度要放慢。女性的教師應儘量把聲調放低一些。

(十)如果上課需要作分組活動，要注意學習者聽力相互協助的問題，也就是不要把聽力不好的高齡者都分在一組，而應摻插聽力好與聽力不好的高齡者在一組，以便使他們能彼此互相幫助。

(十一)投影片或講義的字體和行距應儘可能的放大。對比顏色應清析。

㈣板書應力求工整。

㈤當學習者提問時，應重述其所提的問題。

高齡者的生理不論外在和內在都有許多的變化，這些都是歲月所留下的痕跡。吾人瞭解高齡者這些生理上的改變，其中在學習上最重要的意義是，在從事高齡者教育時，不論是學習情境的安排或是教師的教學設計，都應特別考量高齡再生理上改變的特質。如此，才能符合高齡學習的需求，並增進高齡者的學習意願以及提高習的品質。

第六章

認知老化與學習

在生命全程中，個體能夠持續的發展，除了生理機能的層面之外，認知能力的發展也是個關鍵的因素。認知因素中最重要的就是智力、記憶、和學習。隨著個體年紀的增長，認知能力會有那些變化？造成這些變化的主要原因為何？為什麼有些認知能力會衰退，而有些則會進步？這些變化，不論是衰退或進步，對個體行為與發展會產生什麼影響？這些問題都是探討成人認知老化課題中，需要去探索的主要問題。

第一節　認知老化的觀點

對於高齡期的認知發展，有兩種不同的觀點，其中一種主張衰退觀，已故的法國總統戴高樂（Charles de Gaulle, 1890～1970）曾說：「老人就像一艘即將沈沒的船」，把老人比喻成沈船，就是認為人們隨著年齡增加不論生理和認知都會逐漸衰退；另一種則主張持續發展觀，近年有學者把老人認知發展比擬成蝴蝶，也就是說老人的認知具有持續發展的可能（Lemme, 2002）。接下來就針對這兩種觀點分別作說明。

☾⋆一、衰退觀

衰退觀認為老人認知發展普遍而且不可避地呈現衰退的現象。這種看法一部分乃是由於把發展和老化作二分法，發展指的是兒童期正向的成長；而老化指的是成年期的退化。衰退觀的基本假設是老化是由基因程式所控制，使個體活動功能逐漸喪失，其中包括認知在內。所以，認知的衰退乃是生理老化中不可避免的情況，隨著年紀的增加可以預見認知能力也會下降。

衰退的觀點近年來已逐漸受到質疑，許多的研究發現生命發展的全程中有得有失，也就是具有彈性及可塑性，即使年齡與衰退有相關存在，也不能就認定年齡是造成衰退的主因。索豪斯（Salthouse, 1991: 29）認為：「年齡只是一個替代品，或者是一個承載工具，是許多不同變項的集合體或共同效應。」另外，他又指出：「年齡對於不同認知變項並非獨立的，

只有在少許的程度上，年齡是單一的影響因素。」（Salthouse, 1996: 287）在過去認知的研究中，衰退的觀點可以說居主導的地位，因此，年齡與認知表現是負相關的主張可以說牢不可破。可是如果從實用的角度來看，衰退論也並非毫無建樹，因為只有瞭解老人認知衰退的現象，才可知道如何預防衰退並協助老人。所以，索豪斯（Salthouse, 1991）認為強調老人認知衰退可能比強調老人認知穩定或成長來的更有實用的價值。

☾ 二、持續發展觀

在過去有許多的實驗研究發現老人有許多認知能力會隨著年齡增加而產生衰退的現象。然而，也有很多的研究發現成年期認知的發展是具有持續的潛能，老人的許多認知能力會隨著年齡而增進，甚至有些認知能力到老年時才會出現，例如智慧。近年來許多研究發現在健康狀況正常的老人受試者大都保持著相當程度的認知技能，衰退僅是少數的例外，而非全面的、普遍的、不可避免的現象（Craik & Salthouse, 2000）。因此，蝴蝶的比喻是比沈船更適合用來比擬老人的認知能力。因為有許多針對老人認知的研究都是從「不幸的觀點」來看認知老化，所以焦點都在強調認知老化的問題。雖然其主要的目的是要找出問題的癥結和尋求對策，可是結果往往卻是把老人描繪成亟需照顧、非常脆弱、鬱鬱不樂和機能衰退。

近年，對老人認知能力的研究已逐漸從衰退觀轉向持續潛能觀，焦點也開始放在那些正面的發展，而非負面的老化。這種轉變有許多正面的意義。首先，可以消除對老人的刻板印象，例如把老人看作心智衰弱和無生產力的人，轉而對老人的能力有正面的期待。這將會使老人改善他們的生活品質，增進老人人力資源的運用和貢獻，最終可以促進高齡化社會的福祉。其次，採取持續潛能的觀點來從事生理、心理和社會的老化研究，可以增進對生命全程中認知發展理解，進而使人類的生活的有希望與尊嚴。持續潛能觀強調的是對老人的能力與潛能有全盤性的瞭解，而非僅是弱點和問題而已（Cohen, 1993）。

第二節　高齡期智力的發展

認知老化的研究，以智力和記憶為重點。以下先就近年來學者針對高齡期智力發展的研究發現加以介紹。

☪ 一、智力發展的研究

傳統上，智力的理論和評量大多用於預測學業的成就，特別是針對兒童和青少年在學校的表現。1905 年，首先設計出智力測驗的學者是比奈和西蒙（Alfred Binet & Theodore Simon）。其後許多評量個人智力的測驗都是依據比奈和西蒙的理論和指標發展出來的，這些智力測驗經過反複地施測，證明對於預測小學和初中學生的學業表現相當具有信度，對於高中學生的預測性也不差，但是對於未來職業的成就則不太具有預測力（Ackerman & Humphrey, 1991）。在一次世界大戰前後，智力測驗才被用在青年和中年人身上。1920 年代，大學和學院開始採用智力測驗來篩選申請入學者，例如著名的大學入學測驗：學術評量測驗（Scholastic Assessment Test, SAT）和美國大學測驗（American College Testing Program, ACT）。

1940 年代，卡提爾（R. Cattell）把智力區分成流質智力和晶質智力。流質智力主要是指內在和生理的智力，主要包括記憶和抽象推理，這對於兒童期的發展和學習非常重要，但是到了成年期就逐漸降低。相反地，晶質智力是取決於教育和經驗，主要是指口語的理解、字彙運用和資訊處理等，雖然晶質智力是由流質智力所形成，但它不像流質智力一樣無法維持到中年。

由於一般智力測驗或流質智力測驗，對於成人的學業成就和工作表現並沒有太大的說明力和預測力，因為這些測驗都忽略了成人經由生活和工作經驗所獲的知識。因此，成人在一般標準化智力測驗的表現，就遠不如高中生。根據卡提爾的流質和晶質智力的理論（圖 6-2-1），可以發現流質智力到了青年期到達高峰後就逐漸退；相對地，晶質智力到了壯年開始攀

升。所以，以流質智力為主（記憶和推理）的智力測驗來評量中年和老年人，結果自然無法與青年人相提並論，但這並不能就推論說老人的智力不如青年，甚至不如兒童，因為兩者的智力是不相同的。

近年來從認知科學的研究文獻中，證明知識是決定學習和表現的重要因素。事實上，過去智力總是被視為「問題解決者」（general problem slover），現在已被「專家系統」（expert system）所取代。個人的知識是決定表現成敗的關鍵，而非記憶或推理的速度，有些研究的結果顯示，先備知識（prior knowledge）在特定問題解決上扮演著重要的地位（Glaser, 1991），很明顯地，經驗知識是智力重要的成分。成人通常一直到中年都會不斷地累積職業上的知識，到了老年並且發展非職業的知識（例如文化的興趣和嗜好的知識）。如此，就可以勾勒出成人智力發展的不同圖像。如果強調知識面向，成人在智力的發展，將略勝一疇；如果著重歷程面，青少年和青年則占盡優勢（圖 6-2-2）。

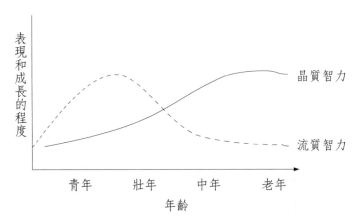

圖 6-2-1　流質和晶質智力的表現程度與年齡的關係
資料來源：Smith & Pourchot, 1998：150.

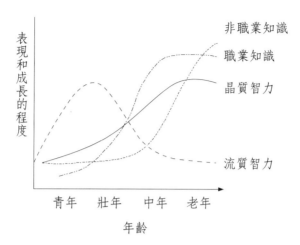

圖6-2-2　流質／晶質智力和業／非職業知識的表現程與年齡的關係
資料來源：Smith & Pourchot, 1998：150.

☾★二、高齡者智力的發展

　　藍曼（H. C. Lehman）1925 到 1953 年所作的縱貫研究發現，人生表現的高峰期是三十至四十歲之間；領導能力表現最佳時期是五十至七十歲；運動和智力的巔峰期是二十至四十歲。藍曼認為個體過了三十四歲以後身心各項表現便停滯不前，到了四十九歲時各項心身表現便只剩下三十四歲時的一半，到了七十歲便歸零（Glendenning & Stuart-Hamilton, 1995）。魏斯契勒（D. Weschler）指出：幾乎所有的研究都顯示，個體的能力在十八至二十五歲之後都逐漸走下（Glendenning & Stuart-Hamilton, 1995）。

　　近年來許多研究都質疑上述的發現，並且有愈來愈多的證據顯示認知的衰退並非全然不可避免。艾立森（Ericsson, 1993）就主張僅有少部分心智能力的衰退是由年齡所造成。薩伊（Schaie, 1989）在著名的「西雅圖縱貫研究」（Seattle Longitudinal Study）中，發現有些個別的案例確實存在著年齡與智力衰退的關係，但是透過有計畫的訓練，雖然不是每個案例都成功，可是對於老人智力表現卻實大有助益。大約 40% 的老人可以恢復到十四年前尚未衰退時的水準。

　　洪恩（J. L. Horn）和卡特爾以五十歲以下的受試者為樣本進行研究，發現晶質智力少有衰退，而流質智力則會隨著年齡增高呈現衰退的現象（Glendenning & Stuart-Hamilton, 1995）。薩伊（Schaie, 1989）的研究也發現晶質智力沒有衰退的現象，而流質智力在六十五歲之前亦無明顯衰退。雷畢（P. M. A. Rabbitt）在 1984 年以六百位年齡分別為五十、六十、七十歲的三組樣本，研究發現晶質智力在三組中沒有顯著的差異存在，而在七十歲組的老人中有 10%到 15%流質智力測驗的得分還相當的高（Glendenning & Stuart-Hamilton, 1995）。此外，史都華·漢彌頓和麥克唐諾（Stuart-Hamilton & McDonald, 2001）在一項小規模（樣本 40 人）的實驗中發現：老人智力的高低雖然是由智力測驗的表現來決定，但是老人對智力活動的態度也扮演一定的角色，也就是老人的生活型態會影響其智力表現。

　　總之，綜合高齡期智力發展的研究發現，晶質智力少有衰退，而流質智力則會隨著年齡增高呈現衰退的現象，但其退的幅度並不如一般人想像的嚴重。

第三節　高齡期記憶的發展

　　記憶與學習可以說是一體的兩面，如因個體沒有好好學，就不容易記住；如果個體記不住，就不會有好的學習成果可言（Lumsdem, 1985）。老年人通常會抱怨自己記性不好，而且絕大多數的老人都相信自己的記性愈來愈差（Foos, 1997）。在過去二、三十年認知老化研究中，關於記憶力的研究幾乎一面倒地指出沒有任何形式的記憶，可以避免年齡的衰退（Lamdin & Fugate, 1997）。與年齡有關記憶退化，包括：隱性記憶（implicit memory）語意記憶（semantic memory），初期記憶（primary memory），工作記憶（working memory）以及情節記憶（episodic memory）。茲分別探討如下：

☾* 一、情節記憶

　　所謂情節記憶係指對於事物有關何時、何地所發生的記憶，例如第一

次出國去哪些國家及什麼時候去等。因此，情節記憶又被稱為「自傳式的記憶」（autobiographical memory）（Byrnes, 2001）。

　　柯許和華勒斯（Colsher & Wallace, 1991）以六十五歲以上的老人為樣本，研究其情節記憶在間隔六年中的變化，結果發現七十五歲的老人，立即回憶的衰退幅度大於六十五歲到七十四歲的老人。至於其他項目的回憶實驗中，各年齡間沒有明顯衰退現象。列林斯基和柏耐特（Zelinski & Burnight, 1997）實驗發現五十五歲以後，不論是對單字或文章的回憶能力，都持續緩慢地下降，經過十六年的追蹤研究，樣本的年齡已達七十一歲至九十七歲，並沒發現其記憶有急速衰退的現象。

　　除了縱貫研究的證據外，從橫斷研究中也發現老人的情節記憶有逐漸衰退的現象。尼爾森等人（Nilsson et al., 1997）以一百位年齡從三十五歲到八十歲的成人為樣本，以五歲為間距分成十個年齡層，施以綜合性的情節記憶實驗（包括：單字自由回憶、線索回憶、句子識別、面貌和人名識別、事實回憶）。研究結果發現，隨著年齡的增加，記憶的表現呈持續衰退的現象。

　　雖然，近年來不論是在橫斷研究或是縱貫研究上，都發現高齡者在情節記憶能力會有衰退的現象。但是如果輔之以認知支持（如給予線索、寬限時間、先備經驗和肢體活動）和認知訓練，老人在情節記憶的能力表現並不比年輕人差（Craik & Salthouse, 2000）。

☪ 二、語意記憶

　　所謂語意記憶係指對語言和概念知識的記憶。例如有人說：鑽石是堅硬的，我們認為這是真的，是因為在我們記憶中「鑽石」和「堅硬」兩個概念有關聯。語意記憶一般又被稱為「百科全書或字典式的記憶」（encyclopedia or dictionary memory）（Lemme, 2002）。

　　高齡者在語意記憶的表現上有衰退的現象，尤其是在快速的字彙實驗中衰退的情況更是明顯。可是也有文獻指出從成年初期到成年晚期，語意記憶衰退的幅度是很小的（Craik & Jennings, 1992），也就是說，高齡者在

語意記憶上，可以維持相當的能力。

巴克曼和尼爾森（Backman & Nilsson, 1996）以三十五歲到八十歲的成人為樣本，施以字彙、口語流暢和事實存取測驗，結果發現中年人表現最好，而且在七十五歲之前沒有與年齡相關的退化現象。吉林斯基和朱得（Gilinsky & Judd, 1994）研究發現成人的字彙能力一直持續增長到四十歲，而後維持穩定一直到八十歲。在語意記憶中另一個重要的面向是「叫名能力」（naming ability）。歐氏等人（Au, et al., 1995）以「波士頓叫名測驗」（Boston Naming Test），在七年間針對三十歲到七十九歲的受測者施行三次的測驗，從初試到第三次測驗，結果發現受測者叫名的表現每次都有下降的現象，尤其是超過七十歲的受測者，衰退特別明顯。叫名相關的橫斷研究也有類似的結果，發現七十歲以上的老人比年輕人在叫名測驗的表現，有明顯下滑的情況（Craik & Salthouse, 2000）。

上述的研究發現，高齡者在七十歲之前，語意記憶衰退的幅度沒有很大，可是超過七十歲以後，則呈現大幅的衰退。在柏林老化研究中（Berlin Aging Study, BASE; Baltes & Meyer, 1999），發現七十歲到一百零三歲的受測者，不論在單字和字彙的測驗表現，都與年齡呈現負相關。總之，語意記憶在中老年人尚能維持一定水準，七十歲以後才會有下降的趨勢。

☪ 三、短期記憶

所謂短期記憶係指當感官接收外在的訊息後，腦中會將這些訊息暫時儲存，短期記憶所儲存的訊息非常有限，僅供回應刺激或將訊息傳送到長期記憶中。

短期記憶大體上包括工作記憶和初期記憶，這兩種記憶主要的功能是在處理感官意識所接收到的訊息。許多的研究發現，成人的工作記憶會隨著年齡增長而衰退。相較之下，初期記憶則較不受年齡的影響，至晚年都尚能保持相當初期記憶能力（Craik & Salthouse, 2000）。在工作記憶方面，吉林斯基和朱得（Gilinsky & Judd, 1994）曾對十九歲到九十六歲的受測者，所進行工作記憶的實驗，結果顯示，工作記憶能力隨著年齡增加而逐漸下

降，超過八十歲以上的老人下降幅度增大。奈柏格等人（Nyberg, et al., 1997）以三十五歲到八十歲的成人進行工作記憶的實驗，發現工作記憶表現隨著年齡增加呈現線性的衰退。除了橫斷研究外，縱貫研究也有發現相同的結果。赫茲等人（Hultsch, et al., 1992）在三年的追蹤研究中發現，七十一歲到八十六歲組的老人，在間隔三年中，工作記憶能力表現分數的標準差達0.50，相較之下五十五歲到七十歲的老人標準差僅有 0.20。

　　相對於工作記憶隨年齡增加而持續下降，初期記憶則顯得較不受年齡的影響，到老年仍可維持相當的穩定。研究發現從七十多歲到八十多歲，初期記憶能力的表現，沒有年齡上相關的差異（Craik & Salthouse, 2000）。這樣的研究結果並不令人意外，因為初期記憶僅是把訊息很短暫地保留在腦中，故較不受到神經系統的影響，甚至連阿爾茲海默症（Alzheimer's disease, AD）的患者都無明顯的影響（Craik & Salthouse, 2000）。

　　整體而言，初期記憶可以維持到老年都相當穩定，工作記憶則明顯會隨著年齡的增加而衰退，尤其是過了七十歲，衰退幅度會明顯增大。

☪ 四、隱性記憶

　　一般有意識以及可以用口語表達的知識稱顯性的知識，對於顯性知識的記憶稱顯性記憶（explicit memory）；相對於顯性記憶，無法言傳或無意識的知識稱為隱性知識，對於隱性知識的記憶稱隱性記憶。例如，人們在說話時並不會去意識到文法規則，文法規則就是一種隱性知識（Byrnes, 2001）。

　　顯性記憶實驗表現，如回憶和辨識，基本上會隨著年齡增加而下降。相形之下，隱性記憶實驗，如字根填充（word-stem completion），事實填充（fact completion）和上下文訊息（contextual information），則年齡的差異較不顯著。斯模爾等人（Small, et al., 1995）將受測者分成三組（19～34歲，58～73歲，74～89歲），施以隱性記憶實驗（字根完成和事實完成實驗），結果發現三組的表現並沒有差異存在。尼爾森等人（Nilsson, et al., 1997）曾以 1000 名受測者年齡在三十五至八十歲為對象，施以字根完成測

驗,結果並未發現有年齡的差異。維基等人(Vakil, et al., 1996)所作的隱性記憶實驗,發現十八到二十七歲的一組和七十七到九十三歲的一組,兩組在上下文訊息實驗中,並沒有發現顯著的年齡差異。從上述的研究結果,可知在隱性記憶實驗中,年紀超過七十歲老人的表現和二十來歲的年輕人一樣好。

綜合以上學者對各種記憶的研究發現,可知與年齡相關的記憶衰退,在各種的記憶所產生影響的大小和降幅不盡相同。大體而言,年齡的增加對情節記憶和工作記憶影響最大,其次是隱性記憶和語意記憶,影響較小的是初期記憶。

第四節　影響認知老化的因素

從 1960 到 1990 年代的研究發現,愈發使我們相信個體心智能力的差異與年齡的關係並不像過去想像的密切,反而是與個體的社會階層、教育水準、健康狀況、以及外在環境較有密切的關係(Glendenning & Stuart-Hamilton, 1995)。許多的個人與環境的差異,會影響老人的認知表現,這些因素主要包括:人口、生活形態、認知、健康和基因等。

☪ 一、人口因素

在人口因素中,教育水準、職業和收入等社經水準(SES),在許多研究中都證實與認知衰退速率成負相關(Lemme, 2002)。也就是社經地位愈高,認知衰退速率就愈慢。

教育水準是預測認知衰退最具有一致性的指標,而且教育水準對認知的影響可以持續到八、九十歲(Craik & Salthouse, 2000)。為什麼教育水準會影響認知的能力?可以從不同的方面來解釋。首先,一般而言,教育程度愈高的人,其口語能力亦較佳,而口語能力與認知表現具有正相關,由此,可以說高學歷者其認知表現較好。另有一種解釋是神經儲備能力說(neuronal reserve capacity),認為早年的教育可以增加腦細胞的數量和腦

神經的連結，到了老年時就可以預防腦細胞死亡而引起的認知衰退。還有一種說法是教育水準愈高的人由於經常有豐富的心智刺激，因此，認知衰退的速度較慢。最後一種解釋是，教育水準與自我效能有關，自我效能與認知能力（特別是智力）呈正相關（Schaie, 1990）。

　　職業和收入與認知的關係，則相當複雜。例如斯庫勒等人（Schooler, et al., 1999）曾進行一項長達三十年的縱貫研究資料，發現工作的複雜性和智力有交互的影響，年齡愈大影響愈大。一般而言，社經地位高的人，認知衰退幅度較小而且速度較慢。社經地位乃是個體可享受的生活機會與資源的重要指標，其中包括前面所討論的教育機會，或許也是增進成功老化（successful aging）最重要的因素（Lemme, 2002）。

　　在人口因素中較少被觸及是性別。一般為人所熟知的是學齡的男童在數理和空間的能力表現較好，女童則在口語能力表現較佳。近年的研究顯示，成年男、女在認知能力的表現，並沒有明顯的差異，唯一有的差異是女性在情節記憶的表現優於男性（Craik & Salthouse, 2000）。從生理上而言，男性高齡者腦細胞數量較女性高齡者為少，但是卻沒有證據顯示，高齡男性的認知表現低於女性。

☪二、生活形態因素

　　生活形態對認知老化的影響，大多數的研究集中在社會活動，例如訪友、參加集會或宴會、準備餐點和購物。奚爾等人（Hill, et al., 1995）以七十五至九十六歲的老人為樣本，進行研究發現，社會活動不僅對單字回憶表現有正面的影響，如再加上認知支持更能增加記憶的表現。此外，奚爾等人亦發現運動與記憶之間具有正向的關連性。赫茲等人（Hultsch, et al., 1993）也證明初老和老老的社會活動與語意記憶具有正相關，而且相關的程度隨著年齡增加而增大。所以，社會活動與老年認知能力有密切相關，愈老關係愈明顯。值得注意的是，社會活動與老年認知雖然具有相關，可是它們間的因果關係仍不明確（Craik & Salthouse, 2000）。也就是兩者何者為因？何者為果？或者互為因果？則有待進一步的研究。

☪三、認知因素

　　有許多的認知研究試圖釐清基本認知能力（如訊息處理速度）與其他認知能力（如情節記憶）的關係。有些研究，擴大把知覺速度、流質智力、口語能力、先備知識和工作記憶作為解釋記憶表現的因素。恩格爾等人（Engle, et al., 2000）以一百三十三位成人為對象進行短期記憶、工作記憶和流質智力相關的研究（圖6-5-1）。其中共同因素，經索豪斯（Salthouse, 1991）研究發現就是老化。另外，賀佐格（Hertzog, 1996）研究發現老人一般能力與知覺速度、語意知識、歸納推理及工作記憶都具相關（圖6-5-2）。

　　總體而言，大多數的研究並沒有發現年齡與預測因素（認知能力）之間有交互作用存在，但是與年齡相關的人口變項和生活形態對老人認知的影響遠勝於對年輕人的影響（Craik & Salthouse, 2000）。

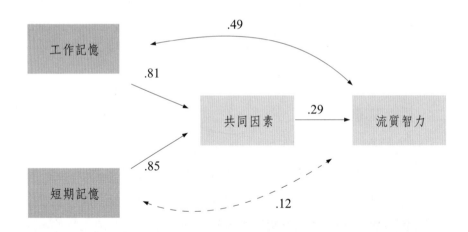

圖 6-5-1　工作記憶、短期記憶、共同因素與流質智力之路徑分析

資料來源：Engle, et al., 2000: 109.

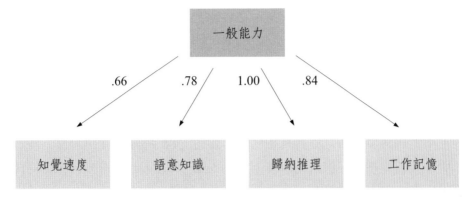

圖 6-5-2 一般能力與知覺速度、語意知識、歸納推理及工作記憶之相關
資料來源：Hertzog, 1996: 33.

☾ 四、健康因素

老人認知受到健康因素的影響，主要來自兩方面的研究成果：病理學和年齡相關的生理退化。年齡超過六十五歲的老人大約有百分之八十至少罹患一種慢性病。一般而言，年齡的增加會伴隨著疾病的增加，而疾病（如愛茲海默病、糖尿病、心臟病、高血壓、甲狀腺機能亢進）可能會影響認知能力的表現。有趣的是，大部分關於認知老化的研究，受測者並沒有作疾病的篩檢，主要的原因是篩檢所需的經費相當龐大，所以，大都是以受測者自陳的方式來做為篩選。除非是大型科際整合型的研究計畫才會作疾病篩檢。雖然受測者自陳的健康狀況並不精確，但在認知老化的研究中，瞭解健康因素對認知老化的影響仍有助益，例如，自陳健康因素與記憶問題、記憶表現都具相關性（Craik & Salthouse, 2000）。如果考量與年齡有關的疾病在老人身上的高發生率，反可使研究者進行某些特定的疾病對認知功能影響作的研究。

☾ 五、基因因素

近年來基因工程和生化科技突飛猛進，也帶動了基因在正常或有病老

人認知能力所扮演角色的研究。可是有關基因與認知老化的關連性，仍有許多爭議。首先，有學者認為基因對老人的影響是逐漸下降的，因為老人的認知能力經過漫長的生活經驗與複雜環境已產生很大的變異性。其次，有些學者主張由於基因與老人疾病有相關，而疾病又會影響認知功能，所以愈到老年基因愈形重要。再次，有些學者認為基因與環境相互影響，因此，兩者對個體生命全程具有相同的影響力。現今針對基因的研究，多半集中在某特定基因與疾病的關連上，例如第十九對染色體的某些變異可能會導致罹患阿爾茲海默症（Craik & Salthouse, 2000）。

第五節　認知老化與學習

　　認知老化是一種自然現象，針對老人頭腦不靈光或記憶退化的刻板印象大多是由於一些似是而非的觀點所造成。事實上，從許多的研究中得知年齡對於認知老化而言，僅是影響的因素之一，尚有許多的面向值得深思。此外，認知老化的研究發現如何運用高齡學習上，也是本節探討的主題。

☾★一、認知老化研究發現的啟示

　　根據以上對高齡者的智力和記憶的研究發現，以及影響認知老化因素的分析，可以歸結成下列幾點值得思考的方向：

㈠對於老年人智力下降宜持較謹慎的態度

　　我們經常聽到智商會隨著年齡增加而下降的說法。這是一種簡化性的講法，但不全然正確。所謂的下降，通常是把老人組與青年組的分數相比較的結果，如果一個人在二十歲時智商是在同年齡組的前百分之十，如果此人到了八十歲時，其智商分數依然在同年齡組的前百分之十。我們能說此人二十歲時比八十歲時聰明嗎？所以，智力的下降乃是一種不同年齡層比較的結果，這就是所謂的代間效應（cohort effect）。但是相較於同年齡

的同儕，就同一個人而言，他的智力是一樣的。

㈡智力測驗的結果僅能視為一種趨勢

一般而論，智力測驗分數對於預測兒童與青少年學業表現是相當好的指標。但是智力測驗分數對於成人工作或職業表現就不具太高的預測性。此外，如果從再測信度（test-retest reliability）而言，如果一個人前測和後測的相關係數達 0.9，也就是說依然有近 20%的變異是無法僅用智商分數來解釋的。因此，僅管 0.9 的相關係數是很高的相關，但比較明智而且保險的說法是：智力測驗僅能視為一種趨勢（trend）。例如，智商 120 的人會比智商 115 的人聰明到那裡呢？事實上，智力測驗無法提供任何的答案。

㈢年齡僅對流質智力有影響，至於晶質智力則不受影響

許多經驗老道的老棋士或橋牌高手，雖然在反應的速度和記憶不及年青棋手，可是往往卻能在關鍵時刻反敗為勝（Stuart-Hamilton & McDonald, 2001）。此外，史都華・漢彌頓（Stuart-Hamilton, 1995）研究發現辨識字母的速度與閱讀經驗有關，而與處理訊息的速度無關。另外，有研究發現大約有一半左右流質智力測驗所產生的年齡差異，主要的原因竟然是老年人來不及作答（Stuart-Hamilton, 1995）。

㈣老人的智商分數在解釋上需要有更多思考的空間

索豪斯（Salthouse, 1992）曾將許多老人智力的研究發現作後設分析，發現老年人與年青人的平均智商分數之標準差達 1.75，有些研究甚至達 2.00。如果根據統計標準，智商分數達兩個標準差就是智障。但是沒有人會說老年人就是智障。史都華・漢彌頓（Stuart-Hamilton, 1995）主張老人智力的變化並不代智力水準的變化，而是思考方式的變化。老化對高齡者而言，不僅是心智能力的改變，更重要的是質的變化，也就是對世界認知的改變。此外，史都華・漢彌頓和麥克唐諾（Stuart-Hamilton & McDonald, 2001）認為學術界把每個人必須要維持智力的水準視為放諸四海皆準的信

條,孰不知老人往往因為生活型態而失去智力的技能。在學術界看來這些技能是生活必備的,可是看在老人家的眼中識字不多或不會複雜的數學日子依然可過的好好的。

(五)認知老化存在著很大的個別差異

社會中的高齡者並非是一個同質性的團體,每個人老化的速度與程度都不同。不同的生活經驗、外在環境和基因條件都會使心智能力變化產生很大的差異。

(六)年齡增加不代表認知能力的衰退

實驗任務的難度是認知衰退的主因,如果把老人認知反應推到極限(數量大與時間短),那就會產生所謂老化衰退的現象。許多的證據顯示高齡者的認知能力並沒有因年紀增加而受太大的顯響,僅是速度有下降的趨勢,例如訊息處理的速度和回憶的速度。

(七)適度的訓練可增進高齡者的認知能力

高齡者的認知能力可以經由適度的訓練和社會的支持而改善。甚至到了六十至八十歲的老人經由短期的訓練,其流質智力表現亦有相當的進步。

☪二、認知老化對高齡學習的運用

近年認知老化的研究的發現雖然不像從前一樣主張認知老化乃是普遍的,而且是不可逆的。但是個體隨著年齡增加認知功能也會產生變化,因此,如何利用教育或學習的機會,增強老人在認知上的優勢,彌補因年齡而產生的衰退,乃是高齡教育者在教學上必需要先有所體認。下面僅提出幾項基本的原則作參考。

(一)教師的提問方式宜採取目標中立的問題

教師在施教時所提問的方式應儘量採取目標中立的問題。相對於特定

目標的問題（goal-specific problem），目標中立的問題是讓高齡學習學不要運用「目標－手段」的策略（means-ends strategy）。例如教師提問避免使用「請問到高雄火車站要搭幾路公車？」而要用「試著想想看到高雄火車站有幾路公車可以搭？」把特定目標轉換成沒有特定目標，其目的在減輕高齡學習者在認知上的負荷，因為如果有特定目標，高齡學習者的工作記憶會需要處理主要目標和次要目標，工作記憶處理資訊的資源就會被占用，而且處理的速度會降低。根據吉凡等人（Van Gerven, et al., 2000）教學實驗的結果發現，教師以目標中立的問題提問，比用特定目標問題提問，會使高齡學習者在學習表現上有更好的表現。

㈡利用成果實例進行學習活動

實際的操作對於瞭解複雜的問題是很有助益的，解決實際生活上的問題較能讓高齡學習者有主動投入和滿足學習動機的效果。然而，有研究發現利用成果實例是問題解決較有效的教學方法（Van Gerven, et al., 2000）。有別於傳統的實際生活問題，成果實例除了問題外也把解決之道一併讓學習者瞭解。如此一來，高齡學習者就不必把認知能力全部投入問題中，而較能全盤理解問題與解決之道的關連性。

㈢避免學習者分心

對高齡學習者的教學中，教師應避免「傾囊以授」，因為過多的相關訊息會加重老人的認知負擔（Twitchell, 1996），而且容易造成其分心。例如圖表附加標題又加上詳盡的文字說明，會使學習者在心智上的統整負荷加重，使高齡學習者的注意力無法集中。為了要避免分心和不必要的認知負荷，教師應將複雜的訊息和資料單純化，逐步漸進地分段將學習內容介紹給高齡學習者。

㈣以實際操作代替口頭解說

以操作電腦為例，對年青人而言使用手冊或許相當有用，可是對老人

而言,使用手冊往往英雄無用武之地。因為如果一面開機,一面查看使用手冊,往往會使老人不是手忙脫亂,就是過目即忘,因為老人一方面要盯著電腦螢幕,另一方面又要看著使用手冊,更糟的是兩手還要操作鍵盤或滑鼠,這對老人認知的負荷極重。因此,最佳的辦法是教師以實際操作,慢慢地一步一步讓學習者跟著操作(Twitchell, 1996)。如此,學習者不但不會手忙腳亂,而且可以按步就班地實際學習操作,有助於提升學習的成效。

㈤善用認知與社會的支持

　　實驗證明高齡者的記憶表現可以經由認知和社會支持而提升表現,例如瞭解藥品標示和查閱地圖的認知實驗中,顯示可經由合作而增加認知表現(Stern & Carstensen, 2000)。在高齡學習中,教師如何善用各種認知支持,如給予線索或提示,增強同儕間的社會支持,如鼓勵合作或促進互動,都是提升高齡者學習效果的重要方法。

㈥善用各種策略增強高齡者的記憶能力

　　一般而言,年齡增加對個體的記憶能力確實有不利的影響。許多的實驗證明對高齡者施予記憶訓練,對其記憶表現的提升會有相當的助益。因此,如何在教學中介紹增強記憶的策略,對高齡學習者而言,是相當有幫助而實用的。例如,教導高齡者利用聯想、搜尋、組織等技巧可以幫助其記憶,達到增強學習的效果。

　　近年來,許多研究都質疑年齡導致認知衰退的說法,事實上,僅有少部分心智能力的退化是由年齡所造成。有愈來愈多的證據顯示認知的衰退並非全然不可避免,此外,可以藉由認知的訓練與社會的支持來增進高齡者的認知能力。因此,把老人比喻成沈船,不但與事實不符,更缺乏科學的根據。相反地,應當把把高齡者認知發展比擬成蝴蝶,也就是說老人的認知具有「持續的潛能」。

第七章

智慧的發展與學習

　　一般而言，人們普遍認為高齡者乃是智者。事實上，在認知老化的研究中，學者們也大多同意智慧是人類各種認知能力中，少數幾個會隨著年齡的增長而持續發展的認知能力之一（Assmann, 1994; Baltes & Smith, 1990; Dixon, 2003; Holliday & Chandler, 1986）。但是什麼是智慧？是不是所有的高齡者都擁有智慧？如果是，能否知道或測量出高齡者所擁有的智慧？雖然長久以來，已有許多哲學家及神學家以不同的觀點就智慧的定義與內涵進行探討（Robinson, 1990）。但不論是哲學或神學的觀點，至今仍無法清楚的解釋為什麼高齡者具有較多的智慧，也無法說明哪些因素會影響個體智慧的開展。相較於智慧在哲學和宗教的研究領域中已有頗為豐富的研究文獻，心理學對智慧與老化的研究文獻則遲至 1970 年代中期以後才開始出現（Birren & Fisher, 1990）。

　　雖然心理學對智慧的研究起步甚晚，然其研究之焦點，包括：智慧在個體生命的晚期階段是否真的持續發展？如果是，則智慧的發展是否是影響個體能否成功老化的重要因素？其與高齡教育之規劃與發展間的契合度，都遠高於哲學、神學和高齡教育的關係。因此，瞭解心理學中對智慧的定義、年齡與智慧關係的相關研究，將有益於對高齡學習者的瞭解與應用。因此，本章擬從心理學的研究取向為主，於第一節中說明智慧的本質、定義及其與智力的關係，在第二節中則就智慧的內涵與相關的理論進行探討，第三節即說明影響高齡者發展智慧的因素，第四節則就高齡期智慧的發展與學習間的關係進行論述。

第一節　智慧的意義及其與智力的關係

　　智慧通常被視為是生命發展的最高境界，因為它意謂著能在適當的時機正確的判斷生命中的重要課題（Ardelt, 2000a; Baltes & Staudinger, 2000; Clayton, 1982; Erikson, Erikson, & Kivnick, 1986; Kekes, 1983）。例如，在大學畢業之前決定是否繼續升學或選擇就業、在婚姻陷入低潮之時是要繼續維持婚姻或選擇離婚等這類生命中常見的問題，往往需要個體能在當下做出

有智慧的判斷，而這些判斷又往往影響個體日後之生活甚鉅，而這也正是智慧被視為生命發展最高境界的主要原因。依據巴特思等人的主張（Baltes & Smith, 1990; Batles & Statudinger, 1993, 2000; Statudinger, 1999），個體如果要在正確的時機做出智慧的判斷，則個體最少需要具有以下幾種知識：事實性的知識（factual knowledge, 例如升學的管道有哪些、離婚對家庭、事業的影響會有哪些）、程序性知識（procedural knowledge, 例如選擇就業或升學的策略有哪些、維持婚姻或離婚的方法有哪些）、對生命脈絡的瞭解（life-span contextualism, 例如對就業、升學與生命發展間關係的瞭解）。

　　值得注意的是，上述這些和智慧有關的知識，似乎又和智力所含括的範圍極為相似，例如二者都包含有解決問題的能力，以及適應環境的能力（Sternberg, 1990）。因此，清楚的瞭解兩個概念之間的異同，將使我們對智慧的本質有更清楚的認識。雖然大多數的學者都同意智慧並不等同於智力，但是對於智慧與智力之間的異同及關係，不同的學者仍有不同的看法（例如，Alder, 2000b; Baltes, Staudinger, Maercker, & Smith, 1995; Clayton, 1982; Staudinger, Smith, & Baltes, 1992）。本節首先說明智慧的意義，再次說明智慧與智力的不同與關係。

☾★ 一、智慧的意義

　　哲學家對智慧的意義與內涵的探討由來已久。一般而言，哲學思維將智慧視為一個陰性的詞彙，並將智慧視為是一種天賦的特質與超越語言文字的一種真理，是總合人類各項特質的最高表現（Birren & Fisher, 1990）。近來，心理學家們嘗試蒐集一般民眾對智慧的看法以從中分析出智慧的內涵與相關因素，這也是一般所說的「隱性理論的研究途徑」。錢德勒和哈勒德（Chandler & Holliday, 1990）的研究以此研究取向，就發現智慧最少有以下五個成分：(1)能夠從平凡經驗中粹鍊出特殊的意義；(2)具有判斷與提出忠告的能力；(3)擁有一般的知能；(4)有靈敏的社交技巧；(5)能謹慎行事的行為能力。

　　為能有更多實證性的資料說明影響智慧發展的因素，心理學家們也採

取科學驗證的方式探討智慧的意義，即所謂的「顯性理論的研究途徑」。例如，巴特思和史密斯（Baltes & Smith, 1990）即將智慧視為是一種專家系統的知識，包括該如何規劃生涯的發展、如何回顧並定位自己過去的生活經驗等知識。史登柏格（Sternberg, 1990）則將智慧視為是一種後設認知的能力，有智慧的個體除了會知道自己所不知道的外，也會從已知的事實中尋求真理。亞林（Arlin, 1990）則認為智慧的表現與發現問題的能力息息相關。因此，智慧是一種反省與判斷的認知發展過程。以此觀點而言，智慧所需要的認知能力是察覺問題與發現問題的能力，而不是解決問題的能力，因為生命中有許多問題不僅沒有正確的解答，甚至是有許多的不確定性與相對性。

綜合哲學與心理學的觀點，可知智慧乃是人類心智能力的最高表現，也是一種專家系統的知識。其中與智慧有關的心智能力則包括有後設認知的能力、批判反省的能力、及發現問題的能力。但是，哲學思維和心理學研究對智慧的來源有不同的看法，以哲學的觀點而言智慧是一種天賦的能力，心理學則認為智慧是個體後天發展而來的一種認知能力。值得一提的是，在心理學的研究中，同樣採用顯性理論的研究，也會因研究切入角度的不同，對智慧產生不同的定義，例如巴特思和史密斯乃是以知識的型式做為界定智慧的主要規準，但是史登柏格和亞林則以認知能力的發展階段來界定智慧。此一事實顯示的意義有二，首先，智慧是一個相當複雜的概念。它可以是一種天賦的特質，也可以是後天發展而來的特質；此外，它可以是指個體所有的知識體系，也可以是指個體的認知能力。其次，是單一的研究角度無法完整的掌握智慧的內涵，因此，任何人如欲瞭解智慧的發展與高齡者學習的關係，則必需要能掌握不同的研究觀點所探討的範圍，例如心理學上的隱性研究與顯性研究取向，如此才能將各個學者的研究結果正確的應用於實務教學的工作中。

☾ 二、智慧與智力

在諸多探討智慧與智力異同情形的研究中，阿德特（Aldert, 2000b）的

研究可說是區隔智慧與智力最為完整的一個研究。阿德特認為「知識」的不同面向其實是區分智慧與智力的最佳途逕，因此在該研究中即從知識的六個面向來說明智慧與智力的不同與關係，茲將這六個面向描述如下：

㈠知識的目的

尋求真理是智慧與智力所共有的目的。然而一樣是尋求真理，以智力而言，所代表的意義是要能快速累積新的知識，或是發現新的知識，因此可視為是一種量的取向；然而就智慧而言，即意謂著能否真正的理解每一種知識背後所隱含的意義，或是能否從已有的知識中重新發現新的意義，因此也可視為是一種質的取向（Ardelt, 2000b; Assmann, 1994; Holliday & Chandler, 1986）。舉例而言，學會使用網際網路之技能，並能隨時獲取最新的網路技術，可視為是個體智力發展之目的；相較而言，能理解網路科技之發達對個體生命發展所帶來的影響，及其背後所隱涵之意義。換言之，瞭解在事件表現背後的深層意義才是個體發展智慧之目的。

此外，個體發展智力的目的，通常也是為了達成個體所欲完成之外在目標，例如完成學位、獲取另一份高薪的工作（Strijbos, 1995）；相對於此，個體發展智慧之目的，則是為了瞭解個人內在生命之意義。換言之，智慧的發展並不是為了滿足物質世界上的各種欲望，反之，乃是為了追求永恒不變的真理（Robinson, 1990; Strijbos, 1995）。

㈡知識的主客觀性質

一般來說，與智力有關的知識，通常是以科學的研究方法所獲得的客觀知識，例如天文、物理、化學等科學性的知識；但是與智慧有關的知識則是以個體的主觀經驗所獲得的知識，例如探索生從何來、死往何去的哲學知識，或人之所以為人之知識論的知識等（Ardelt, 2000b）。如以皮亞傑（J. Piaget）的認知發階段論來看此分類方式，則個體之智力發展到最高認知層次時，即是皮亞傑所說的形式運思期（formal operational stage）；至於智慧發展的最高層次則是所謂的後形式運思期（post-formal operational stage），

因為有智慧的人往往是對生命現象具有反省與辯證思考能力的人（Sternberg, 2003）。

賴歐夫－維夫（1990）也有類似的區分方式，只是她是採用理則（logos）與神話（mythos）這兩個概念來區分智力與智慧的知識取向。所謂的理則，意謂一種外在的、客觀的、具有邏輯形式過程的工具性知識，主要是用來指引人類理解生活世界中的各項法則，此一類型的知識即是屬於智力的知識。所謂的神話，所代表的是一種內在的、主觀的、具有流動性的知識，此一類型的知識即是屬於智慧的知識，其所強調的是以全面性的視野來看待個體所經歷之生命經驗，並因此粹取出真理的結晶。綜而言之，客觀性與主觀性可說是區分智力與智慧之知識取向上的最主要界線，而此一區分方式也意謂著，智力的知識可以是一種是放諸四海皆準的科學性知識，但是智慧的知識則是一種會因個體所處的社會文化脈絡之不同而有不同的知識系統。

㈢知識應用的範圍

智力的知識不僅會因政治和歷史的變動而有所改變，例如在中古世紀時，貴族階級優於平民階級，或是男人優於女人等知識，乃是一個被當時社會所接受的知識，同時也會因科技之發達而有所更替，例如在哥白尼提出地球是圓體這樣的概念之前，科學家也都普遍相信地球是一個方型的概念（Assmann, 1994）。事實上，在科技日新月異的現代社會，科學性知識快速更替的現象更是常見（Moody, 1986），例如在奈米材料的問世，已使醫學家發現在原有的微米技術時代所不能完成的醫療技術已成為可能。相較於智力的知識會因歷史、政治、或科學技術的更迭而有不同的知識，智慧的知識則較不受到上述這些勢力的影響，因為智慧的知識乃是針對人類生命中所共有的問題，例如，回答生命之所以存在的意義、如何超越生命之障礙、社會之正義等問題來提供解答（Ardelt, 2000b; Levenson & Crumpler, 1996）。

綜而言之，特殊性與普遍性亦是區分智力與智慧之知識範圍的一個重

要指標，因為與智力有關的知識，會因此屬性而區分出各種類別，例如物理學、生物學、文學、史學等；然而與智慧有關的知識不僅不會因屬性的不同而不同的分類，相反的，智慧的知識常常是貫穿生命中之各個面向，包括個人的家庭、工作、及人際關係（Labouvie-Vief, 1990; Strijbos, 1995）。

㈣知識獲得的途逕

個體能否獲取與智力有關的知識，和個體認知能力之高低，尤其是所謂的流質智力（fluid intelligence）有密切的關係。由於個體的流質智力會隨著年齡的增加而出現衰退的現象，所以，年輕人往往比高齡者容易獲取智力有關的知識（Baltes, 1993; Baltes & Studinger, 1993; Gelndenning, 1995）。但是認知能力的高低卻不能說明個體能否獲取與智慧有關的知識，因為，個體如欲獲得與智慧有關的知識，在認知能力之外，還需加上自我反省的能力（Blanchard-Fields & Norris, 1995; Baltes & Smiths, 1990）。而個體能否發展出自我反省的能力，則和個體能否以開放的態度來面對各種知識、生命議題、及內外在的生命經驗有關（Achenbaum & Orwoll, 1991; Csikszentmihalyi & Rathunde, 1990）。

誠如之前在知識的目的裡曾經提到的，智力的目的乃在快速的獲取知識，而智慧的目的則是要能瞭解知識背後所隱涵的精華，因此，與智力有關的知識往往也可以經由直接教導的方式來取得，包括：讀書、聽演講、或是各種學習情境的參與。相形之下，與智慧有關的知識就無法經由直接教導的方式來取得，因為智慧的知識在取得的過程需要個體對其自身的經驗進行自我的覺察與反省（Assmann, 1994; Hanna & Ottens, 1995），因此，個體是否擁有豐富的生活經驗，則成了個體能否獲得智慧的一個重要前提。此一原因正足以說明，高齡者因為擁有比年輕人更多的生活經驗，所以高齡者往往也比年輕人更有智慧。綜而言之，認知能力都會影響個體所獲取的智力與智慧的知識，但是認知能力並不足以保證個體對智慧知識的獲取，因為唯有加上反省辯證的能力，方足以使個體自其生活經驗中開展其智慧的知識。

(五)對個體的影響

智慧與智力對個體的影響也有所不同，首先是對知識的態度，反省思考的能力使有智慧的人明白知識之內涵相當的多元，以至於沒有人可以掌握所有知識的全貌。因此，智慧的發展往往會使個體去自我中心化，並以更謙卑的態度來看待自身所擁有知識的有限。也因為智慧使人明白人類對知識掌握的有限。因此，有智慧的人對於既有的事實、社會價值、知識及資訊，會以「暫時為真」的態度來面對，因為他們知道目前所存有的這些知識，都只是部分為真，在此同時則也還有更多的真理極待發現與追尋（Meacham, 1990; Sternberg, 1990）。相形之下，與智力有關的知識因為具有所謂的邏輯性與客觀性，因此往往使個體相信其所掌握的知識，不僅是一個客觀存在的知識，也是一種接近全貌的知識。換言之，只要是經由科學的邏輯所產出的知識，即是一種永遠為真的知識。也因為，個體相信其掌握的知識是一個客觀存在的知識，因此智力的發展將使個體更加的自我中心化（Csikszentmihalyi & Rathunde, 1990; Kunzmann & Baltes, 2003）。

其次，在與他人的互動關係上，一個有智慧的人除了會尋求自己生命價值之最佳化，往往也會因其自我反省的能力，以及去自我中心的價值觀，而能從自身的利益、他人的利益、以及情境中的各種因素中取得一個最大多數人的最大利益平衡點，也就是一種利他主義式的生活價值。相形之下，智力的發展會使個體汲汲於滿足個人之利益與特定的目標，換言之，乃是一種利己主義式的生活價值（Clayton, 1982; Sternberg, 1990）。

最後，則是面對失敗的態度。一個有智慧的人在面臨生命中的困境時，會嘗試以反省與辯證的思考方式來尋找解決的途徑，也由於有智慧的人明白所有知識的有限性與真實世界的不確定性，因此，對於所遭遇的難題不僅具有較強的適應性，往往也對生命中模稜兩可的事件或阻礙的事件有更多的寬容性，進而開展出更高層次的智慧（Achenbaum & Orwoll, 1991; Orwoll & Achenbaum, 1993）。同樣是面對生命中的困境，個體如果僅有智力的相關知識，而無智慧的相關知識，不僅無法自生命中的這些難題學會

新的生命價值，反而會出現生氣、沮喪與頹廢等負面的情緒（Ardelt, 2000b; Sternberg, 1990）。

㈥與年齡的關係

　　大體而言，智力與智慧都會隨著年齡的增加而呈現持續進步的狀態。但是認知科學家們已經發現個體的智力，最終會因為年齡的增加而呈現衰退的現象。至於智慧與年齡的關係，目前雖未肯定的發現年齡與智慧之間有正向的關係存在，但大多數的學者們都同意年齡的增加不僅不會導致智慧的衰退，甚而有持續發展的可能（Baltes, 1993; Kramer, 1990; Dixon, 2003）。

　　年齡的增加之所以會使高齡者的智力出現衰退的現象，學者們普遍認為最可能的原因是運作記憶資源（working memory resource）會隨著年齡的增加而日益減少，此一現象正足以解釋高齡者為什麼不容易學習或記憶新的事物（Smith, 1996; Stine & Wingfield, 1990）。即使有研究發現高齡者的晶質智力（Crystallized intelligence）並未呈現衰退的現象（Cattell, 1971; Baltes, et al., 1995），但是因為與智力有關的知識，往往受因政治、歷史、或科技的更迭而有所變化，因此，高齡者若不能充分掌握這些知識更換的情形，則其晶質智力的表現最終仍會隨著年齡的增長而呈現衰退的現象（Ardelt, 2000b; Moody, 1986）。

　　至於年齡的增加並不必然導致智慧的衰退，主要的原因是個體對生活經驗的自我反省與覺察，往往是個體獲得智慧的最佳途徑，而年齡的增加必然使個體累積更多的生活經驗。然而，豐富的生活經驗尚不足以保證個體智慧的開展，唯有能以反省思考與辯證對話的方式，重新檢視自己生活經驗的人，才能發展出真正的智慧。事實上，這也足以解釋為什麼不是所有的高齡者都是有智慧的人，但是有智慧的人當中，必然有相當比率的人是高齡者之現象（Baltes, 1993; Blanchard-Fields & Norris, 1995）。

　　綜合以上六個面向之討論，可以發現智慧與智力之共通目的都是要追尋真理，但是二者之間不論是知識的目的、取向、範圍、取得方式、及其對個體之影響都有所不同。此外，從年齡與二者間的關係來看，更可以發

現存在於二者之間的諸多差異，乃因高齡者的智力表現呈現日益衰退的結果，但智慧卻可能日益增長而有更明顯的不同。此一現象，反應在個體生活滿意度上的研究，則發現智慧對高齡者生活滿意度的影響高於對年輕人的影響（Ardelt, 2000a; Hartman, 2000）。然而誠如前述，豐富的生活經驗尚不足以構成高齡者開展智慧的必要條件，因此如何使高齡者自其豐富的生活經驗中開展出更豐富的智慧，進而提升其生活滿意度，應是高齡教育工作之重要目的之一。

第二節 智慧的內涵與理論

近幾十年來，心理學家逐漸發現對智力的研究，不論是其內涵或是相關的理論，都只能說明人們在學術成就上的表現情形，卻無法解釋人們處理社會及人生相關問題的能力。因此，有許多原本致力於智力研究的學者們，即開始有系統的探討智慧的組成要素，並建構能描述與解釋智慧的理論。整體而言，心理學界對智慧的研究可以大分為兩種方式：第一種方式是大量蒐集人們對智慧的看法，並從中分析出智慧的內在成分及影響智慧的因素，此一取向一般稱之為「隱性理論的研究取向（implicit-theoretical approach）」。值得注意的是，此種研究取向多是採取相關分析或迴歸分析的統計方式，來找出一般民眾或專業人士對智慧的內在成分及影響智慧發展的相關因素。因此，研究者往往無法就其所獲致的研究結果，清楚的說明各個可能因素間的因果關係。有鑑於此，也有些學者以實徵研究的方式有系統的探討影響智慧發展的各項因素，並以此研究結果發展一套足以解釋智慧內涵及發展的理論或模式，此種取向的研究途徑即稱之為「顯性理論的研究取向（explicit-theoretical approach）」，由於此一研究取向也強調個體發展過程中不同面向對智慧的影響情形，因此也有學者稱此取向為「發展心理學的研究途徑（development psychology approach）」（Sternberg, 1998; 2000）。

至目前為止，能就智慧的內涵及其影響因素間的關係，提出完整的理

論體系之研究，都是採取顯性理論的研究取向。其中，又以巴特思（P. B. Baltes）為首所發展出來的柏林智慧模式（Berlin Wisdom Model），以及史登柏格（R. J. Sternberg）的平衡理論（Balance Theory of Wisdom）最具代表性（Sternberg, 2001）。本節先就兩個理論之重要內涵進行探討，關於影響智慧發展的相關因素，則留至第三節時一同說明。

☪ 一、巴特思等人的柏林智慧模式

P. B. Baltes

以巴特思為首的柏林智慧模式，可說是心理學界中最早以實徵研究的方式研究智慧的學派（Sternberg, 2001），當前心理學上對智慧的瞭解與認識也多來自此一研究學派的成果。以巴特思為首針對智慧的有關研究之所以被稱為「柏林智慧學派」，主要原因是此一學派的成員多是德國國家學術研究機構（即一般人所熟知的 Max Planck Institute）中的學者，其研究成員除了巴特思外，較為人熟知的還有史密思（J. Smith）、卡瑞帕（R. T. Kramper）、昆茲曼（U. Kunzmann）、以及斯杜汀格（U. M. Staudinger）等人，隨著其研究成果的日漸豐碩，巴特思等人在該研究機構的人力發展部門下，發展出一個以終生發展為主要研究興趣的團隊，他們自稱為「生命全期心理學團隊（Team of Lifelong Span Psychology）」。

柏林智慧模式的理論架構主要受到卡提爾（R. B. Cattell）的流質智力與晶質智力說的影響（Kunamann & Baltes, 2003），巴特思和史密思（Batles & Smith, 1990）並依此架構將人類的心智能力分成兩部分，分別是認知機轉（cognitive mechanics）與認知實用（cognitive pragmatics）。前者即類似卡特爾和洪恩所說的流質智力，因此會隨著年齡的增加而呈現衰退的現象；後者則相當於晶質智力的部分，因此年齡的增加會使其呈現不降反昇的現象，這部分的智力相當程度也等同於柏林智慧模式所謂的「智慧」。昆茲曼和巴特思（Kunzmann & Baltes, 2003）認為柏林智慧模式所定義的智

慧有以下五大特色：

㈠智慧是指對生命事件做正確的判斷

首先，柏林智慧學派主張，智慧乃是幫助個體對生命事件做出正確判斷的一種知識或能力。為能對生命事件做出正確的判斷，個體往往需自不同的生命經驗中粹取各種類型的知識，因此種知識的內涵不論是深度與廣度都相當的豐富。也正因為如此，柏林智慧學派的學者認為，只有極少數的人擁有這樣的知識。

㈡智慧也可以是指和生命事件有關的知識

此外，柏林智慧學派認為他們所研究的智慧，並不單單侷限於瞭解「有智慧的人」具有哪些特徵，同時他們也想瞭解那些被稱為是有智慧的知識，例如聖經。換言之，柏林智慧學派主張，智慧並不必然是個體身上所具有的特質，有些經過時間粹煉後仍能存留下來的知識，也是他們所研究的範圍。

㈢與智慧有關的知識乃是朝向生命共同的利益

柏林智慧學派主張，與智慧有關的知識，會使個體超越自身利益的追求，而將社會整體共同的利益視為其人生終極的目標。以此觀點為基礎，可以衍生出分屬兩種層次下的五個判斷智慧的準則（如表 7-2-1）。

值得一提的是，表 7-2-1 中的這五個判斷智慧的準則，也是柏林智慧學派用來分析受試者所擁有的智慧程度的重要依據。巴特思和史密思（Baltes & Smith, 1990）的研究，就以幾個假設性但沒有正確答案的人生問題，例如「十四歲的莉莎意外的發現自己懷了男友的孩子，莉莎仍然想完成自己的學業，她不知道是否該生下這個孩子」，請讀者以長輩的立場寫下給莉莎的建議。之後，巴特思和史密思就根據上述的五個準則就讀者所寫下的內容，以七個評分等級進行評分，並以此描繪出不同讀者所擁有的智慧的知識的差異情形。

表 7-2-1　柏林學派判斷智慧的五項準則

準則	評估的問題
基本的準則	
事實性的知識	個體對生命根本問題有關的知識是否足夠？所擁有的知識深度及範圍是否足以回答該範疇所可能面臨的爭議？
程序性的知識	個體是否有足夠的知識足以形成解決問題的策略？策略是否完整的包含決策判斷的知識、目標的形式、以及行動的步驟？
後設層次的準則	
生命全期的情境論	個體所形成的策略是否週詳的考量過整個事件的前因、現況與可能的後果？
價值相對論	個體是否瞭解所有的價值都會因時空條件的轉換而有不同的論述？個體所涵括的價值是否包含有多元的價值論述？
不確定性	個體做決策的過程中，是否明生命中有許多不確定的因素是當下所無法掌握的？

資料來源：Kunzman and Baltes, 2003: 334

㈣與智慧有關的知識其本質上不同於傳統的智力

　　柏林智慧學派認為，智慧才能有效的解決個體所遭遇的兩難的問題或困境時。因為個人在生命中所遭遇的困難，往往沒有完全正確或固定不變的解決途徑，通常也不是一般傳統智力理論中所論述的能力所能解決的。因為，一般傳統智力理論所描述的能力，通常只適用於解決具有固定方式或有固定答案的問題。因此，用來解決生命事件的知識，在本質上必然不同於傳統智力理論中所描述的知識內涵。

　　整體而言，柏林智慧學派乃是以生命事件中專家知識系統的觀點為主軸來界定智慧的內涵。智慧被視為是能對生命重要事件做出正確判斷，達成個人生命最終目標的能力。然而，無庸置疑的是，擁有智慧相關的知識並不表示個體會有智慧的行動。因此，自 1990 年代後期開始巴特思和其同事（Bltaes, Gluck, & Kunzmann, 2002）即致力於探討促使個體將智慧的知

識轉化為實際行動的相關因素。

㈤情緒是使智慧轉化成行動的重要基礎

　　直覺上，智慧與情緒是兩個相對立的概念。有趣的是，當個體面臨生命困境或必需做出某些重要決定時，必然會有伴隨而來的情緒感受。因此，個體是否瞭解自身的情緒，以及能否針對這些情緒反應做出正確的回應，往往是影響個體是否做出正確決定的重要關鍵。有鑑於此，巴特思和斯杜汀格（Baltes & Staudinger, 2000）即主張生命問題中的三個面向，分別是智力、情緒、及社會，乃是智慧的核心。此外，巴特思和斯杜汀格綜合傳統哲學對智慧的論述，進一步以心理學的方式重新詮釋智慧相關的知識和成功的關係，如圖 7-2-1。在這個模式中，智慧和成功是一體的兩面，成功即是取得個人、群體及社會的滿足。因此，當個體遇到困難或衝突時，即必然需要將智慧相關的知識轉化為行動，以達到成功的狀態。值得注意的是，個體在轉化的過程中採用哪一種情緒反應的機制，將是影響個體能否成功發展的重要因素。

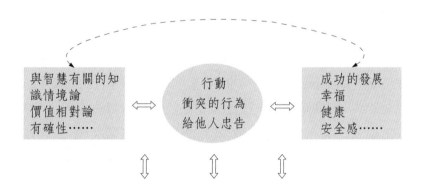

圖 7-2-1　智慧相關的知識及生命成功發展間的關係

資料來源：Kunzman and Baltes, 2003: 337

◐ 二、史登柏格的智慧平衡理論

史登柏格目前是耶魯大學心理系的教授，其對智慧的研究乃是受其三元智力論的影響。而其智慧平衡理論的提出，主要是發現不論隱性研究取向或是巴特思等人的智慧理論，都強調智慧是各種知識間的整合，或是認知系統與情意系統間的平衡。為能更完整的說明各種知識與系統間的整合與平衡的關係，史登柏格乃於 1998 年時提出「智慧平衡理論」。在此理論中有兩大核心概念，分別是隱性的知識（Tacit Knowledge）及平衡。以下即就史登柏格所描述的隱性知識和平衡這兩個觀念的內涵進行說明：

㈠隱性知識乃是智慧的核心知識

　　史登柏格認為「隱性的知識」最少包含三個重要的特徵：(1)是一種程序性的知識；(2)是一種實用性的知識，而且往往是和個體所欲達成的目標或價值有關的知識；(3)通常不是從別人身上可以直接學得或獲得的知識（Sternberg, 2001）。所謂的程序性的知識，乃是指隱性知識是一種「知道如何做的知識（knowing how）」，而不是「知道某種事物的知識（knowing that）」。例如，協同教學法、小組教學法及合作學習法都可以有效的幫助學生間彼此的學習，但是這些教學方法間的取捨並沒有絕對的對錯。對於一個教師而言，知道這些教學方法的優劣及適用的情境，只是一種知道教學法是什麼的知識，但是如何依照學生當時的學習狀態及認知發展階段設計出最適合於學生學習的知識，即是知道如何做的知識，也就是史登柏格所說的隱性的知識。

　　隱性知識之所以是一種實用性的知識，乃是因為人們可以藉此知識達成其生命中的目標或理想。僅有一般學科的知識或所謂的顯性知識，並不一定能使個體達成其生命中的理想。例如，一個歷史系的學生，可能很清

楚的知道印度國父，甘地，如何用所謂的「非暴力抵抗」的方式結束大英帝國的殖民統治，但是他尚需要運用他所擁的隱性知識才能有效的將這些明確的知識轉化進自己的生命脈絡，進而完成其生命的理想。因此，隱性的知識也是一種使個人將學科知識內化至自己生命情境上的知識。

　　此外，隱性知識雖然無法自他人身上直接習得，但不表示無法藉由他人的引導獲得此類的知識。例如，當一個教師在輔導一個實習教師時，他雖然很難清楚且完整的告訴這位實習教師，他是如何選擇及判斷哪一個教學法適用於什麼情境，但是他可以與實習教師將就試教過程中所遇到的困難進行討論，並分享他就這些困難所可能處理的方式。經由此一討論與經驗分享的過程，實習教師即有可能漸漸獲得他未來教學上所需要的隱性知識。

　　整體而言，隱性知識和學科知識並沒有太大的關聯，事實上，決大多數的隱性知識都需要個體從實做的經驗中獲取。此外，隱性知識往往具有情境的特殊性，適用於某一個情境的隱性知識不一定就適用於其他的情境。因此，唯有提供足夠的學習情境，並給予個體適當的引導，方能使個體擁有更豐富的隱性知識。

㈡智慧乃是各種知識興趣間的平衡

　　從隱性知識的描述可知，智慧也可視為是一種實用性的智力，但是重要的是，這種實用性的智能，並不單單只是個人或少數人利益的實現。事實上，智慧的完整定義應該是，個體運用其所擁有的隱性知識，平衡⑴個人自身的；⑵人際間的；⑶超越人際間的三種興趣，經由⑴短時間；⑵長時間後，達成⑴適應現存有的環境；⑵改造既有的環境；⑶創造新的環境等三者間的一種新平衡，即人類所共有的最大的善。圖 7-2-2 表達的即是上述這種智慧平衡的歷程。從圖 7-2-2 可知，智慧乃是取自於實用智力中的一種隱性知識，而這種隱性知識並不會以追求將個人最大化的利益為其目標，反而將人際間的最大化利益（例如社會或國家的需求），或超越人際間的最大化利益（例如基督徒與神之間的關係），視為其生命最終的目

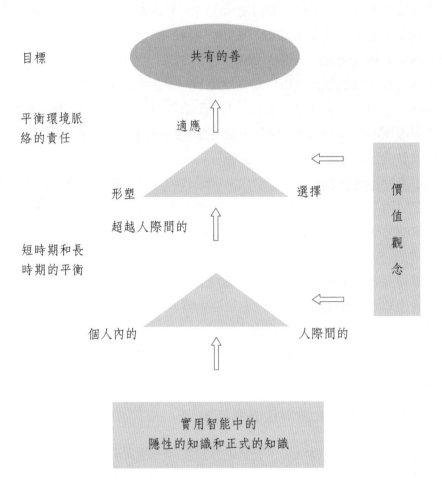

目標 　　　　　　　　　共有的善

平衡環境脈
絡的責任 　　　適應

　　　　　形塑　　　　　　　　選擇

　　　　　超越人際間的　　　　　　　　　　價

短時期和長　　　　　　　　　　　　　　　值
時期的平衡　　　　　　　　　　　　　　　觀

　　　　　個人內的　　　　　　人際間的　念

　　　　　實用智能中的
　　　　隱性的知識和正式的知識

圖 7-2-2

資料來源：Sternberg, 2001: 231

標。

　　因此，同樣是應用個人所擁有的實用智能，其結果不僅可能只帶給其
自身極大的利益，同時也可能因此而傷害別人，例如一個擅長程式設計的
電腦工程師，可能利用其程式設計的長才，經由網路來盜取其他存戶的存
款。但是一個有智慧的人，則會瞭解社會利益的最大化才值得應用他所擁

有的實用智能來追求與實現。

此外，智慧真正的內涵也不僅止於平衡個人內、人際間、與超越人際間的利益，在史登柏格的平衡理論中，真正的智慧還包括可以平衡「環境的適應」、「環境的改造」、以及「環境的創新」。生命中有些問題或壓力發生時，尋找新的方法或生命態以適應當下的環境，往往不失為是一個有效解決問題的方式。然而，生命中仍有許多的問題不是單純的適應環境即可以解決的，例如婚姻生活漸漸失味，此時就需要夫妻雙方共同尋找答案，以突破當前的僵局。若是改變環境仍無法有效的解決問題，則離開原有的環境並尋找或創造新的環境，即可能成為必要的解決途徑。至於個體該如何判斷是要「適應」、「改造」或是「創造」新的環境，史登柏格認為是受到價值觀念的影響。至於價值觀念的內涵為何，史登柏格則認為大體上不出大多數社會都同意的美善的價值，例如公平、正義、誠實等。

綜合隱性知識和平衡兩個主要觀點，史登柏格進一步指出，智慧是由幾個後設部件（metacomponents）所串連成的一個思考歷程，包括：(1)發現現存的問題；(2)界定問題的本質；(3)尋求與問題有關的資訊；(4)形成解決問題的策略；(5)將可運用的資源有效的運用在所需解決的問題上面；(6)監控問題解決的成效；(7)評量問題解決的成效，並適時的回饋與修正。值得一提的是，史登柏格認為上述的這些部分，並不需要完全依以上順序呈現，事實上，一個有智慧的個體往往也可以從其隱性知識中知道，當時所處的情境所適用的部件為何。

第三節 影響智慧發展的重要因素

高齡者發展智慧的可能性與必要性，首先要回答一個問題，即智慧是可以學習或發展的嗎？不論是柏林智慧學派或智慧平衡理論，對此問題所持的觀點都是肯定的，即智慧是可以學習的。正因為智慧可以學習，史登柏格（2001）更是大力鼓吹學校教育在教導一般學科知識的同時，也應該致力於開展學生的智慧。也正因為智慧可以學習，巴特思等人所發展出來

的柏林智慧模式，曾就影響智慧發展的因素進行一系列的實徵性研究，本節首先就這些相關的因素進行論述，之後，並就隱性理論研究取向曾經歸納出的可能影響因素，但並未被柏林智慧學派進行分析的其他因素進行說明。整體而言，柏林智慧學派之所以致力於探討影響智慧發展的因素，旨在提供足夠的實徵性資料，以支持他們所建構的智慧模式。因此，以下即就該學派的學者曾進行的研究為主軸，一一說明影響智慧發展的各個因素：

☾★ 一、年齡

不僅社會一般社會大眾認同年齡乃是智慧的象徵，心理學中許多智力發展的理論，也將智慧的發展視同於晶質智力的發展。有趣的是，並不是所有的年長者都擁有智慧，同樣的，年長者擁有智慧的比率也未必真的高於其他年齡族群的人。為能更清楚的回答年齡是否是影響智慧發展的因素，巴特思等人（Smith & Baltes, 1990; Staudinger, 1999）即比較 533 個（其年齡分布自二十歲至八十九歲）成人，其運作記憶及智慧測驗上的成績。由圖 7-3-1 的左邊，即是不同年齡成人的運作記憶表現情形，從其分布的情形可以清楚的看出隨著年齡的增加，運作記憶的表現即呈現衰退的現象。圖 7-3-1 的右邊，則是不同年齡成人在智慧測驗上的成績。明顯的，年齡的增長並沒有導致智慧的增長。

上述的研究結果似乎顯示，年齡的因素尚不足以做為預測智慧發展的有效指標。然而，巴特思等人（1995）的研究指出，比較年輕人和高齡者在上述兩個研究中得分在前 20%的比率時，即會發現高齡者的比率明顯高於年輕人。此一結果所顯示的意義是，年齡的增加雖不必然導致智慧的增長，但年齡的因素仍是預測智慧表現的一個有效因素。

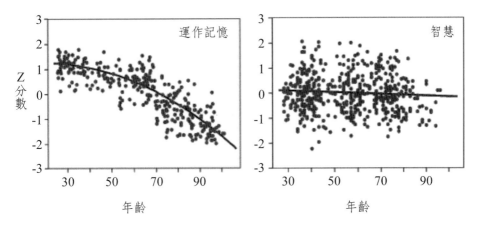

圖 7-3-1　不同年齡成人其運作記憶表現及智慧測驗的表現

資料來源：Baltes and Staudinger, 2000: 124

二、工作性質

在柏林智慧學派一系列的實徵研究中，也曾就個體所從事的工作與智慧發展的程度進行研究。在史密思、斯杜汀格、和巴特思（Smith, Staudinger, & Baltes, 1984）的研究中，針對臨床心理師與其他領域的專業人員進行比較，在控制受試者的教育程度後發現，臨床心理師在智慧測驗的表現上，的確優於其他領域專業人員的表現。對於這個研究發現，史密思等人認為可能和臨床心理師的人格特質或智力有關，因為會選擇成為臨床心理師的人，幾乎都具有相似的人格特質，其智力分數的表現往往也高於其他領域的專業人員。換言之，史密思等人認為臨床心理師之所以在智慧量表上的得分高於其他專業領域的人員，很可能不是工作因素的影響，而是工作因素背後的人格特質或智力表現的影響。

為進一步澄清上述的疑義，史密思等人（Smith, Staudinger, & Baltes, 1984）將所有受試者在智力與人格量表（Measurement of intelligence and personality）上的得分與智慧量表上的得分，以階層迴歸分析的方式進行處理，結果發現在工作變項對受試者智慧量表上的得分具有顯著的預測力。

對此結果，史密思等人認為合理的解釋是，臨床心理師的工作常常需要協助個案解決生命中的困境，所以，臨床心理師比其他專業領域的人員更需要與智慧相關的知識，也因此使得臨床心理師在智慧量表上的得分明顯高於其他專業領域的人員。

☪三、互動與合作的心智

柏林智慧學派的另一個重要主張，即是強調與智慧有關的知識，往往無法單從個體有限的經驗中獲得，反之，真正的智慧往往是經由個體與他人心智的互動與合作而來。為能檢驗上述的論點，斯杜汀格和巴特思（Staudinger, & Baltes, 1996）以 244 個年齡介於二十歲至七十歲間的受試者為對象，請這些受試者隨機參與 5 個程度不同、但是與心智互動有關的實驗。在實驗進行的過程中，所有的受試者都需要回答數個假設性，且沒有固定答案的問題。之後，斯杜汀格和巴特思再以柏林智慧學派所發展的五個評量智慧的準則來評量受試者的表現。結果發現，當受試者所參與的施測情境是屬於高度合作氣氛時，則不論其心智互動的方式是虛擬或真實的，其在智慧量表上的表現情形都明顯高於其他組別的受試者。此外，當進一步比較在高度合作氣氛下，虛擬或真實的互動方式是否會對不同年齡組受試者的智慧量表的得分產生影響時，在真實互動的狀態下，高齡者的得分明顯高於年輕人。此一結果顯示，除了顯示真實互動的方式有利於高齡者獲得較高的智慧量表得分外，另一個重要的意義則是發現年齡的增加是否會帶來智慧的增長，事實上是受到高齡者是否有足夠的機會與他人對話及互動的影響。

☪四、智力、認知型態與人格

和史登柏格的智慧平衡理論一樣，柏林智慧學派也強調智慧的獲得有賴於各認知系統與人格特質間的整合，尤其是智力、認知型態與人格屬性等三個因素間的平衡（Baltes & Staudinger, 2000）。為能提出實徵性的研究資料支持上述的論點，斯杜汀格、洛皮茲、和巴特思（Staudinger, Lopez, &

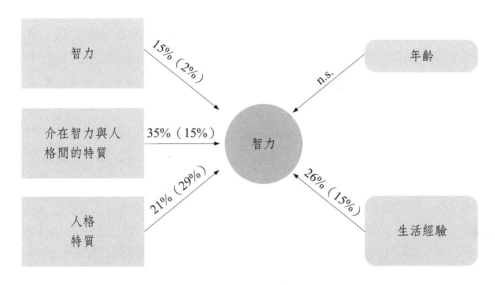

圖 7-3-2　心理測驗量表中的五個指標對受試者智慧量表分數的預測情形
資料來源：Baltes & Staudinger, 2000: 127

Baltes, 1997）即利用一個同時包含有智力、認知型態、與人格特質等 33 項指標的心理測量工具，分析參與該研究的 256 個受試者在智慧量表上的得分與該份心理測驗工具得分間的關係。研究結果發現，有 40%的受試者其智慧量表上的得分和其智力與人格的分數有顯著的相關。此外，該研究也發現，所有受試者在該份心理測驗量表上的得分，也能有效的預測讀者在智慧量表上的得分。換言之，該研究顯示智力、認知型態、與人格屬性的確是影響個體智慧發展的重要因素。圖 7-3-2 即是該研究中各個預測指標對讀者智慧分數的預測情形。

☪ 五、隱性理論研究取向的因素

　　許多持隱性理論取向的研究，除了會以問卷的方式蒐集一般社會大眾或專業人士對智慧的定義外，也會用問卷的方式調查智慧與人格屬性或背景變項間的關係。例如，波爾馬特和歐渥（Perlmutter & Orwoll, 1990）即蒐

集年齡界於二十歲至九十歲的成人，對於教育程度、性別、及年齡等背景變項，能否有效的描述所謂有智慧的人的特徵的意見。該研究發現，有78%的受試者同意愈老的人即愈有智慧，另有68%的受試者同意教育程度愈高的人，就愈有智慧。有趣的是，僅有16%的受試者同意性別是影響智慧高低的因素之一。綜觀此一研究的結果，可知大多數的受試者同意年齡與教育程度是預測智慧發展的重要因素。其中，年齡的因素在柏林學派的實徵性研究已有相當程度的探討，但是教育程度則仍缺乏實徵性的資料足以佐證。同樣的，性別的因素是否即如該研究所發現的，並不是影響智慧發展的重要因素，仍需要更多的實徵性資料加以驗證。

第四節　高齡期智慧的發展與學習

　　阿德特（Ardelt, 2000a）認為不論是智力發展的情形或生活滿意度的觀點，智慧的發展與學習，應被視為是高齡者參與學習活動的最主要學習目的。因為，不論是從卡特爾和洪恩的流質智力與晶質智力的觀點，或是巴特思等人所主張的認知機轉與認知實用的觀點，都共同肯定一個事實，即高齡者仍具有發展智慧的能力。而阿德特（Ardelt, 2000b）的研究則發現，高齡者所擁有的與智慧有關的知識愈多時，對其生活狀態的滿意度就愈高。因此，高齡者能否經由學習活動的參與，促進智慧的發展，應是高齡者參與學習的主要目的。本節在此即嘗試提出四個高齡者在學習活動，可用來開展智慧的學習原則：

☪一、使高齡學習者瞭解智慧的開展在其晚年生活中所扮演的重要角色

　　史登柏格（Sternberg, 2001）認為在正式或非正式的學習情境下，高齡者不論是想獲得與智慧有關的知識，或是開展與智慧有關的認知能力，都要能清楚的知道智慧的開展在其晚年生活中的確扮演了相當重要的角色。史登柏格認為最少有兩種學習策略可以讓高齡者瞭解開展智慧對其晚年生

活的重要性：首先，是高齡學習者要瞭解僅擁有所謂的顯性知識，即一般學科的知識，尚不足以使其順利的完成生命晚期的發展任務；其次，則是高齡學習者要清楚的知道智慧的開展將是個體能否成功老化的重要因素。

☪ 二、在學習情境中與智者進行互動與經驗的分享

史登柏格（Sternberg, 1998）認為智慧雖然無法經由他人的直接教導而習得，但是學習者在學習情境中若能有機會與所謂的「智者」進行對話，則不僅有利於高齡者明白智者的特質，同時也可以從這些智者所採取的實際行動中，瞭解智者如何將其知識轉化成有智慧的行動。換言之，智者的呈現可以使高齡學習者在開展智慧的過程中，有一個明確可依循的典範。而所謂智者典範的學習，可用的學習策略，包括有閱讀相關的書籍，或是邀請有智慧的人來課堂分享其生命的經驗。藉由這些學習經驗，高齡者不僅有機會一窺智慧的樣貌，也有可能從中習得智慧的核心知識，即史登柏格所說的「隱性的知識」。

☪ 三、常在真實的情境中，與他人作心智互動

斯杜汀格和巴特思（Staudinger & Batles, 1996）的研究發現，同樣是針對生命中一些兩難問題，或假設性但沒有正確答案的問題進行判斷，如果在回答問題的過程中能和他人討論與互動，則高齡者在該問題的回答內容，往往能在智慧量表上得到到較高的評分。此一結果意謂在真實的社會情境中，與他人進行真實的心智互動，有助於促進高齡者智慧的開展。因此，在真實的學習情境中讓高齡學習者就自身所遭遇的問題，或就一些假設性的兩難問題，與他人進行思想的互動與經驗的交流，將是促進高齡者開智慧的有效途徑。

☪ 四、鼓勵高齡者將智慧相關的知識轉化為實際的行動

誠如巴特思和斯杜汀格（Batles & Staudinger, 2000）所言，個體所擁有的各種與智慧有關的知識，若不能轉化為實際的行動，則尚不足以稱之為

是一個真正的智者。因此，在學習情境中高齡者應儘量嘗試將智慧相關的知識轉化為智慧的行動。對此，史登柏格認為角色扮演的方式不失為一個有效的學習策略，因為，在角色扮演的過程中，高齡學習者往往可以真實的面對自己遭遇困境時的情緒，而以巴特思和斯杜汀格的觀點而言，個體能否適當的調節自己情緒反應的系統，將是個體能否成功的執行智慧行動的重要因素。

第八章

心理老化與學習

老化是個體必經的歷程，此一過程會使個體的生理與心理產生若干的變化，其中生理老化的現象通常有明顯可見的特徵，例如頭髮變白、皮膚的皺紋增加、及行動遲緩等；或是有可客觀測量的改變，例如新陳代謝的速度變慢、視力與聽力的逐漸衰退等。至於心理的老化，則是指個體逐漸變老的過程中，心理層面所發生的各種變化情形，以及伴隨而生的各種心理反應。以此定義而言，心理老化不僅沒有明顯可見的外在變化，心理改變的部分也不易被客觀測量出來。雖然如此，人們仍然能描述出若干與心理老化有關的現象，例如人們常說老年人是健忘的、對新事物不容易產生好奇、易怒的、嘮叨的、退縮的、依賴的、被動的，這些刻版印象即可視為是伴隨老化而來的心理特徵。這些特徵或許只是一般人對高齡者錯誤的刻板印象，也有可能是大多數高齡者都會產生的心理特徵。然而不論是前者或是後者，其所隱含的意涵是個體進入高齡期後，其認知功能、心理特質及其對環境變化的適應和應付能力都會有所改變。

目前，在高齡學（gerontology）研究領域中，心理老化所探討的議題，不外乎老化對個體認知能力、心智能力、人格傾向、發展任務、適應型態、心理健康等之影響情形（Hooyman & Kiyak, 2002）。其中認知能力的老化情形，本書第六章中已有完整的介紹，本章在此除即不再贅述。由於人格特質與發展的情形，對個體發展任務的完成與對環境適應的型態，往往占有重要的影響力。因此，本章第一節說明高齡期人格發展的情形，第二節探討壓力因素、調適與心理健康。至於心智能力的老化情形則屬心理健康的範圍，因此於第三節中說明老化與心理健康的關；最後，於第四節中就心理老化的各種現象，在高齡者參與學習的意義做為本章之總結。

第一節　高齡期人格的發展情形

個體自出生後，不論是內在的特質、情緒反應、及自我價值等人格，即不斷的與生活情境產生互動，並因此發展出個人的人格。由於高齡期的生活情境不同於過往，使得高齡期社會情境的轉變，對於高齡者人格特質

是否有影響，成為高齡學研究中一個重要的議題（Permulter & Hull, 1992）。

　　所謂的人格，就廣義而言是指存在於個體內的特質、動機、情緒、自我價值、因應策略等內涵（Ryff, Kwan, & Singer, 2001）。因此，吾人可以用某些特質來描述一個人的人格，例如易怒的、焦慮的、和善可親的；有時也會用動機的強弱來描述一個人的人格，例如積極的、進取的、退縮的、被動的。人格也可以是指存在於個體身心系統中的一種動力組織，乃是決定個體行為與思想特質的所在（Allport, 1961）。在高齡學的研究中，學者們除了對高齡者的人格特質感興趣，也對高齡者的人格自早成年期以來是否穩定不變，以及高齡期人格發展的情形與生活滿意度之關係等頗表關注。茲將上述三個議題分別略述如下：

☪一、高齡期人格的穩定與改變

　　高齡期的人格是有繼續性，或是會因新事件的產生與生活情境的不同，而有明顯的改變？對此議題，有些學者主張高齡期的人格發展呈現持續不斷的改變。例如紐加頓（Neugraten, 1977）以社會學的研究角度出發，主張個體的人格會受社會年齡時鐘（Social age clock）的影響而有所變化。同樣的，伊利克遜（E. Eirkson）從心理社會發展的角度，也主張個體在每一發展階段因情緒發展上的危機，將使得個體的人格繼續不斷的發展與成熟（Ryff et al., 2001）。榮格（C. Jung）從自我意識覺醒的觀點出發，也認為高齡者的人格呈現繼續不斷的改變（Wrightsman, 1994）。

　　有些學者則主張高齡期的人格發展和早成年期並沒太大的差別。例如，薩孟（Thoame, 1980）採用心理覺知的研究觀點，即發現多數人的人格特質從早成年期到高齡期並沒太大的改變。同樣的，吳德雷富（D. Woodruff）和柏倫（J. E. Birren）以縱貫研究的方式，比較同一群成年人在 1944 年與 1969 年所做的人格量表，發現這些成年人在兩次測驗的得分相當接近。此一結果顯示，成年期人格發展的情形乃是呈現一種相當穩定的狀態（黃富順，1989）。同樣的是採用縱貫研究的方式，最近，柯斯達和馬柯雷（Costa & McCrae, 1997）也採用縱貫研究的方式進行研究，並得到相似的結果。此

外，柯普瑞拉等人（Caprara, Caprara, & Steca, 2003）以橫斷研究的方式，針對柯斯達和馬柯雷研究中所評估的五大人格向度，神經質（neuroticism）、外向性（extraversion）、開放性（openness）、合群程度（agreeableness）、與責任感（conscientiousness）進行研究，也發現不同年齡的成人在這些人格向度上的表現情形並無差異。換言之，不論是橫斷研究或縱貫研究都發現，高齡者的人格向度與成年期的個體相似。

綜合以上各個學者的主張，可以發現不同學者對高齡期人格發展是穩定或是改變，有截然不同的看法。造成此一現象的原因有二：

1. 不同的研究，其研究對象的社經背景有相當的歧異，而且不同研究對人格的定義也有很大的差異（Neugraten, 1979）。

2. 許多研究發現，年齡並不是導致成年早期、中期與晚期之間人格不同的主要原因，代間差異才是主要的影響因素。這也是造成橫斷研究與縱貫研究獲致不同結果的原因（Schaie & Willis, 1986）。

既然不同研究獲致不同的結果，乃是所使用測量方式不同，或是概念界定不同所致。那麼究竟高齡期的人格發展是持續穩定或是有明顯改變的呢？對此議題，瑞夫等人（Ryff, et al., 2001）從發展階段論的觀點出發，對此議題提出了精闢的見解：(1)高齡者的人格在大的面向上有相當程度的穩定性，(2)不論男性或女性，年齡的增加會使其人格朝向中性化的發展，(3)在活動參與或生活步調上，則會隨著社會情境的變化產生輕微的變化。

二、人格特質理論與老化

所謂人格特質（traits），乃是用以區別個人的心理特色的綜合體。雖然，單一的人格特質不足以完整的描述個體的人格，往往也無法正確的預測個體的行為。但是仍然有心理學家們主張人格特質的測量是研究人格的首要工作。大體而言，研究人格特質的學者們，多是採標準化測驗的方式來測量人格特質。在高齡學的研究中，最常用來研究老化與人格特質的理論有二，分別是由柯斯達和馬柯雷所發展出來的五因子模式（Five Factors Model），以及卡提爾（R. B. Cattell）於1949年所發展出來的十六種人格

特質論（16 Personality Factor Theory）（Aldwin, Spiro, Levenson, &，Cupertino, 2001）。以下即就這兩個理論的內涵與相關研究略做說明：

㈠柯斯達和馬柯雷的五因子模式

柯斯達和馬柯雷所發展的五因子模式（Costa & McCrae, 1980; 1988;），乃是主張人格的類型可大分為五個向度，分別是神經質、外向性、開放性、合群性、與責任感。在每一個面向下，都有六個相關的人格特質（詳見表 8-1-1）。因此，在同一個面向上，所有特質的得分都會相似。以神經質的面向為例，在焦慮這項特質的得分高時，該讀者在敵意、沮喪、自憐、衝動、脆弱的得分也高。

㈡卡提爾的人格特質論

卡提爾的人格特質論，1949 年時乃是依其發展的十六種人格特質測驗（Sixteen Personality Factor Questionnaire, 16PF），將人格細分為 16 種特質。其後，在 1960 年代，卡提爾以因素分析的方式將上述測驗中的 16 項特徵歸成五類，即他所謂的五大因子（Five Big Factors）（Cattell, Eber, & Tatsuoka, 1970）。表 8-1-2 即是該模式所提出的五大因子與 16 項人格特質。

表 8-1-1　柯斯達和馬柯雷五因子模式所包含的人格特質

人格面向	人格特質
神經質	焦慮、敵意、沮喪、自憐、衝動、脆弱
外向性	溫暖、合群、自信、活力、喜好刺激、明確性
開放性	幻想、審美、樂於嘗試新事物、好奇、樂於接受新思想
合群性	信任別人、不猜忌、合作的、有同情心、有禮貌的、不過分固執
責任感	勤奮工作、有野心的、充滿活力、審慎的、不屈不撓的、有決心的

資料來源：自行整理

表 8-1-2　卡提爾的 16 項人格特質論

五大因子	人格特質
內向性／外向性	樂群性、聰慧性、穩定性
低焦慮／高焦慮	緊張性、憂慮性、敏感性
頑固性／接受性	世故性、實驗性、恃強性
獨立／順應	獨立性、幻想性、敢為性
低自控性／高自控性	自律性、懷疑性、有恒性、興奮性

資料來源：自行整理

㈢實際研究的結果

　　雖然大多數的學者同意，高齡期人格的發展基本上是呈現一種穩定的狀態。但高齡學者們更有興趣的是，是否有一些特質在進入高齡期後比較容易產生變化？以柯普瑞拉等人（Caprara, et al., 2003）的研究為例，他們以柯斯達和馬柯雷所發展的五因子模式為基礎，針對二十歲至八十歲的 1,066 個成年人（男性 521 人，女性 545 人）進行研究，發現高齡者在就神經質、開放性、與責任感等三個向度的得分，與其他年齡期的成年人並沒有顯著的差異，但是在外向性與合群程度這兩個面向的得分，則發現高齡者的分數低於其他年齡期的成年人。此一結果所顯示的意義是，高齡者的人格特質，在神經質、開放性、與責任感等三個面向是呈現相對穩定的結果，但是在外向性與合群的程度上則有降低的趨勢。

☾三、人格發展理論與老化

　　高齡學研究中另一種探討高齡期人格發展情形的觀點，是以發展階段論為基礎所衍生而來的人格發展理論，其中有三位學者的理論最具代表性，分別是艾里克遜的生命八階段論，利文森的生命四季論、以及古德的轉換論。三位學者的理論有一個共通的特色，即都強調生命不同時期的發展任務會導致不同的人格發展。由於本章所關注的核心是高齡期人格發展

的特色,在此僅就這三個理論對老年期人格發展特色進行說明。

㈠艾里克遜理論的自我統整對絕望

艾里克遜將個體人格的發展分為八個階段,每一個階段都有一個主要的情緒發展主題。此一主題的變化主要由個人內在的生物壓力與外在社會文化期望的互動而來。個體對於每一個階段的中心主題或情緒衝突,如能經由正向而健康的方式圓滿解決,將有助於下一個階段衝突的減少;反之,現階段所面臨的情緒衝突,如果是以悲觀而不健康的方式獲得解決,則無益於下一階段衝突的改善。

對於高齡者而言,此一時期的生命已進入生命的末期,此時除了要面臨生命即將結束的事實(生物壓力),也要面對隨之而來的種種問題,例如退休後生活的安排、喪偶的調適,也必須面對過去已無法改變,但未來無法預期的無奈(社會壓力)。因此,在這樣的狀況下,艾里克遜認為高齡者所面臨的情緒衝突是自我統整對絕望的心理危機。自我統整是指人格上的整合,也與社會角色的關連性、生活方式與身體健康密切相關。因此,高齡者在此一時期要能成功的統整過去的經驗,才能克服因衰老所帶來的絕望,並以一種新的心理社會力量來面對生活,以平衡個人生理、心理、社會所帶來的衝突及對峙。反之,如高齡者無法成功的整合過往的生命經驗,則會畏懼死亡,感嘆人生苦短,對生命感到絕望,惋惜來日無多,甚而出現絕望的心態,無法面對死亡的老年現象。

雖然有許多的實徵性研究曾經針對艾氏的人格理論進行驗證,這些研究也都支持艾氏理論的正確。但是這些研究的對象多半是以大學生或中年成人為主,柯斯達和馬柯雷在巴爾的摩所進行的縱貫性研究(Costa & McCrae, 1994),則是就艾氏的人格理論能否正確的描述高齡期人格發展進行檢驗的一個少見的研究。在這份研究中,他們發現高齡者的人格特質並沒有隨著年齡的增加而有所變化,但是在適應環境的人格面向上,則會隨著年齡的增加而有所改變。

㈡利文森的晚成年轉換期與晚成年期

利文森（D. J. Levinson）的理論中，最為核心的一個觀點即是個體的「生命結構（life structure）」。所謂的生命結構，乃是指在任何時間內個人生命蘊涵的型態或設計。而生命結構的形成，通常是由個體對生命事件的抉擇，以及當時進入的人際關係所交織而成。隨著生命全期不同階段的開展，個體的生命結構也有所改變與演化，這些階段即構成生命循環的四個不同時期，兒童期和青少年時期、早成年期、中年期與晚成年期，每個時期會與另一個時期有部分時間的重疊，即所謂的轉換期（Levinson, Darrow, & Levinson, 1978）。

根據利文森生命階段的分期，個體大約是在六十歲左右即進入晚成年期的轉換期。此時個體因為年老體衰且被社會劃分為上一代，因此，會因為擔心青春不再而開始感到焦慮與恐慌。經過五年的轉換期後，個體即開始進入晚成年期的生命階段。此時個體已逐漸理解無法在世界舞台上長居重要角色，並因此卸下工作角色的重擔，轉而重視個人內在心理智慧的提升。所以此一時期的個體，對生命終止意義的瞭解將有別於其他時期，對生命的不朽與終極的關懷也會有更深刻的認識（Permultter & Hall, 1985）。值得一提的是，利文森上述的理論主要是依據他於 1978 年時，針對 40 名中年男性進行晤談的資料發展而來。因此，利文森所提出的這些晚成期的說法，基本上是沒有實證性資料的支持。

㈢古德的轉換論

古德（R. L. Gould）主張成人人格的發展是一系列的轉換過程。他的發展觀念主要來自於他針對 524 個十六歲到六十歲的美國白人的橫斷研究而來，從問卷分析的資料中，他發現生命型態是以一種可以預期的轉換方式構成。在他的理論中，個體大約從五十歲開始即進入人格發展的最後一個階段，即他所稱的成熟期。此一時期的主要特徵是，對於各樣事物都有更加包容的心態，包括能接受過去的失敗，並以圓融的生命態度看待生命

週遭的事物。在此同時個體會重新懷疑其生命的意義,並重新發展不同的人際關係脈絡(Gould, 1980)。

雖然,古德對成熟期的主張有其實徵性資料的支持,但由於他的研究是以橫斷研究的方式進行,因此到底年齡是導致成熟老年與中年有不同人格發展的主因,或是所謂的代間差距才是主因,則是我們在應用古德的研究發現時,需要注意的地方。

綜觀上述三個人格發展的理論,發現不同的理論雖然對高齡期的人格發展有不同的說明,但三者都共同強調個體唯有能完全的接納過去的生命經驗,才能克服因衰老所帶來的絕望與焦慮。此外,三者也都強調智慧對高齡期人格發展的重要性,以艾里克遜的理論而言,就是對整個生命整體的融合感;以利文森的理論而言,就是個人內在心理智慧的提升;以古德的理論而言,就是圓融的生命態度。

第二節 高齡期壓力的因應、調適與心理健康

伴隨著老化而來的種種現象,個體如何調適與因應,及其與生活滿意度間的關係為何,是高齡學研究探討心理老化時相當重要的一個主題。本節首先說明形成高齡期壓力的成因,及高齡者會面臨的壓力事件;其次,說明高齡者對這些壓力的因應與調適方式,及其與高齡者生活滿意度間的關係。

☾ 一、壓力與成因

個體在老化的過程中面臨許多生活上的轉變,這些轉變有些是正向的,例如隨著子女長大就業,經濟壓力消失;也有些轉變是負向的,例如高齡者生理機能的日益退化,使其比中年人更擔心自己的健康。以下即分別說明形成高齡期壓力的原因,與高齡期所面臨的壓力。

(一)高齡期壓力的形成原因

壓力的形成可以來自許多不同的面向，例如工作、經濟、健康、與家庭等等。高齡期的壓力與早成年期很明顯的不同是，工作所帶來的壓力並不是高齡期壓力的主要成因。反之，身體老化所帶來的健康問題，及這些健康問題對生活上所造成的不便，才是高齡者主要的壓力來源（Cavanaugh & Blanchard-Fields, 2002）。

除健康方面的因素外，經濟因素往往也是造成高齡者生活壓力的一個重要因素。雖然高齡者在經濟壓力上，已不再需要擔負養育兒女或是奉養父母的責任。但此時期的個體多半已自職場退下，因此經濟上的主要來源，從工作報酬轉為退休金、養老金或是兒女的奉養。此一轉變對高齡者而言，往往意味著經濟獨立自主能力的喪失，因而產生程度不等的壓力。

除此之外，人際關係的重新建立往往也是高齡者生活上的另一種主要壓力來源。在未進入高齡期之前，工作上的朋友即是個體主要的社交人際網絡，與家庭成員相處的時間，常常不及與工作上的朋友來得多。因此，個體一旦自工作退休後，即需要重新調整與家庭成員互動的關係，此時若無法找到一個新的相處方式，即會帶給高齡者壓力。

(二)高齡期所面臨的壓力

高齡期所面臨的壓力，以其形成的面向來分，則包括有以下各項的壓力事件（Aldert, 2000）：

1. **健康方面的壓力**：因慢性病所帶來的壓力，或是行動不便所帶來的壓力。
2. **家庭方面的壓力**：退休生活中與配偶相處的關係、配偶的死亡
3. **經濟方面的壓力**：退休金的使用、消費型式的改變、養老金的領取等。
4. **工作方面的壓力**：達到退休工作的年齡、退休生活的安排等、工作角色的失落等。

5.**其他方面的壓力**：經濟行為電子化所帶來的壓力、自我概念的低落等。

☾* 二、因應與調適

高齡者如能適時的發展出對應各項壓力的價值信念，並在行為上有所調整，就能從這些壓力中重新取得生活上的平衡感，也就能滿足於現在的生活狀態。以下首先探討影響高齡者壓力因應的因素；其次說明高齡者因應壓力的模式；最後，說明因應壓力的模式與生活滿意度之間的關係。

㈠影響高齡者因應壓力的因素

面對壓力時，能否採用適當的因應方式來紓解壓力，往往是個體能否保持心理健康的重要因素。一般而言，影響高齡者因應壓力的模式可以大分為兩類：第一種是社會性的因素，通常是指高齡者在面對壓力時，其家人或是朋友是否能給予足夠的支持。第二種則是個人性的因素，包括個體心理功能健康的程度、個體如何評估該壓力來源、認知模式、自尊、價值信念等等（McLeod, 1996）。雖然社會性支持的有無，對個體因應壓力模式有相當重要的影響（Coyne & Cowney, 1991），但是個人性的因素往往又比社會性的因素，對高齡者因應壓力的模式有更大的影響力。因為，事件本身並不會決定壓力的大小，個體加諸於自身的要求，或是個體對事件評估的方向，才是決定壓力大小的主要因素。

㈡高齡者因應壓力方式的穩定或改變

高齡者對壓力因應的方式，是否有別於其他成年時期的個體？要回答這個問題，首先需要澄清兩個觀念，第一是每個人因應壓力的方式會因其人格特質的不同，而有相當大的差異（Aldwin et al., 2001; Papalia & Olds, 1992）；其次，則是因應壓力的方式最少包含認知上、情緒、與行為三個層面（Hooyman & Kiyak, 2002）。所以，在討論高齡者對壓力因應的模式是否不同於其他成年期的人時，並不是蘊含同一年齡層的人其壓力因應的方

式完全相同，也不是僅就認知、情緒或行為等任何單一面向進行討論。

　　整體而言，目前只有少數幾個研究曾針對高齡者壓力適應模式進行探討，而其研究結果也並未完全一致（Hooyman & Kiyak, 2002）。例如馬柯雷（McCrae, 1989）的研究發現，高齡者（五十歲到九十一歲）對於壓力因應的方式明顯不同於年輕者（二十四歲到四十九歲），高齡者對壓力因應的策略明顯較早成年期的個體成熟，高齡者不僅不會有情緒傾向的防衛機制，也比較會針對問題進行解決，比較願意尋求家人、朋友、專家的協助與建議。但是在薩孟的研究（Thomae, 1992）中則發現，高齡者因應壓力的策略並未因年齡的增加有所改變。在薩孟的縱貫性研究，指出唯一會影響個體壓力因應策略的因素是個體的人格特質。至於柯歐尼格等人的研究（Koenig, George, & Siegler, 1988）則發現，高齡者在面對壓力時，比其他成年期的人更偏好尋求宗教信仰上的慰藉。不過，像保持忙碌以淡忘壓力，或是對壓力採視而不見的方式，則是高齡期個體與一般成年期個體都偏好的因應方式。

㈢高齡期的生活滿意度

　　綜合以上對壓力與因應方式的探討，可知人格特質是影響高齡期能否因應各種壓力事件的重要因素。近來，有許多研究高齡期人格發展的學者們（Aldwin & Levenson, 1994; Jonse & Meredith, 1996; Mroczek & Spiro, 1999; Roberts & Delvecchio, 2000），除了致力於探討影響高齡期人格發展的因素外，也開始關注高齡者的人格特質與生活滿意度的關係。

　　以艾德溫等人（Aldwin, 2001）的研究，發現在十六種人格特質測驗（16 PF）中，在焦慮感的得分較低，且在外向性得分高的高齡者對其生活的滿意度，明顯的高於其他高焦慮感且人格特質偏內向性的高齡者。整體而言，該研究發現，焦慮感、內外向性與自控性的高低，對個體的生活滿意度會有影響；但是獨立與順應，以及頑固與接受兩向度的得分，對生活滿意度沒有影響。

第三節　心理健康與成功老化

所謂的心理健康（Mental Health），是指個人在思想、感受和行為上，都能適當地協調，能接納自己，與人相處，又能適應社會。只是高齡者在經驗生理自然改變，又遭遇退休、配偶及親友的去世、兒女的遠離及沒有收入等問題時，極容易因為精神上支持與生活的支柱頓失喪失，而深感缺乏安全、恐懼被遺棄及無力感，這些情緒的糾結即會形成高齡者心理上的危機或壓力。誠如艾里克遜的理論所言，每一個生命時期必然都會有一個情緒衝突的主題存在。本節所討論的重點即是，高齡者如果不能成功的化解上述各種情緒的衝突，即會產生哪些心理上的疾病，心理健康與成功老化間的關係。其中，高齡期常見的心理疾病，依病症可大分為情緒上的疾病與心智功能上的疾病

一、情緒上的心理疾病

情緒是人類行為中最為複雜的一面，但也是人類生活中極為重要的一面。至目前為止，心理學界或是醫學界並沒有發現有哪些情緒上的疾病只出現在高齡期。年齡在這些情緒疾病的角色，多半是不同的年齡所發生的情緒疾病的原因有所不同。以下探討高齡期中常見的幾個心理疾病的成因（Cavanaugh & Blanchard-Fields, 2002）：

㈠沮喪

沮喪是高齡期相當普遍的心理困擾。一份在美國進行的研究（Cavanaugh & Blanchard-Fields, 2002）發現在高齡者中，女性大約有20%，男性約有10%有心理沮喪的症狀。雖然沮喪產生的原因不易瞭解，但是高齡者產生沮喪的諸多原因中，有些是不同於其他年齡期的人。例如對死亡的恐懼、配偶親友相繼過世所形成的孤獨感受、退休後無事可做的生活壓力、對維持行動與健康的力不從心等均有所不同。

(二)自殺

自殺一般被定義為是一種嚴重情緒困擾的外顯行為。不同年齡期的個體都會出現這樣的情緒行為，但是許多研究都發現，高齡者自殺成功的機率明顯高於其他年齡群的個體。對此現象，學者們普遍的解釋是，年輕人的自殺往往是為了取得他人的注意，但是高齡者的自殺通常是真正想要結束生命。此外，高齡者與其他年齡群的個體選擇自殺的原因也不同。他們比較獨特的原因包括有：久病不癒、經濟困難、社會孤立等。

(三)憂鬱症

憂鬱症也是高齡期個體常見的一種情緒困擾，卻是最不容易被發現的一種心理疾病。因為憂鬱病的病徵，不論是情緒上的（像對事物失去興趣、對生命絕望）、生理上的（像容易疲倦、不易入眠）、或是認知上的（容易健忘、精神難以集中、思考困難），都符合一般人對高齡者或老化的刻板印象。正因為這種先入為主的觀念，使得患者本身及其家人都不易提早覺察。

☾ 二、心智功能上的心理疾病

高齡期常見的心智功能疾病有失智症（即一般所謂的老年痴呆症），及阿爾滋海默氏症。茲略述如下：

1. 失智症

失智症是大腦功能的廣泛喪失，包括記憶力、認知功能、判斷力、抽象思考、語言、空間感及情緒等。初期時的症狀可能只是記憶力輕微下降，東西時常找不到或是放錯地方，說話前後不太連貫。慢慢地，記憶力的衰退愈來愈明顯，且會影響到社交活動或是工作能力，並且對事情的判斷力降低、抽象思考變差、計算速度與能力下降，有時連個性也會有改變，更有甚者，會出現疑心、覺得別人偷自己的錢、或是懷疑另一半對自己不忠等異常的行為（Hooyman & Kiyak, 2002）。

2.阿爾滋海默氏症

阿爾滋海默氏症是一種慢性的認知功能損害的疾病，至目前為止，醫學界對此病症的起因所知不多，唯一比較可以確定的是，當記憶力減退且再也無法恢復時，就是該病症開始的時間。一般而言，此一病程的發展在數年至十幾年緩慢進行。其經歷的過程大約有三個時期，首先是健忘期，患者此時開始忘記東西置於何處，對於最近發生的事情也難以回憶；再來就是恍惚期，此時患者的認知功能已經惡化到無法忽視的地步；最後就進入痴呆期，此時患者開始會有行為上的問題，例如漫遊、行動詭異、或無法自行進食，最後患者也會因此病症而死亡。

(三)心理健康與成功的老化

雖然有許多的高齡者為生理與心理的疾病所苦，致力高齡學研究的學者們也發現，有愈來愈多的高齡者不僅活得開朗樂觀，而且也未受生理疾病所苦。因此，研究高齡學的學者開始探討，影響高齡者成功老化的因素為何。一般而言，學者們普遍同意成功的老化最少包含以下三個面向（Hooyman & Kiyak, 2002）：

1. **生理健康**：包括飲食正常，沒有慢性病或心臟血管方面的疾病等特徵。
2. **認知功能正常**：包括記憶功能、語言能力、與問題解決能力都維持正常。
3. **社會參與**：包括參與志工服務，繼續從事有給職的工作。

羅威和肯恩（Rowe & Kahn, 1997）根據以上的三個面向，進一步提出一個成功老化的模式。該模式認為同時擁有圖 8-3-1 中的三個面向的高齡者，也就是該圖中箭頭所指的區域，才是達到成功老化的高齡者。

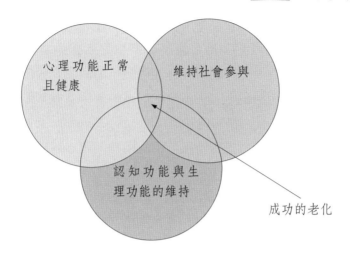

圖 8-3-1　成功老化的模式

資料來源：Rowe & Kahn, 1997: 437

第四節　心理老化在高齡學習上的意義

　　綜合前面三節的討論，瞭解到高齡者的心理特質、壓力與情緒的來源、以及維持心理健康的問題，都與早成年期與中成年期的學習者不同。因此，在高齡學習的情境安排與學習方案的設計上，都應考量高齡者這些特有的心理現象。以下就上述的討論內容，提出幾項可供參考的原則：

☪一、在學習活動中增加高齡者統整經驗的機會

　　不論是第一節所討論的三個人格發展理論，或是第二節所討論的高齡期的壓力事件，都有提供一個概念，即生命逐漸老去的事實，對高齡者的人格發展與心理健康會造成相當大的影響。不論是人格發展理論的觀點，或是因應壓力的方式，也都強調高齡者若想要克服對死亡的恐懼，則能否接納自己過往的經驗，進而接受當下的生命事實，往往是影響高齡者對現階段生命滿意與否的重要因素。

因此，在學習活動中提供高齡者檢視自己過往的生命經驗，並釐清過往的經驗對當下的意義，將有效的幫助高齡學習者接納當下的自我。此外，正如艾里克遜所言，智慧的開展是促使晚年期個體有效自我統整的重要因素。因此，在學習活動中，也應該增加高齡學習者與其他人進行真實的心智活動，因為在斯杜汀格和巴特斯（Staudinger & Batles,1996）的研究曾發現，提供高齡者與他人討論實際生活中的兩難問題，有助於高齡者智慧的開展。

綜而言之，在學習活動中藉由與他人經驗的對話，不僅可以使高齡學習者有檢視自己過往生命經驗的機會，同時也能有效的開展高齡者的智慧。

☪二、保持學習活動的參與，可有效降低情緒性疾病的發生

一般而言，心理健康通常有三個指標，分別是情緒穩定、熱愛生命、且能與人和諧相處。對於許多高齡者而言，最常面臨的情緒困擾包括：在退休後，不知如何與配偶或家人相處；喪偶後，一時無法適應單身的生活；或是面對生命即將老去的事實，尚未發現當下生命的意義，以至於對生命持冷淡的態度。此時，若能持續保持社會活動的參與，往往能有效的改善上述這些情緒上的問題。在各種可參與的社會活動中，參與學習活動應是可列為優先選擇的項目。因為，一般社會活動的參與，例如志工的服務、休閒性社團，或許可以改善人際關係孤立的現況。但是卻不能像學習活動一樣，能有系統的提升與開展個體對生命的視野。當代社會終生學習不只是一個口號，更是一個具體事實。對現代的高齡者而言，事實上也比以前的高齡者有更多的學習機會。為能維持自己的心理健康，高齡者在在自己的體力與經濟負擔能負荷的前提下，應繼續參與學習活動。

☪三、成功的老化應是高齡者參與學習活動的重要目的

高齡學習者與一般成人學習者在學習需求上最大的不同是，高齡學習者不再以實用技能的取得，或取得工作上所需的知識為主要的學習需求。以網際網路的學習而言，一般成人學習者可能是為了工作上的需要而來，

但高齡學習者可能只是為了學習而學習，也可能只是藉此拓展自己的人際關係。因此，教師在面對高齡學習者時，應該要瞭解實際技能或知識的精熟與否，並不是高齡學習者主要的學習目標。反之，在學習過程中，因為可以：(1)提供高齡學習者更多心智功能作業的練習，以減緩高齡學習者認知功能的退化，(2)提供高齡者社會參與的機會，(3)可以保持高齡者心理健康。而這三個層面正好符合羅威和肯恩在成功老化模式中所提出的三個重要層面。因此，高齡教育者應深切的瞭解，協助高齡學習者成功的成化才是高齡學習者參與學習活動最重要的目的。

第九章

高齡學習者

　　高齡者有既定的思考和行為模式，也有既存的是非價值觀念，他們擁有豐富的經驗，能將新事物融於舊經驗之中，對於學習較缺乏自信，較不適合進行有時間限制的學習活動，而且健康問題常是他們參與學習活動的障礙（Moore, 1988）。這些有別於年輕學習者的特性，值得關注與探討。有鑑於此，本章即以高齡學習者為主題，分別就高齡學習者的社會人口特性，高齡學習者的特性，以及高齡學習者的特性在教學上的啟示等三節論述之。

第一節　高齡學習者的社會人口特性

　　不論是成人教育者或是高齡學研究者，均認為高齡者面臨老年生活問題時，教育扮演極為重要的角色。然而，有關高齡者參與成人教育活動資料的缺乏，使得擴增高齡者學習機會的相關事宜，因缺乏依據而窒礙難行（Peterson, 1985），更遑論針對高齡學習方案進行分析，以期切合高齡學習者或潛在學習者的教育需求（Swindell, 1990）。

　　有鑑於此，實有必要針對高齡學習者進行基礎性的調查研究，以瞭解這群學習者獨具的特徵。一旦瞭解學習者的特性之後，不但有助於高齡學習方案之設計，更能進一步將這些研究結果，提供給政府當局做為政策制訂之參考，同時也藉由高齡學習能力之相關研究，讓社會大眾認同高齡教育的重要性，進而修正對於高齡的迷思以及誤解。

　　為瞭解高齡學習者，本節以高齡學習者的調查研究為主，分別就美國、英國、澳洲及我國的研究進行探討如下：

☪一、美國的高齡學習調查研究

　　藍汀和弗葛特（Lamdin & Fugate, 1997）的高齡學習調查研究（Elderlearing Survey，簡稱ES）以高齡者為對象，主要在瞭解高齡學習者的社會人口特徵、學習內容、學習地點、如何學習，以及為何學習等議題，此一調查問卷長達四頁，計有 151 個變項。在 1995 年末到 1996 年初，針對五十

五到九十六歲的高齡者，共寄出 3,600 份問卷，回收 912 份（回收率為 25.3%），剔除無效問卷後，有效問卷共計有 860 份。

在 860 份有效問卷中，有 78.8%的填答者來自高齡學習組織所提供的名單，這些高齡學習組織包括：老人寄宿所（Elderhostel）、退休學習學會（Institutes for learning in retirement）以及高齡者服務和資訊中心（OASIS）；其餘 21.2%的填答者來自美國退休協會（American Association of Retired Person, AARP）以及私人學習機構所提供的名單。

茲就性別、婚姻狀況、年齡、居住狀況、收入、工作狀況、參與志願服務狀況、教育程度、自評健康狀況等方面說明高齡學習者的社會人口特徵（Lamdin & Fugate, 1997:68-72）。

㈠性別

在性別方面，共計有 859 位填答，其中男性 282 位（占 32.8%），女性 577 位（占 67.2%）；由此可知女性的高齡學習者多於男性。

㈡婚姻狀況

在婚姻狀況方面，共計有 853 位填答，其中單身者 76 位（占 9.0%），已婚者 451 位（占 52.9%），離婚者 83 位（占 9.7%），喪偶者 243 位（占 28.4%）；由此可知高齡學習者的婚姻狀況，以已婚者居多，其次為喪偶者。

㈢年齡

在年齡方面，共計有 855 位填答，其中五十五至五十九歲者 16 位（占 1.9%），六十至六十四歲者 82 位（占 9.6%），六十五至六十九歲者 258 位（占 30.2%），七十至七十四歲者 248 位（占 29.0%），七十五至七十九歲者 167 位（占 19.5%），八十至八十四歲者 62 位（占 7.3%），八十五至八十九歲者 18 位（占 2.1%），九十至九十五歲者 4 位（占 0.4%）；由此可知高齡學習者的年齡集中於六十五至七十九歲之間。

㈣居住狀況

在居住狀況方面，共計有 858 位填答，其中獨居者 329 位（占 38.3%），和配偶／同居人同住者 450 位（占 52.4%），和朋友同住者 17 位（占 2.0%），和小孩或親戚同住者 33 位（占 3.8%），住在退休社區者 29 位（占 3.4%）；由此可知高齡學習者的居住狀況，以和配偶／同居人同住者最多，其次為獨居。

㈤收入

在收入方面，共計有 750 位填答，其中收入為 19,999 元以下者 121 位（占 16.1%），20,000 到 39,999 元者 269 位（占 35.9%），40,000 到 59,999 者 165 位（占 22.0%），60,000 元以上者 195 位（占 26.0%）；由此可知高齡學習者的收入，以 20,000 到 39,999 元者居多。

㈥工作狀況

在工作狀況方面，共計有 841 位填答，其中仍在工作者 148 位（占 17.6%），已退休者 693 位（占 82.4%）。仍在工作者又可分為：全時工作者 20 位（占 2.4%），兼職工作者 83 位（占 9.9%），自營者 45 位（占 5.3%）；由此可知大多數的高齡學習者已處於退休狀態。

㈦參與志願服務狀況

在參與志願服務狀況方面，共計有 859 位填答，其中參與志願服務者 626 位（占 72.9%），未參與志願服務者 233 位（占 27.1%）。參與志願服務者又可分為：全時參與者 22 位（占 2.6%），部分時間參與者 348 位（占 40.5%），偶爾參與者 256 位（占 29.8%）；由此可知大多數的高齡學習者有參與部分時間的志願服務。

㈧教育程度

在教育程度方面，共計有 858 位填答，其中中小學程度者 10 位（占 1.2%），高中者 153 位（占 17.8%），二年制專科學校者 150 位（占 17.5%），四年制專科學校者 231 位（占 26.9%），大學或專業學校者 314 位（占 36.6%）；由此可知高齡學習者的教育程度，以大學或專業學校者居多，其次為四年制專科學校。

㈨自評健康狀況

在自評健康狀況方面，共計有 810 位填答，其中自評為非常好者 248 位（占 30.6%），自評為良好者 462 位（占 57.0%），自評為還好者 93 位（占 11.5%），自評為不好者 7 位（占 0.9%）；由此可知高齡學習者的自評健康狀況，以良好者居多，其次為非常好者。

根據上述各項社會人口特徵，可知美國高齡學習者的社會人口特徵為：高齡學習者以女性居多，大多為已婚，年齡大約在六十五至七十九歲之間，以與配偶／同居人同住者最多，收入狀況介於 20,000 至 39,999 元之間，大多數已退休，大都參與部分時間的志願服務，以大學或專業學校畢業為主，健康狀況良好。

☪二、英國開放大學的調查研究

由路易卡特（RoyalCharter）於 1969 年所創辦的開放大學，發展至今已有二、三十年的歷史了。此一開放大學的成立，被公認為第一所透過遠距教學的機構，藉由開放學習的支援以提供高品質的教育活動。在過去的二、三十年間，有數以百萬計的人曾經在開放大學就讀。廣大的學生來源，除了來自英國當地之外，也含蓋來自歐洲以及其他各地的學生。截至 1994 年為止，在開放大學中取得學士或更高學位者，共計有 144,000 人（Johnson, 1995）。

事實上，「開放」一詞的含意有二：其一為入學管道的開放，其二為

學習方式的開放（Johnson, 1995）。在開放大學中提供的學習方式，結合了設計精良的書面函授資料，同時也提供個人和團體的支援，學習者除了可以運用面授教師的資源外，也可以利用諮詢專線、線上教學、同儕團體等方式獲得協助。這些完善的配套措施，除了能讓高齡者按照自己的步調進行學習外，也能避免遇到學習困難時所產生的困窘，這二種形式的開放，吸引了許多高齡者加入學習的行列。

在英國的開放大學中，超過五十歲的高齡學生比率，已提升到 14%，而超過六十歲的高齡學生比率也提升到 5%（Johnson, 1995）。由於高齡學生有日漸增加的趨勢，高齡學生研究小組隨即進行了一系列的研究，以期瞭解高齡學習者的特徵。此一研究小組在 1984 年提出第一篇研究報告指出，在 1982 年時，開放大學共計有 2,826 位學生的年齡超過六十歲，這些高齡學生占學生總數的 4.4%。茲就性別、職業二方面，說明這些高齡學習者的社會人口特徵（Johnson, 1995）：

㈠在性別方面

在 2,826 位超過六十歲的高齡學生中，男性占 54%，女性占 46%，其中約有一半的男性和四分之一的女性，曾因為二次世界大戰而中斷其學習歷程。儘管如此，不論男性或女性學習者，對於開放大學中的學習都抱持積極正向的態度，且希望能持續自己的學習活動。

㈡在職業方面

在 2,826 位超過六十歲的高齡學生中，約有三分之一者已經退休，其餘尚未退休者的職業狀況如下：從事專業工作者占 10%，擔任教職者占 11%，辦事員占 9%，行政管理者占 7%，從事手工業者占 3%，另外計有 34% 的人擔任家管的工作。由此可知，開放大學中的高齡學生有日漸增加的趨勢，且以退休男性居多。

☪三、澳洲第三年齡大學的調查研究

　　史溫德（Swindell, 1990）為了瞭解澳洲第三年齡大學參與學員的特徵，乃進行了一項調查研究，此一研究的目的有四：(1)描述第三年齡大學參與者的特徵；(2)提供相關資料給第三年齡大學的管理委員會，以供其課程規劃之參考；(3)記錄第三年齡大學參與會員的基本資料，以供未來變更之參考；(4)瞭解高齡學習者參與第三年齡大學的現況。

　　此項調查研究的樣本來自新南威爾斯（New South Wales）、昆士蘭（Queensland）和南澳（South Australia）等地共 12 所第三年齡大學的參與會員，總計樣本數為 771 位，回收率為 73 ％。茲就性別、年齡、教育程度、健康狀況、經濟狀況以及參與狀況等項，說明第三年齡大學參與學員的社會人口特徵（Swindell, 1990）：

㈠性別

　　在性別方面，共計有 762 位填答，其中男性 163 位（占 21.4%），女性 599 位（占 78.5%）；由此可知第三年齡大學的女性的學員多於男性，二者的比率約為 1：3.7。

㈡年齡

　　在年齡方面，共計有 771 位填答，其中五十歲以下者 17 位（占 2.2％），五十至五十四歲者 35 位（占 4.5%），五十五至五十九歲者 69 位（占 8.9%），六十至六十四歲者 216 位（占 28.0%），六十五至六十九歲者 230 位（占 29.8%），七十至七十四歲者 127 位（占 16.5%），七十五至七十九歲者 56 位（占 7.3%），八十歲以上者 21 位（占 2.7%）；由此可知第三年齡大學參與學員的年齡集中於六十至七十四歲之間。

㈢教育程度

　　在教育程度方面，共計有 758 位填答，其中小學程度者 28 位（占

5.9%），中學肄業者 85 位（占 11.2%），中學畢業者 257 位（占 33.9%），高中（職）者 149 位（占 19.7%），大學者 62 位（占 8.2%），碩士者 132 位（占 17.%），博士者 28 位（占 3.7%）；由此可知第三年齡大學參與學員的教育程度，以中學畢業者居多，其次為高中（職）畢業，再次為碩士畢業。

㈣健康狀況

在健康狀況方面，共計有 757 位填答，其中健康狀況為非常好者 188 位（占 24.8%），良好者 405 位（占 53.5%），還好者 153 位（占 20.2%），不好者 11 位（占 1.5%）；由此可知第三年齡大學參與學員的健康狀況，以良好者居多，其次為非常好者。

㈤經濟狀況

在經濟狀況方面，共計有 748 位填答，其中收入在一般水準之上者 76 位（占 10.2%），收入為一般水準者 567 位（占 75.8%），收入在一般水準之下者 105 位（占 14.0%）；由此可知第三年齡大學參與學員的經濟狀況，以一般水準者居多。

㈥參與狀況

在參與狀況方面，可再就參與課程數量、參與課程所獲利益、參與課程的主要原因等項，分別說明如下：

1. 參與課程數量

有關參與課程數量，共計有 771 位填答，未參與課程者 141 位（占 18.3%），參與一門課程者 268 位（占 34.%），參與二門課程者 209 位（占 27.%），參與三門課程者 98 位（占 12.%），參與四門或四門以上課程者 55 位（占 7.1%）；由此可知第三年齡大學的學員，以參與一門課程者居多，其次為參與二門課程者。

2. 參與課程所獲利益

有關參與課程所獲利益，共計有 639 位填答，其中獲益良多者 513 位（占 80.2%），有些獲益者 104 位（占 16.3%），獲益不多者 20 位（占 3.1%），填答不知道者 2 人（占 0.3%）；由此可知第三年齡大學的學員，認為參與課程獲益良多者居多。

3. 參與課程的主要原因

有關參與課程的主要原因，填選獲取新知者占 68.1%，填選人際交往者占 24.8%，填選滿足好奇心者占 22.8%，填選滿足個人需求者占 19.6%，填選逃避一成不變生活者占 14.7%，填選結交新朋友者占 13.4%；由此可知第三年齡大學的學員，參與課程的主要原因以獲取新知者居多。

根據上述各項社會人口特徵，可知澳洲第三年齡大學參與學員的社會人口特徵為：參與學員以女性居多，年齡大約在六十至七十四歲之間，以中學畢業為主，健康狀況良好，經濟狀況大都為一般水準。在參與狀況方面，以參與一門課程者居多，大都認為參與課程獲益良多，參與課程的主要原因以獲取新知為主。

☪ 四、我國高齡者參與學習活動的調查研究

林麗惠（2002）以年滿五十五歲的高齡者為研究對象，目的在於探討高齡者參與學習活動與生活滿意度之關係，共計發出 950 份問卷，回收 735 份，回收率為 77.37%；剔除填答不完整及填答過於集中之問卷共 30 份，總計有效問卷為 705 份。在 705 份有效問卷中，進一步將研究對象分為有參與學習活動者，計有 426 位（占 60.4%），未參與學習活動者，計有 279 位（占 39.6%）。

針對有參與學習活動的 426 份有效問卷，分別就性別、年齡、教育程度、婚姻狀況、自覺健康狀況、經濟狀況及居住狀況等項，說明參與學習活動高齡者的社會人口特徵。

㈠性別

在性別方面，共計有 421 位填答，其中男性 195 位（占 46.3%），女性 226 位（占 53.7%）；由此可知參與學習活動的女性高齡者多於男性。

㈡年齡

在年齡方面，共計有 425 位填答，其中五十九歲以下者 71 位（占 16.7%），六十至六十四歲者 103 位（占 24.3%），六十五至六十九歲者 77 位（占 18.1%），七十至七十四歲者 96 位（占 22.6%），七十五至七十九歲者 55 位（占 12.9%），八十歲以上者 23 位（占 5.4%）；由此可知參與學習活動的高齡者，年齡集中於六十至七十四歲之間。

㈢教育程度

在教育程度方面，共計有 417 位填答，其中教育程度為自修識字者 38 位（占 9.0%），小學者 92 位（占 22.1%），初中者 87 位（占 20.9%），高中（職）者 102 位（占 24.5%），大專以上者 98 位（占 23.5%）；由此可知參與學習活動的高齡者，教育程度以高中（職）畢業者居多，其次為大專以上。

㈣婚姻狀況

在婚姻狀況方面，共計有 421 位填答，其中已婚配偶健在者 304 位（占 72.2%），喪偶者 96 位（占 22.8%），離婚或分居者 10 位（占 2.4%），未婚者 11 位（占 2.6%）；由此可知參與學習活動的高齡者，婚姻狀況以已婚配偶健在者居多，其次為喪偶者。

㈤健康狀況

在健康狀況方面，共計有 425 位填答，其中健康狀況為很好者 149 位（占 35.1%），良好者 134 位（占 31.5%），普通者 120 位（占 28.2%），

不太好者 15 位（占 3.5%），不好者 7 位（占 1.7%）；由此可知參與學習活動的高齡者，健康狀況以很好者居多，其次為良好者。

㈥自覺經濟狀況

在自覺經濟狀況方面，共計有 419 位填答，其中自覺經濟狀況為相當充裕者 77 位（占 18.4%），大致夠用者 306 位（占 73.0%），略有困難者 35 位（占 8.4%），相當困難者 1 位（占 0.2%）；由此可知參與學習活動的高齡者，自覺經濟狀況以大致夠用者居多。

㈦居住狀況

在居住狀況方面，共計有 426 位填答，其中獨居者 48 位（占 11.3%），僅夫妻二人同住者 139 位（占 32.6%），固定與某些（孫）子女同住者 165 位（占 38.7%），到子女家中輪住者 6 位（占 1.4%），三代同堂者 68 位（占 16.0%）；由此可知參與學習活動的高齡者，居住狀況以固定與某些（孫）子女同住者最多，其次為僅夫妻二人同住者。

根據上述各項社會人口特徵，可知我國參與學習活動高齡者的社會人口特徵為：高齡學習者以女性居多，年齡大約在六十至七十四歲之間，以高中（職）畢業為主，大多為已婚配偶健在，健康狀況很好，自覺經濟狀況大致夠用，以固定與否些（孫）子女同住者最多。

☪五、綜合討論

綜合美國、英國、澳洲以及我國的相關研究，得知高齡學習者的社會人口特徵有其共同之處。在上述相關研究中，除了英國開放大學的調查研究，所獲得的社會人口特徵資料較少外，可將美國、澳洲以及我國調查研究的共同結論，分述如下。

㈠高齡學習者以女性居多，

㈡高齡學習者大多為已婚，

㈢年齡大約在六十至七十九歲之間，

㈣健康狀況良好，

㈤經濟狀況大都為一般水準，

㈥大多數為已退休者。

由上述各項社會人口資料可以看出共同的特徵，唯有在教育程度方面，各國的研究結論並不一致，儘管如此，仍可看出共同的趨勢為：教育程度是影響高齡者參與學習活動的重要因素，而且教育程度愈高者，在晚年時參與學習活動的機會愈高。

第二節　高齡學習者的特性

論及高齡學習者的特性，黃富順（1997）曾提出老年學習者的身心特性，包括：自尊心強學習的信心低、具自主與獨立的需求、老年友誼的需求、人格的連續性、心理因素易對健康產生影響、反應時間及動作的緩慢，以及記憶能力的改變等七項，足具參考。為能全面探討高齡學習者的特性，以下將分別就生理、心理及社會特性等方面說明之。

☾ 一、生理特性

隨著年齡的增長，高齡者的生理功能也隨之改變，有關生理功能的改變，最常見的有視覺、聽覺、肌肉系統及動作的改變，這些高齡學習者獨具的生理特性，有必要加以瞭解，期能因應伴隨這些改變所產生的學習障礙（Davis, 2001）。茲就視覺、聽覺、肌肉系統及動作的改變，分別說明之。

㈠視覺的改變

一般而言，六十五歲以上的高齡者，約 50% 有視覺退化現象，例如：視覺敏感度降低、由遠處轉移至近處的能力下降、適應光線強度變化的時間較長、顏色識別能力變差、刺激視覺所需最低限度的刺激增強等；同時，伴隨著視覺的衰退，也會降低高齡者對於新獲取資訊的記憶能力。如果高齡者因這些視覺的改變而無法適應學習環境，將使其深感挫折而對於

學習失去興趣。

(二)聽覺的改變

隨著年齡的增長，高齡者所面臨聽覺的挑戰包括：較難以辨別低強度的刺激、聲音頻率，或較難以聽出強度的少許改變，以及聲音來源的精確位置等；同時，伴隨著聽覺的衰退，也會產生長期記憶能力衰退的問題。因為這些聽覺改變的挑戰，都會增加高齡者的學習障礙，使其因為挫折而降低學習活動的參與程度。

(三)肌肉系統及動作的改變

隨著年齡的增長，肌肉系統在組織、強度及耐力上均將減弱，其中肌纖維的大小和數量的減少，會導致肌肉的萎縮，增加高齡者意外事故的發生率，進而影響高齡者參與學習活動的頻率；再者，由於肌肉的強度、耐力之改變，使得高齡者的動作較慢，且使其活動空間縮小，進而降低與外界互動的頻率。這些伴隨年齡增長而來的生理特性，均不利於高齡者進行學習。

☪二、心理特性

在心理特性方面，由於認知功能的改變，形成高齡者獨具的心理特性。有關認知功能的改變包括：短期記憶、抽象思考能力、專注力的衰退，以及反應時間的延長等，這些改變對於學習和記憶都會造成影響，進而使高齡者心生挫折，不想學習。然而，相關研究指出，若能滿足這些因認知功能改變而產生的需求，將能使高齡者保有良好的學習和記憶能力（Davis, 2001）。

茲就自尊心強，學習的信心低、具自主與獨立的需求、注意力與記憶力的改變等方面（Davis, 2001；黃富順，1997），說明高齡學習者的心理特性。

㈠自尊心強，學習的信心低

一般而言，年紀越大自尊心越強，因為伴隨年齡的增長，高齡者擁有許多經歷，也擁有許多成就，當高齡者的成就隨著年齡的增加而累積時，其自尊心也將隨之增強。相對而言，高齡者對學習的信心卻是比較低的，主要的原因是受到生理老化之影響，使其對自我學習能力產生懷疑，再加上離開學校已有一段時日，更使其心生恐懼，缺乏信心。

㈡具自主與獨立的需求

個體在高齡階段，社會普遍對他們存有刻板化的印象與消極負面的迷思，使得高齡者很怕別人認為他們在生活上不能獨立自主，因此，高齡者想要表現自己確實能夠處理自己的事情，擁有獨立自主的能力。這種自主與獨立的需求，乃是高齡者維持自尊心的重要基礎，也是高齡者能夠參與學習的動力來源之一。

㈢注意力與記憶力的改變

由於認知功能的改變，使得高齡者的注意力與記憶力變弱。在注意力方面，不論是持續性注意力、選擇性注意力、區分性注意力或是轉換性注意力的表現，都有退化的現象。在記憶力方面，一般而言，高齡者的短期記憶力較差，而長期記憶力較好，由於高齡者對新事物的記憶能力較差，使其進行學習時所需的時間較多。

☪三、社會特性

俗語云：家有一老，如有一寶。高齡者終其一生累積了豐富的經驗與智慧，這些豐富的寶藏也形成了高齡學習者獨特的社會特性。茲分別從角色改變以及教育經驗二方面，予以說明。

㈠角色改變

　　隨著生命發展階段之轉變，高齡者在步入晚年期時，將會面臨退休的角色轉變，當高齡者從工作崗位退休下來之後，將有足夠的時間自行運用，再加上，平均壽命的延長以及醫藥科技的進步，使得高齡者在退休之後依然能保有健康的身體，這些因素都將促使高齡者積極尋求參與學習的機會。再者，有些高齡者退休之後，因擁有健康的身體以及興趣所致，乃促使他們再度投入就業市場，從事兼職的工作，為能因應兼職工作所需的專業技能，也將促使高齡者成為學習市場中的新興人口。

　　另一方面，在晚年期時，高齡者也將因失去老伴或老友，而使其經歷角色的改變，扮演鰥夫或寡婦的角色。由於頓失老伴或老友，將使高齡者深感孤單或無所依靠，而藉由教育活動的參與，將有助於高齡者結識志同道合的新朋友，藉以降低心中的孤獨感。不論是退休或喪失親友的角色改變，都是高齡者所獨具的社會特性，若能善加運用這些時機，將有助於引導高齡者投入學習的行列。

㈡教育經驗

　　當高齡者邁入半百的年歲，過去的教育經驗將影響其是否繼續參與學習活動，誠如皮爾斯（Pearce, 1991）在其研究中指出，教育程度較高的高齡者，較熟悉學習活動，繼續參與學習乃是將過去扮演學生的角色予以延伸。由於早期的教育經驗是影響高齡者在晚年期，是否繼續參與學習活動的重要因素（Davis, 2001），因此，瞭解高齡者這個獨特的社會特性之後，有助於學習機構考量應如何吸引這群高齡學習者。

第三節　高齡學習者的特性在教學上的啓示

　　若能善加運用高齡學習者獨具的特性，將有助於高齡教學活動發揮更大的作用。茲分別就生理、心理及社會特性的啟示，說明如下。

☪一、生理特性的啟示

有鑑於高齡學習者在視覺、聽覺、肌肉系統及動作的改變等方面，有其獨特的特性，在高齡教學上，尤應瞭解這些生理功能的改變，對高齡者可能造成的挫折，以協助其順利地進行學習。茲就高齡學習者的生理特性，說明其在教學上的啟示（Davis, 2001）如下：

㈠視覺改變在高齡教學上的啟示

1. 覺察高齡者在視覺功能上的改變，鼓勵高齡者坐在教室的前方。
2. 使用輔助教學器材（如：單槍投影機）時，應顧及高齡者對於光線（由亮到暗）的調節適應情況，並放慢投影的速度。
3. 確認教室內的照明設備是否足夠。
4. 提供投影片內容的書面資料，且應將字體放大。

㈡聽覺改變在高齡教學上的啟示

1. 關上教室的門，以降低門外聲音之干擾。
2. 上課時面對高齡者講話，以便讓聲波能夠順利地傳達到高齡者耳中。
3. 咬字清晰，以利讀唇語的高齡者也能明瞭。
4. 鼓勵配戴助聽器。

㈢肌肉系統及動作的改變在高齡教學上的啟示

1. 使用有扶手的椅子，讓高齡者能夠順利地站起來。
2. 提供寬闊的桌椅空間，協助高齡者能夠隨時移動身體。
3. 提供電視或網路教學，讓行動不便的高齡者也有學習的機會。
4. 在教學上不要求快速的反應，且應提供足夠的作答時間。

若能確實做到上述各項，將有助於高齡者進行舒適的學習，協助其發揮視覺、聽覺及肌肉系統之功能，進而提升學習的品質，使高齡者享受學習的樂趣。

☾★二、心理特性的啟示

有鑑於高齡學習者自尊心強，學習的信心低、具自主與獨立的需求、注意力與記憶力的改變等方面，有其獨特的特性，在高齡教學上，尤應滿足這些心理功能所產生的需求，以協助高齡者順利地進行學習。茲就高齡學習者的心理特性，說明其在教學上的啟示（Davis, 2001；黃富順，1997）如下。

㈠自尊心強、學習的信心低，在高齡教學上的啟示

1. 對於高齡者的各種反應、各項作業以及各類成品，均應給予回饋，以利增強高齡者的信心。
2. 肯定高齡者在學習過程中所做的貢獻，以建立其積極正向的自我概念。
3. 教學者應營造正向的學習環境，扮演支持性的角色，並鼓勵高齡者參與學習過程。
4. 針對高齡者提出的看法，給予高度的尊重，且不以批評的態度予以評價。

㈡具自主與獨立的需求

1. 鼓勵高齡者完成自己能處理的事情。
2. 論及生理和認知功能衰退的相關議題時，應強調這些因老化而降低的功能，都可以被補救，以增強其獨立自主的感覺。
3. 鼓勵高齡者針對課程提出建議，並強調會將這些建議作為修正授課內容之參考，以強化高齡者對於學習情況的控制感。

㈢注意力與記憶力的改變

1. 學習的內容應與實際生活相連結。
2. 一次只講一個概念。

3.鼓勵使用多種感官進行學習，以增進記憶力。

若能確實做到上述各項，將有助於滿足高齡者獨特的心理需求，鼓勵其參與學習活動，進而提升學習的品質，使高齡者享受學習的樂趣。

☪ 三、社會特性的啟示

有鑑於高齡學習者在角色改變、過去教育經驗所扮演的角色，有其獨特的特性，在高齡教學上，尤應瞭解這些社會特性對高齡者所造成的影響，以協助其順利地進行學習。茲就高齡學習者的社會特性，說明其在教學上的啟示如下：

㈠角色改變在高齡教學上的啟示

晚年快樂生活的主要指標之一為：能與他人進行良好的互動，並從中獲得支持（Davis, 2001）。據此，高齡教學者應該：

1.協助高齡者獲得新角色所需要的知能。

2.因應角色改變，提供學習的機會。

3.協助高齡者獲取多樣化的教育機會與學習資訊。

㈡教育經驗在高齡教學上的啟示

這一代的高齡者，在過去大都未曾受過良好的教育，以致於他們在晚年參與學習活動的情況並不積極（Davis, 2001）。據此，高齡教學者應該：

1.針對低教育程度者，開設其所需要的課程。

2.增加誘因，以激發低教育程度者參與。

3.透過同儕、朋友的宣導，以加強其參與信心。

4.以尊重與接納的態度，激發其持續的參與。

第十章

高齡學習活動參與

在過去，教育資源都投注在二十五歲以下的人口，直到 1986 年，當六十五歲以上的高齡人口多於十八歲以下的人口時，使得教育當局必須謹慎思量：如何滿足此一高齡族群的教育需求（Dickerson, Seelbach and Johnson-Dietz, 1990）。尤其是從相關的研究中得知，高齡者被列為難以碰觸的群體之一，但隨著終身學習理念的興起，透過持續性的參與學習過程來幫助高齡者適應社會，隨即成為高齡者教育發展的重要議題之一。有鑑於此，本章即以高齡學習活動參與為主題，分別就參與率與參與型態、影響參與的因素、參與原因、參與模式，以及促進參與等五節論述之。

第一節　參與率與參與型態

在高齡化社會中，高齡者繼續學習已被先進國家視為一項不可或缺的社會福利，許多推行老人福利較為積極的先進國家，均將「促進老人終身所得安全」與「老人終身不斷學習」，列為社會政策中有關老人福利的雙重目標（張鐸嚴，2000）。從高齡者參與學習活動的比率和型態，有助於瞭解高齡者參與學習活動之情形，茲就參與率和參與型態二方面，說明如下。

☪一、參與學習活動的比率

有關高齡者參與學習活動的比率，根據國際成人教育協會和成人及繼續教育諮詢委員會的調查資料指出，退休人員參與學習活動的比率約為2～7%。就整體退休人員而言，約有三分之二的退休者未曾參與學習活動，其餘三分之一（約25-30%）的退休者，曾經參與過學習活動，但在進行調查研究的當時並沒有參與學習活動；另外，經由成人教育課程的註冊資料得知，大約有5%的第三年齡人口參與學習活動（Withnall & Percy, 1994）。

在國內方面，根據內政部社會司（2003）的統計指出，截至八十九年底為止，參與長青學苑的高齡者，已由八十八年度的四萬餘人次，增加到九萬三千餘人次，從八十九年度開始到九十一年度為止，參與長青學苑的

高齡者呈現穩定的狀況（約為九萬三千餘人次）；截至九十一年底為止，參與長青學苑的高齡者，占全國五十五歲以上老人人口的比率約為 2.57%。由此可知，不論國內外，高齡者參與學習活動的比率約在 2～7% 之間。

在梅婷莉（Mattingly, 1989）的研究中，強調學習活動之參與情形，在成年晚期時將有增加的趨勢，並進一步指出六十至六十九歲的高齡者，參與學習活動的比率乃僅次於二十五至二十九歲這個族群的成人，而成為參與學習活動的第二大對象來源。根據美國國家教育資料中心（National Center for Educational Statistics, NCES）的統計數據指出，五十五至六十四歲的高齡者參與教育活動的比率從 4.5% 提升到 8.0%；六十五歲以上的高齡者也從 1.4% 提升到 3.1%（Dickerson, Seelbach and Johnson-Dietz, 1990）。

進一步分析，五十五至六十四歲的高齡者，參與學位課程者，占 8%，參與職業教育課程者，占 14%，參與繼續教育課程者，占 78%；六十五歲以上的高齡者，參與學位課程者，占 3%，參與職業教育課程者，占 6%，參與繼續教育課程者，占 91%。表示隨著年齡的增長，參與學位課程和職業教育課程的比率將隨之減少，而參與繼續教育課程的比率將隨之升高。

在國內方面，根據林麗惠（2002）的研究，以參與及未參與學習活動的高齡者為研究對象，旨在探討高齡者參與學習活動與生活滿意度之關係，研究工具為「高齡者參與學習活動與生活滿意度調查問卷」，研究樣本共計 735 位，包括居住在台灣北、中、南、東各地區五十五歲以上的高齡者，剔除填答不完整及填答過於集中之問卷共 30 份，總計有效問卷為 705 份。研究結果指出，在參與次數方面，以每週 1～2 次最多，占 49.4%；其次為每週 3～4 次，占 28.1%；再次為每週 5 次以上，占 22%；另外，在參與時數方面，以每個月 16 小時（含）以下者為最多，占 56%；其次為 17～24 小時，占 15.9%；再次為 25～32 小時，占 12.2%。

☪ 二、參與學習活動的型態

有關高齡者參與學習活動的型態，根據藍汀和弗葛特（Lamdin & Fugate, 1997）所做的高齡者學習調查（Elderlearning Survey, 以下簡稱 ES），樣本

為五十五到九十六歲的高齡者，分別就高齡者參與有組織的學習活動、從事自我導向的學習活動，以及參與一般學分、學位課程的學習活動三方面，說明高齡者參與學習活動的情形。

(一)參與有組織的學習活動

在參與有組織的學習活動部分，共計有 1,242 人次勾選，所占比率為 28%。根據統計結果，高齡者最常參與的有組織的學習活動，排行前五名者包括：第一、老人寄宿所，占 37%；第二、退休學習學會，占 35.6%；第三、教堂的學習團體，占 21.4%；第四、非學院基礎的正式學習組織，如高齡者服務和資訊中心（Older Adult Service and Information System, OASIS），占 19.7%；第五、民眾服務中心，占 12.6%。

(二)從事自我導向的學習活動

在從事自我導向的學習活部分，共計有 2,539 人次勾選，所占比率為 57%。根據統計結果，高齡者進行自我導向學習活動之方式，排行前五名者包括：第一、在家學習，占76.2%；第二、經由旅遊進行學習，占55.0%；第三、在圖書館學習，占 47.2%；第四、在博物館或美術館進行學習，占 42.4%；第五、在工作中或參與志工活動中進行學習，占 39.3%。

(三)參與一般學分、學位課程的學習活動

在參與一般學分、學位課程的學習活動方面，共計有 644 人次進行勾選，所占比率為 15%。根據統計結果，高齡者參與一般學分、學位課程的學習機構的有四，包括：當地的公立學校，占 11.4%；社區學院，占24.5%；四年制的學院，占 14.8%；大學，占 24.2%。根據此一研究結果可知，高齡者最常參與社區學院所提供的一般學分、學位課程；其次為大學所提供的一般學分、學位課程。

在國內方面，高齡者參與學習活動的機構類型，最多為老人大學相關機構（含長青學苑、老人大學、松年大學等），占 24.81%；其次為社教機

構（含文化中心、社教館、婦幼館、圖書館、救國團等），占 20.93%；再次為老人會，占 16.28%（林麗惠，2002）。

第二節　影響高齡者參與學習的因素

　　整體而言，有關參與議題之研究，可分為描述性和解釋性研究二種。在過去的研究中，大多數均屬描述性研究，著重於描述參與者、中輟者或未參與者的社會人口特徵；隨著成人教育領域在美國的成長與日趨成熟，研究者開始探究成人參與學習理論的發展，以便進一步解釋成人參與學習的行為，進而預測其未來之參與（Wikelund, Reder, and Hart-Landsberg, 1992）。本文歸納國內外相關研究的結果，發現影響高齡者參與學習的因素包括：性別、年齡、教育程度、婚姻狀況、健康狀況、經濟狀況與居住狀況等，茲分別說明如下：

★一、性別

　　在性別方面，一般研究均指出，女性參與學習活動的傾向高於男性。根據皮爾斯（Pearce, 1991）之研究指出：就整體趨勢而言，女性參與學習活動的傾向高於男性；此一觀點也在藍汀和弗葛特（1997）的研究中得到印證，在他們二人的研究中，男性有 282 人，占 32.8%，女性有 577 人，占 67.2%）。在國內方面的研究也指出，參與學習活動的高齡者以女性居多，未參與者以男性居多（林麗惠，2002）。

★二、年齡

　　在年齡方面，國外的研究均指出：參與者以六十至六十四歲的高齡者居多。根據皮爾斯（1991）之研究指出：六十至六十四歲是高齡者參與學習活動的顛峰，在六十四歲之後便呈現下降的現象；此一觀點也在藍汀和弗葛特（1997）的研究中得到印證。在他們二人的研究中指出，高齡學習者集中在六十至六十四歲，計有 258 人，占 30.2%；六十五至六十九歲，

計有 248 人，占 29%；七十至七十四歲，計有 167 人，占 19.5%；相較而言，七十至七十四歲的參與者較少。在國內方面的研究結果指出，參與學習活動的高齡者，多集中於五十九歲（含）以下至六十四歲之間，未參與者以八十歲（含）以上者居多（林麗惠，2002）。

☾ ✦ 三、教育程度

在教育程度方面，一般研究均指出：參與學習活動的高齡者以教育程度高者居多。皮爾斯（1991）認為：大多數的研究均支持教育成就、社會地位與參與學習活動有正相關，而且教育成就最能有效預測高齡者參與學習活動的情形，此一結果係因教育成就較低的高齡者，對於學習活動較缺乏信心所致，或因教育成就較高的高齡者較熟悉學習活動，繼續參與學習只不過是將過去扮演學生的角色予以延伸而已；在藍汀和弗葛特（1997）的研究中，參與學習活動的高齡者，以研究所或專業學校畢業者最多，有314 人，占 36.6%，其次為四年制學院畢業者，有 231 人，占 26.9%，也可以看出此一趨勢。

此外，美國國家教育統計資料中心也指出，在教育程度方面，具有高教育程度的高齡者，參與學習活動的比率高於低教育程度的高齡者（Dickerson, Seelbach and Johnson-Dietz, 1990）。此一現象在國內外的情形相當一致，根據內政部社會司（2003）的統計指出，在參與長青學苑的高齡學習者中，教育程度在高中（職）及大專以上者，計有二萬八千餘人次，占總參與人次的 30.30%。另外，林麗惠（2002）的研究也指出，參與學習活動的高齡者，以高中（職）以上者居多，未參與者以自修識字者居多。

☾ ✦ 四、婚姻狀況

在婚姻狀況方面，一般研究均指出，參與學習活動的高齡者以已婚者居多。根據藍汀和弗葛特（1997）所做的調查結果指出：高齡者參與學習活動以已婚者最多，有 451 人（占 52.9%），其次為喪偶者，有 243 人（占28.4%）。在國內方面的研究指出，參與或非參與者無顯著差異，均以已

婚配偶健在者居多（林麗惠，2002）。

☪★五、健康狀況

在健康狀況方面，一般研究均指出，參與學習活動的高齡者以健康狀況良好者居多。皮爾斯（1991）提到大部分的研究均指出：健康狀況是高齡者參與學習活動的主要障礙之一；在藍汀和弗葛特（1997）的研究中，參與學習者的健康狀況，以填答良好者最多，有462人，占57%，其次為填答極佳者，有248人，占30.6%。在國內的研究也指出，參與學習活動的高齡者，以自覺健康狀況很好者居多，未參與者以自覺健康狀況不太好者居多（林麗惠，2002）。

☪★六、經濟狀況

在經濟狀況方面，一般研究均指出，參與學習活動的高齡者以經濟狀況不錯者居多。在藍汀和弗葛特（1997）的研究中，參與學習者的經濟狀況，以薪資為20,000到39,999最多，有269人，占35.9%；其次為60,000以上，有195人，占26%；在國內的研究也指出，參與學習活動的高齡者，以自覺經濟狀況相當充裕者居多，未參與者以自覺經濟狀況相當困難者居多（林麗惠，2002）。

☪★七、居住狀況

在居住狀況方面，一般研究均指出，參與學習活動的高齡者以與家人同住者居多。根據藍汀和弗葛特（1997）的調查指出，高齡者參與學習活動以跟配偶／同居人同住最多，有450人，占52.4%；其次為獨居者，有329人，占38.3%；在國內的研究也指出，參與或非參與者無顯著差異，均以固定與某些（孫）子女同住者居多（林麗惠，2002）。

綜合上述，性別、年齡、教育程度、婚姻狀況、健康狀況、經濟狀況與居住狀況等因素，均為影響高齡者參與學習的因素，在探討高齡學習活動參與之議題時，尤需考量這些因素可能造成的影響。

第三節　高齡者參與學習的原因

在高齡化社會中，高齡者繼續學習已被先進國家視為一項不可或缺的社會福利，許多推行老人福利較為積極的先進國家，均將「促進老人終身所得安全」與「老人終身不斷學習」，列為社會政策中有關老人福利的雙重目標（張鐸嚴，2000）。本節分別就解決發展任務、提高生活滿足、發揮智慧結晶等三方面，說明高齡者參與學習的原因。

☪一、解決發展任務

在老人教育學領域中最重要的發展之一，就是強調生命全程發展觀點的重要性。生命全程發展觀點假設，伴隨著生命旅程的進展，將會產生發展性的改變，這些改變是多面向的，包括質與量的變化、某些功能的增進、某些功能的衰退等。因此，胡爾（C. O. Houle）在 1974 年即提出，應隨著生命週期不同階段的主要發展議題，而提供相關的教育活動。他更進一步地建議，老年初期的教育活動應以個人的自尊、生活滿意、身心的活躍及社會參與等議題為主要考量（Pearce, 1991）。由此可知，生命全程發展的觀點不但支持高齡者必須參與繼續學習，更強調生命全程發展過程的不同階段應有不同的學習重點。

根據諾爾斯（Knowles, 1990）所提「成人教育學模型」的假設之一，強調成人學習者的學習準備度為因應社會角色的發展任務，亦即，成人發展到某個階段時，該階段的發展任務會促使成人去學習與該任務有關的事物，期能協助個體有效地因應生活。若進一步依艾利克遜（E. H. Erikson）的觀點而言，高齡者正處於成年晚期（五十歲以上），且面臨自我統整與悲觀絕望之發展危機，艾氏認為，當成人進入生命發展的最後階段，應認為他們的生活是統整與一致的，且必須接受自己的生活並從中發覺意義。此外，艾氏也強調：持續參與社會或學習活動，乃是晚年生活充滿活力的重要關鍵，因為藉由這些活動之參與，有助於高齡者將危機化為轉機（Weiss-

Farnan, 1989; Wolf, 1990），進而讓高齡者有連慣性及整體性的感覺（Talento, 1984; Mattingly, 1989）。

此外，哈維赫斯特（Havighurst, 1972）在其「發展任務與教育」書中強調：個體隨著生命週期的轉變，將伴隨著不同週期的發展任務，且將呈現一種學習的準備度與可教時機。若以六十歲作為分界點，正處於哈維赫斯特所指的成人發展階段之晚成年期，其發展任務包括：適應體力與健康的衰退、適應退休及收入的減少、適應配偶的死亡、與同年齡團體建立良好的關係、有彈性地接受並適應新的社會角色、建立滿意的生活安排。參與學習有助於高齡者成功地因應這些發展任務之挑戰（Mattingly, 1989），而且藉由學習活動之參與，將有助於高齡者學習扮演新角色（如：退休者、祖父母）所需的技能（Talento, 1984; Pearce, 1991），進而解決其發展任務。

☾★二、提高生活滿足

胡爾（C. O. Houle）在 1960 年代初期所提出的三分類型動機理論，將學習者分成三種動機類型，第一、目標取向的學習者：將學習視為達成某種目標的方法，而且此項目標是相當明確而具體的；第二、活動取向的學習者：重視參與學習活動過程中所具有的意義，而較不在乎學習活動本身的目的或內容；第三、學習取向的學習者：以追求知識作為其參與學習活動的主要理由（Mattingly, 1989）。

根據胡爾的三分類型論得知，學習取向的學習者，以追求知識為主，看重學習的成果，強調藉由學習活動之參與，可以獲得知能的充實，這些獲得的知能，可轉而應用在生活上，解決生活上的實際問題，或提高生活的水準，因而使生活更加滿意，進而使其決定或持續參與學習活動。更確切地說，此一觀點強調，參與學習活動的原因在於增長知能，因為知能的增長，有助於高齡者適應環境，更有助於開發潛能及自我成長，因而生活滿意度就會提高，這是偏向結果的觀點。

再者，根據胡爾的三分類型論得知，活動取向的學習者，以社交互動

為主，看重學習的過程，涉及學習者在學習過程中自我與學習環境的平衡狀態，強調在學習情境中與其他人進行互動，此一過程讓高齡者覺得快樂，進而使其決定繼續參與學習活動。更確切地說，此一觀點強調，參與學習活動的原因在於活動本身的意義，亦即，在參與學習活動的過程中，能帶給高齡者快樂，使其樂於參與，因而能促進生活滿意度之提高，這是偏向歷程的觀點。

　　綜合上述，不論高齡者參與學習活動的原因在於增長知能，或在於活動本身的意義，均強調藉由學習活動之參與有助於提升高齡者的生活滿足，而且，根據研究指出，參與學習活動的高齡者，生活滿意度高於未參與者（林麗惠，2002）。由此可知，在瞬息萬變的知識社會中，高齡者必須隨時更新既有的知識或技能，並強化自己對社會變遷的適應能力，以期跟上時代的潮流，進而創造生活的新契機。是以，提高生活滿足，有可能成為高齡者參與學習活動的原因之一。

☾ 三、發展智慧結晶

　　由於卡提爾（R. B. Cattell）與荷恩（John Horn）所提流質與晶質智力的概念，已打破傳統對於老化的迷思與刻板印象——老狗不能教以新花樣——認為智力將隨著年齡的增長而下降（Talento, 1984; Mattingly, 1989）；另一方面，根據貝爾茲（Baltes, 1990）將智慧定義為：能在重要而不確定的生活事件中，善用知識且做出正確的判斷與抉擇之能力，此一能力有助於個體將知識運用在日常生活中，以培養特別的洞察力，進而協助人們在不確定及複雜的情境中，做出正確的判斷與選擇。

　　由於高齡者在老化的過程中，如何藉由不斷地學習，使自己安然度過生命中最後一個階段的挑戰，乃是高齡者必須面臨的當務之急。再加上，貝爾茲（1990）也強調：高齡者若能將其累積的經驗，作為修正知識的基礎，將能不斷提升其智慧，進而發揮其智慧結晶。由此可知，高齡者有必要藉由繼續學習，將各種豐富的經驗與累積的知識加以融合並統整，以形成更高一層的智慧，作為解決問題或創新事物之根基。

　　綜合以上，就生命全程發展觀點而言，藉由學習活動之參與，將有助於高齡者重新確認個體生命的意義與價值；就提高生活滿足的理念而言，參與學習將有助於高齡者因應瞬息萬變的生活環境；再就參與學習有助於高齡者發揮智慧結晶而言，藉由繼續學習之參與，將有助於高齡者生活地更有趣、更有用且更能發揮功能（Henry, 1989），此三項都有可能成為高齡者參與學習的原因。

第四節　高齡者參與學習活動的決定模式

　　高齡者參與學習活動雖是社會變遷過程中，不容忽視的發展趨勢，然而，不論對於高齡者或是高等教育而言，都是一項新的挑戰且需彼此適應，以便找出最佳的參與模式。由於參與一般學分、學位課程的學習活動係屬高齡者參與學習活動的型態之一，因此，本節即以高齡者參與高等教育之決定模式來說明高齡者參與學習活動的決定模式。茲分別就基本假設、高齡者參與學分學位課程的分析、高等教育機構接受高齡學習者的分析等三方面說明之。

☾ 一、基本假設

　　參與高等教育的決定模式（decision-making model）指出，高齡者參與學分學位課程之決定，以及高等教育機構迎接高齡學習者的趨勢，取決於高齡學習者、高等教育機構和社會風氣之交互影響，其基本假設如下（Dickerson, Seelbach and Johnson-Dietz, 1990）：

　　㈠高齡者參與學習意願的強度，以及高齡教育機構的承諾程度，取決於認知評估過程，以平衡內外在正負勢力之影響。

　　㈡高齡者和高齡教育機構的互動，會受到機構使命和社會文化之影響。

　　㈢當高齡者和高等教育機構在適應的過程中，產生正向的成果，將有助於未來之互動。

　　㈣關切適應的過程和創新的發現，以增進高齡者和高等教育機構之關

係。

☪★二、高齡者參與學分學位課程的分析

圖 10-4-1 提供一個導引五十五歲以上的高齡者，參與學分學位課程的概念性架構，此一概念性架構參酌勒溫（K. Lewin）的勢力場分析、傑曼和吉特曼（C. B.Germain & A. Gitterman）所提的生態學之觀點，以瞭解高齡者參與傳統高等教育之決定模式。

由圖 10-4-1 可知，高齡者是否參與高等教育活動，受到高齡者本身及高等教育機構的助長因素和阻礙因素之交互影響。就高齡者本身而言，茲將參與學分學位課程的潛在助長因素和抑制因素羅列於表 10-4-1。

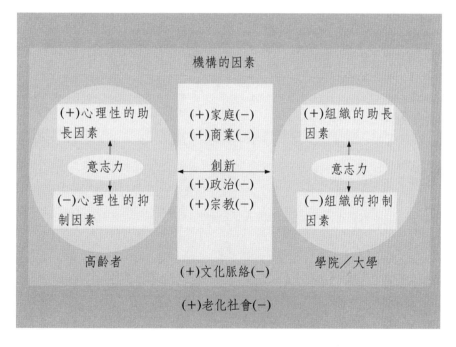

圖 10-4-1 參與高等教育的決定模式圖

資料來源：Dickerson, Seelbach and Johnson-Dietz,1990:300

表 10-4-1　高齡者參與學分學位課程的潛在助長因素和抑制因素彙整表

助　　長　　因　　素
「新一代高齡者」的特性 　　持續地自我成長和對社會的貢獻 　　教育程度愈來愈高 　　預期壽命的延長
教育的傾向 　　生涯發展 　　智能刺激 　　熱愛學習 　　學習新的社會角色 　　自我實現 　　滿足發展需求
接受教育的成效 　　有機會表達教育的傾向 　　學習生存技能 　　賦權與能 　　鞏固地位
抑　　制　　因　　素
生理和心理的因素 　　感覺和認知能力的衰退 　　精力的衰退 　　成就焦慮 　　低自我概念 　　覺察教育需求的衰退 　　缺乏興趣
社會性的因素 　　小孩還沒上大學 　　多重角色扮演的矛盾 　　缺乏配偶的支持 　　覺得與同儕團體不和諧

缺乏資源
　　收入
　　時間
　　交通工具

資料來源：Dickerson, Seelbach and Johnson-Dietz,1990:308

　　上表中的助長因素有助於高齡者參與高等教育活動，抑制因素則有礙於高齡者參與高等教育活動，更確切地說，高齡者是否會參與高齡教育活動，乃取決於這二項潛在因素的交互作用。因此，若能善加運用助長因素的效益，且協助高齡者克服抑制因素之影響，將有助於高齡者參與高等教育活動。

　　在參與高等教育的決定模式中，接受教育的成效也是助長因素之一。根據研究指出，高齡者參與學習活動的成效相當良好，成效包括：參與學習活動有助於退休後生活的安排，參與學習活動有助於處理日常生活的問題，參與學習活動讓高齡者有信心去嘗試新的事物，以及參與學習活動豐富了高齡者的日常生活（林麗惠，2002）。

　　此外，在參與高等教育的決定模式中提及三個抑制因素，包括：生理和心理的因素、社會性的因素、缺乏資源，此與 Hart（2001）所提，高齡者參與學習活動的障礙（包括上課時間和地點之障礙、缺乏資金、缺乏自信、缺乏資訊等障礙）頗為接近；在國內的研究中，未參與學習活動的高齡者，其原因包括：不想參加（含沒有興趣、沒有同伴、沒有合適的課程）、沒有時間、時間無法配合、健康狀況較差、交通不便、想自行研讀，及缺乏學習的資訊等七項原因（林麗惠，2002）。

☪三、高等教育機構接受高齡學習者的分析

　　根據參與高等教育的決定模式之觀點，高齡者參與學分學位課程之決定，也會受到高等教育機構之影響。若就高齡者教育機構而言，面臨愈來愈多的高齡者參與課程時，高等教育機構該如何因應？茲將高等教育機構接受高齡學習者的潛在助長因素和抑制因素分析於表 10-4-2。

表 10-4-2　高等教育機構接受高齡學習者的潛在助長因素和抑制因素彙整表

助　　長　　因　　素
增進智慧的氣氛
開創新的學習對象
補償學費收入的損失

抑　　制　　因　　素
缺乏資源
近便性的議題
行政管理上的議題
資金的限制
課程設計的問題
全體教職員對老化知識的缺乏

資料來源：Dickerson, Seelbach and Johnson-Dietz,1990:315

　　為妥善因應高齡學習者日漸增多之趨勢，高等教育機構實有必要針對上述潛在的抑制因素，尋求積極的因應對策（Dickerson, Seelbach and Johnson-Dietz, 1990）。例如：在有關近便性的議題上（包括資訊、程序和物理環境），應顧及高齡者獲取高等教育資訊的近便性，同時也在申請就學程序和就讀環境上，考量高齡學習者的需求以應變之。

　　在行政管理的議題上，全體教職員首應取得共識，並藉由老化知識的充實或訓練，以瞭解高齡學習者的特性，進而發揮其晶質智力與生命閱歷之經驗；而在課程設計方面，亦應考量高齡學習者的這些特性。在資金的限制方面，乃應將高齡學習者與在齡學習者一視同仁，將資金做統籌規畫，不宜將高齡學習者視為次要或附加的對象。

　　另一方面，根據參與高等教育的決定模式之觀點，高齡者參與學分學位課程之決定，除了受到高等教育機構的影響之外，也會受到其他社會機構因素（包括：家庭、宗教、政治和商業）之影響。首先，在家庭方面，高齡者在家庭中扮演祖父母的角色，可藉由高等教育活動之參與，學習如何與中年子女及孫子女相處，並增進代間的瞭解以減少衝突；不過，也有

可能因為中年子女需外出工作，使得祖父母需扮演替代父母的角色，以照顧年幼的孫子女，而造成參與高等教育活動之障礙。

在宗教方面，當高等教育機構未能及時因應高齡學習者日漸增加的趨勢時，宗教團體即扮演了一個很好的教育提供者角色（如：松年大學）；不過，若宗教團體未將提供高齡者教育視為其機構任務時，將較難發揮此一即時應變之功能。在商業方面，可藉由準備二度或三度就業生涯，作為激發高齡者持續參與教育活動之誘因。

在政治方面，根據美國國會於 1987 年通過的美國老人方案（Older Americans Act）修正案中指出：第一、提供免費的高齡者學習課程（post-secondary education）；第二、彙整專科和大學提供給高齡者的學習活動資訊，包括免學費和學費優惠方案；第三、在老人中心、安養中心和其他老人聚會處所傳播教育活動資訊。在這些政策的帶動下，將有利於高齡者參與教育活動。

第五節　促進高齡者參與學習活動

參與學習活動，為高齡教育活動最重要的工作。如何促進參與的問題，一向為高齡教育學者所關注的主題。本節提出促進高齡者參與學習活動之意見，以供推展高齡者教育，訂定課程內容，辦理高齡者教育活動，及改進教學方法之參考。

☾一、提供符合高齡者學習需求之課程，以促進學習活動之參與

根據研究可知：高齡者每週參與學習活動的次數以 1～2 次者為最多；每個月參與學習活動的時數以 16 小時（含）以下者為最多；在參與態度方面，有七成的高齡者對參與學習活動，抱持樂於參與的態度；同時也有六成五的高齡者，認為參與學習活動是一件很重要的事（林麗惠，2002）。因此，為促進高齡者參與學習活動，高齡教育機構，實有必要提供質量均衡，且符合高齡者學習需求之課程，以延續其參與行為。其可行途徑為：

1. 藉由學習需求之調查，及學習者特性之瞭解，以提供滿足其需求的課程。
2. 藉由學習成效的誘因或成功經驗的引導，並配合高齡者的作息安排課程，以創造高齡者的學習需求。
3. 在提供多元化課程的同時，亦應注重課程內容的品質，宜將時代的脈動、老年期的發展任務和社會角色等一併考量，期能真正切合高齡者之學習需求。

☾★二、針對不同特性的高齡者，採取適切的行銷策略

根據研究可知：高齡者參與及未參與學習活動，將因性別、年齡、教育程度、健康狀況與經濟狀況之不同，而有顯著差異。未參與學習活動者的社會人口特性如下：在性別方面——未參與者以男性居多；在年齡方面——未參與者以八十歲（含）以上者居多；在教育程度方面——未參與者以自修識字者最多；在健康狀況方面——未參與者以自覺健康狀況不太好者居多；在經濟狀況方面——未參與者以自覺經濟狀況相當困難者居多（林麗惠，2002）。基於這些參與者的社會人口特性，高齡教育機構，應參酌未參與者的社會人口特性，採取適當的行銷策略，且應將高齡者關切的學習成效納入考量。其可行途徑為：

1. 使用與高齡者生活經驗相近的語言進行宣導，宣導的內容應明白易懂，並強調課程的實用性。
2. 藉由高齡者經常接觸的傳播工具（如：社區巡迴宣傳車），或借重地方人士的力量進行推廣，以網羅不同特性的高齡者來參與學習活動。
3. 藉重高齡者本身將自己的學習經驗廣為宣傳，或藉由高齡者的親友、孫子女進行宣導，以增加宣導的可靠性和說服力。

☾★三、鼓勵教師採多元化的教學策略，以符合高齡者的學習特性

黃富順（1997）曾提出高齡學習者的身心特性，包括：㈠自尊心強，

學習的信心低；㈡具自主與獨立的需求；㈢具老年友誼的需求；㈣人格的連續性—人格的類型及特質有其連續性；㈤心理因素易對健康產生影響；㈥反應時間及動作的緩慢；㈦記憶能力的改變。由此可知，高齡學習者的異質性相當高。為能達到藉由學習活動之參與，以提高生活滿意度之理想，高齡教育機構，應鼓勵教師採多元化的教學策略，以符合高齡者異質化的學習特性。其可行途徑為：

1. 採用啟發式教學，並運用成人教學策略（如：放慢速度、尊重學習者），以降低老化現象對高齡者學習之影響。
2. 重視高齡者豐富的生命經驗，讓學習內容與生活產生連結；並強調問題取向的課程設計，以協助解決實際生活的問題，進而適應老年期生活角色的轉變。
3. 營造不具威脅性的學習氣氛，且多給予高齡學習者積極正向的回饋，從中培養學習信心與興趣。

☪四、體認參與學習活動的重要，並以積極的態度主動參與，以提高生活滿意度

根據研究可知：參與學習活動的高齡者，在生活滿意度方面高於未參與者，而且參與頻率愈高、參與時數愈多、參與態度愈積極、參與成效愈好，生活滿意度也將愈高（林麗惠，2002）。有鑑於此，高齡者本身應體認參與學習活動的重要，並以積極的態度主動參與，藉以提高生活滿意度，其可行途徑為：

1. 加強學習活動的參與，從中體驗參與學習活動的好處及樂趣。
2. 主動邀約好友、鄰居一起參與學習，以持續參與的行為。
3. 以積極的心態、輕鬆的心情參與學習活動之進行。

☪五、將參與學習活動視為老年生活規劃的一部分

由於創造高齡者的生活滿意乃是老年期生活的重要目標，而高齡者想要進行成功老化的不二法門，則需藉由學習活動之參與進而提高其生活滿

意度。因此,高齡者本身應將參與學習活動視為老年生活規畫的一部分,以期提高生活滿意度,其可行途徑為:

1. 在退休前就廣泛蒐集學習活動之相關訊息,並依自己的興趣規畫學習活動之安排。
2. 將參與學習活動所需的成本,納入退休金的規劃項目之一。
3. 以參與成效(如:參與學習活動有助於處理日常生活的問題)作為激發參與動力之觸媒。

第十一章

高齡者的學習需求

　　無庸置疑的，高齡學習者受到老化勢力的影響，而有其獨特的發展任務、認知功能、學習偏好、與參與型態（Lamdin & Fugate,1997）。在此背景下，高齡學習者的學習目的、需求、與動機，也有別於一般的成人學習者。馬克拉斯基（H. Y. McClusky）在 1971 年的「白宮老人會議（White House Conference on Aging）中，所提出的高齡學習者參與學習的五類需求，可說是教育老年學裡對高齡學習者的學習需求研究之濫觴（Hiemstra, 1998; Peterson, 1983）。此後，即陸續有不同的學者針對高齡者的學習需求與學習動機進行研究（例如，Abraham, 1998; Bynum & Seaman, 1993; Davenport, 1986; Hiemstra, 1972, 1976, 1982; Jensen, 1999; Londoner, 1990; Manheimer, 1989; Purdie & Boulton-Lewis, 2003）。雖然不同的研究所獲致的結果不盡相同，然而這些研究的完成，相當程度能做為高齡教育提供者規劃高齡學習者學習活動時之參考，同時對於高齡教育政策之規劃與實施也具有重要的參考價值（Manheimer, Snodgrass, & Moskow-McKenzie, 1995）。有鑑於此，本章特以此為探討主題，首先說明高齡者學習需求的意義與研究取向；其次說明現有之理論內容；再次則就學習需求的研究進行說明；最後，則討論高齡者學習需求在高齡教育上的意義。

第一節　高齡者學習需求的意義與研究取向

　　學習動機不僅可以用來解釋高齡者為什麼參與學習活動，更是解釋學習者之所以持續參與學習的重要因素。一般而言，在探討學習動機的研究中，「學習需求」一詞常相伴出現，甚而成為交替使用的名詞。因此，在探討本章各相關主題之前，有必要先對學習動機與需求的意義有所瞭解。

☾＊一、學習需求的意義

　　在心理學的領域中，動機是用來解釋個體在情境中特定行為的開始、延續、強度、方式的一種心理架構（Eccles, Wigfield, & Schidfele, 1998）。將此定義延伸至學習領域之中，則可以將學習動機視為是解釋個體在特定情

境中，願意開始學習活動、持續學習、克服學習障礙、及學習方式的心理架構。值得注意的是，教育者如要能觀察或評量到學習者的學習動機，通常是在學習者已經參與或投入某一類型的學習活動之後。因此，教育工作者必然關心的另一個議題是，影響學習者形成學習動機的因素為何。一般而言，最常用來解釋學習者產生學習動機的因素，即是學習者主觀覺察的需求，包括：(1)個體覺察實際狀態與目標狀態之間的差異；(2)個體希望或偏好的狀態；(3)個體感到匱乏的狀態（Monette, 1979）。朗頓勒（Londoner, 1990）將這些需求視為是促使學習者產生學習動機的「誘發事件（trigger event）」。正因為學習需求和學習動機之間的關係如此密切，因此在學理上常將學習需求與學習動機一併討論，或做為交互使用的兩個名詞（Jensen 1999; Manheimer et al., 1995; Rogers, 1996）。依此脈絡，本文亦將學習需求與動機合併討論，並以高齡者的學習需求為主要的論述範圍。

依據彼得遜（D. A. Peterson）的看法，學習需求的評估向度最少有兩種，第一種是請學習者表達自身學習需求的方式，第二種則是由專家學者依據理論與專業知識的方式（Peterson, 1983）。不論是由何種評估向度得到學習者的學習需求，所得到的都是個體目前有所匱乏，或是覺得有所需要的部分。以此概念為基礎，可以將學習需求（learning needs）定義為，個體自身意識到有所匱乏或有所需要，或是專家學者判定學習者會有所匱乏，或應該要有的部分，所表現出來的欲求或是偏好。

☾二、高齡者學習需求的研究取向

概覽教育老年學文獻裡有關高齡者學習需求之研究，依其研究取向可分為兩大類，第一類型的研究是一種由上而下的研究取向，所謂的由上而下的研究取向，乃是指該研究採用一種既定的理論，做為界定高齡者學習需求類型之主要架構。例如素有教育老年學之父之稱的馬克拉斯基在 1971 年時，以教育介入可以提供高齡者生活品質的觀點，將高齡者的學習需求區分成五類：應付的需求（Coping Needs）、表達的需求（Expressive Needs）、貢獻的需求（Contributive Needs）、影響的需求（Influence Needs）、

以及超越的需求（Transcendence Needs）等。同樣的，朗頓勒（C. A. Londoner）採用哈維赫斯特（R. Havighurst）於1969年發展出來的工具性與表達性教育目的之架構，做為區分高齡者學習需求的工具，亦是此一研究取向的代表。

第二種類型的研究為由下而上的研究取向，之所以稱之為由下而上的研究取向，係指這類型的研究並沒有特定的理論架構，其評量高齡者之學習需求的研究工具，通常是從和高齡者的半結構式訪談資料中發展而來的。以普爾第和波爾頓－勒溫斯（Purdie & Boulton-Lewis , 2003）的研究為例，該研究在沒有採用任何特定的理論架構下，先依據其對 17 個高齡者的訪談資料，將高齡者的學習需求為四種類型，分別是技術性及知識的需求、健康議題的需求、休閒的需求、以及生命議題的需求。並在將這四類型的學習需求發展成問卷後，即針對160個高齡者進行問卷調查。其調查結果發現，高齡者對於健康議題的學習需求遠高於其他類型的學習需求。同樣是沒有特定理論架構下所發展出來的研究，拉姆定和傅格特（Lamdin & Fugate, 1997）針對 860 個高齡者所進行的問卷調查研究，則發現高齡者之所以參與學習活動，最主要的原因是為了能「樂在其中」，其次則是社交性的需求。同樣的，傑森（Jensen, 1999）針對七個在大學裡攻讀學位的高齡者所做的研究，也是此一研究取向的實例。該研究同樣也是沒有採用特定的理論架構，而以深度訪談的方式，探討促使七位高齡學習者重回學校攻讀學位之學習需求。該研究的一個主要發現是，證明自己仍然可以學習，並藉由此一學習活動和年輕的世代保持互動，是七位受訪談的高齡者所共有的學習需求。不可諱言的，上述三個實徵研究所獲致的結果，無法用來解釋或描述大多數高齡學習者的學習需求，但是此類型的研究，卻相當程度能反應出某一特定時空情境下的高齡者的學習需求。誠如朗頓勒（Londoner, 1990）所言，不同時代的經濟環境會導致高齡學習者有不同的學習需求。因此，在進行高齡者學習需求評估的研究時就也要能因應高齡者所處之社會情境的不同而有所調整。

綜而言之，最少有兩種研究取向可以瞭解高齡者的學習需求，一種是

由專家學者以其專業知識所做的判斷，而其研究方式通常就是採用本文所說的「由上而下」的研究取向；另一種則是歸納整理高齡者偏好的學習內容或興趣而來，其採用的研究方式則通常是本文所說的「由下而上」的研究取向。有趣的是，學者認為高齡者需要或應有的學習需求，和高齡者本身知覺或所要的學習需求未必一致（Peterson, 1983）。事實上，朗頓勒（Londoner, 1990）的研究也發現上述兩類型研究結果的相關程度，並未達統計上的顯著水準。對此現象，高齡教育規劃者必然面臨的問題是，該採用哪一種取向的研究結果做為課程規劃之依據，才能為高齡學習者設計出適當的課程。如要能周詳的思考這個問題，則需先對目前已有之理論與實徵性研究有所瞭解，以下探討相關理論架構的內涵與研究發現。

第二節　高齡者學習需求的理論架構

一般而言，教育學者們對於學習需求的界定，往往是由三種思維交織而成。首先是教育的應然性，其主要的理由是教育乃是個體為維特生存的重要途徑（Hiemstra, 1982; O'Connor, 1987）；其次，則是哲學上的理想性，而其理由則是為了個體持續發展的理想（Manheimer, 1989; Monette, 1979）；最後，則是社會系統的合理性，其理由則是社會資源的共享（Peterson, 1983）。因此，學者們所界定出來的學習需求，所含括的範圍通常會從維持生存的層次到實現生命意義的層次。馬克拉斯基對高齡者學習需求的五項分類即是此這一類型中最為人熟知的一個例子（Hiemstra, 1998）。朗頓勒以二分化的學習需求類型，則是對應用性研究影響相當廣泛的一種分類方式（Merriam & Lumsden, 1985）。以下分別說明上述兩位學者對高齡者學習需求之分類及其內涵。

☾ 一、馬克拉斯基的五種學習需求

馬克拉斯基認為教育應當是協助學習者解決日常生活問題的主要途徑，並以此觀點為基礎，主張為高齡者所提供的教育活動，應該要能滿足

以下五種學習需求：

㈠應付的需求

高齡者的日常生活中最常面臨的困難有二，首先是老化導致其生理與認知功能的衰退；其次則是其原有的社會互動方式不足以應付快速變遷的社會。為解決上述的困難所衍伸出來的學習需求，就是應付的需求。換言之，應付的需求就是使個體能在複雜的社會中充份發揮功能的需求，其內容包括有基本的生理需求、社會互動、消費能力、以及日常生活所必須的技能等。如果個體的這些需求不能得到最低程度的滿足，則個體非但無法繼續生存，更遑論會有額外的精力追求成長或是利他的行為產生，因此這種應付性的需求也可以稱之為是一種生存的需求。

一般常見的高齡者教育課程中，就有許多是因應高齡者此種應付性的需求所發展出來的課程。彼得遜（Peterson, 1983）認為這些和應付性需求有關的課程，最少又可以分為以下五種領域，分別是：

1. 為因應老年生活中所發生的正常生理老化的課程，或是協助高齡者發展出適應老年生活策略的課程；

2. 教導高齡者如何適應或調適新的生活情境，例如因配偶生病或死亡、退休生活的規劃、以及因生活環境改變而需要發展新的人際關係等的課程；

3. 教導高齡者規劃其經濟生活的課程，包括退休後收入減少的因應、如何以固定的退休金來因應物價的波動、對政府所提供的福利基金的瞭解；

4. 教導高齡者調適情緒的課程，例如為因應自身的老化或是他人所持的刻板印象所引起的情緒改變，或是如何接受「已是老者」的事實等的課程；

5. 教導高齡者因應心智能力退化的課程，這類的課程包括有教導高齡者以新的記憶策略來因應記憶與智力的改變、在生活上增加輔助的機制以因應聽覺與視力的減弱、或是人格發展問題的探討等。

㈡表達的需求

　　這是一種為活動而活動，為參與而參與的學習需求。要從活動或參與活動本身獲得內在的回饋。例如在參與過程所得到的滿足感、參與感，或是想要從體能性活動或社交性活動中得到樂趣，都屬於這類型的學習需求。高齡者之所以會有這類型的學習需求，一方面為了彌補其年輕時因工作忙碌或社會角色而不得不放棄的興趣；另一方面則是退休後的高齡者有更多的時間可以重拾舊有的嗜好，或是培養新的興趣。正因為此類型的學習活動，乃是為學習而學習。因此，參與此類型課程的高齡者其學習目的通常有別於為學位、找工作、或是為在工作上有更高一層發展的學習者。

　　彼得遜（Peterson, 1983）認為一般為高齡者所提供的學習課程，是屬於此一學習需求的課程有兩大類：

1. **休閒活動的教育課程：**此類型的課程因學習者的興趣而有很大的差異，舉凡美術、園藝、音樂、戲劇、或運動等可以激發創造力或是增強體力的課程，都是屬於此類型的課程。一般而言，這類型的課程相當受到高齡學習者的青睞，因為參與這類型課程的人數不僅相對較多，其參與的時間性也相對較長。

2. **社會關係的活動：**對許多高齡者而言，參與學習活動最主要的樂趣，就是可以經由活動分享的過程，與社會保持接觸或是發展新的友誼。由於許多的學習活動都可以滿足高齡者這方面的學習需求，因此較少有專為此類型興趣而開設的高齡者學習課程，最常見就是在一般課程中，加入適當的活動來滿足高齡者對人際互動的需求。

㈢貢獻的需求

　　一般而言，人們往往有從幫助他人增進自我價值或充實自我的傾向或欲望。對於許多高齡者而言，能繼續幫助他人不僅意味著有更多的機會繼續與社會互動，更重要的是可以提升自我價值感。事實上，這也是為何許多的高齡者從工作崗位退休後，仍持續的參與福利機構的服務工作，或是

繼續在宗教活動奉獻的重要原因之一。

　　雖然大多數的高齡者都有這種貢獻性的需求，但是並不是所有的高齡者都有為他人服務的能力。對此議題，高齡教育機構所能扮演的角色就是為高齡者提供適當的課程，以提升其為他人服務的能力。彼得遜（Peterson, 1983）認為若要滿足高齡者貢獻性的學習需求，則教育機構最少可以提供以下三種課程取向：

1. **發展並引導高齡者貢獻的動力：**瞭解服務他人的意義與價值，將是觸發高齡者滿足其貢獻性需求的重要前提。
2. **幫助高齡者發現自己的興趣和潛能：**因為唯有瞭解自己有哪些能力或潛能可以為他人服務，高齡者才有可能開始其服務性的工作。
3. **授予充分的服務知識和技能：**對許多高齡者而言，缺乏正確的服務他人的知識或技能，往往使其在服務他人的過程中倍感挫折，因此教導高齡者正確的服務態度與技能，方能幫助高齡者持續參與服務性的工作。

㈣影響的需求

　　一般而言，幾乎所有的人都希望因自己的努力，而使社會發生有意義的變遷，而這也就是馬克拉斯基所說的影響的需求。因此，即使是高齡者，他們也仍然有意願涉入公共事務或對社會中重大之議題提供獨特之見解，以期經由政治活動、社區團體、服務組織，或是半官方機構之參與，以滿足其影響性的需求。事實上，高齡者不僅擁有較其他年齡群更多的空閒時間，同時也有較其他年齡群的人更多的生活經驗。因此，高齡者算是相當適合於發展此一影響需求的一群。

　　然而，要能參與公共事務的討論或是社會重大議題的決定，除了需要對政府決策的過程及複雜的科層體制有所瞭解，還需要有對該公共事務或社會議題的背景知識。而這些知識往往超過大多數高齡者所能理解的知識，因此高齡者教育的專業機構在此議題上，一樣可以扮演起協助高齡者發展相關知識的角色。彼得遜（Peterson, 1983）認為高齡者教育方案的規

劃人員，對此議題的著力點最少可以有以下四個方向，分別是：

    *1.*協助高齡者認清其在公共事務中所能扮演的最適當角色。

    *2.*協助高齡者發展參與政治團體或組織社區團體的能力與技巧。

    *3.*協助高齡者瞭解可以使用之社會資源及相關的支持系統。

    *4.*協助高齡者發展評估活動結果的能力。

(五)超越的需求

    馬克拉斯基認為每個個體都會藉由回顧自己過往的生命，或是超越生理上的限制，來深入瞭解自己生命意義的需求。對於高齡者而言，超越生命意義的這種需求，則較其他年齡層的人來得強烈。主要的原因是他們較其他年齡層的人更接近死亡，因此，他們需要瞭解自己生命的意義。正如艾利克遜（Ericson, 1980）對老年期的發展任務的描述，個體進入老年期後即意味著已接近人生不可避免的終點，此時高齡者必需能思索自己此生之意義及重要性，同時也要能適應和超越身體功能的衰退，進而從統整的生命意義得到幸福感，並能坦然的面對死亡。

    雖然統整及超越是高齡者此一時期的主要發展任務，但並不是每一位高齡者都完成此一發展任務。未能完成這些發展任務的高齡者，可能會因為意識到所剩之日無多，又無法適應身體功能日益衰退所帶來的不適感，而對其生命感到徹底的絕望。此時，高齡教育的專業機構所能扮演的角色主要是藉由課程的提供，以引導高齡者完成此一生命時期所應該完成的發展任務。彼得遜（Peterson, 1983）認為要滿足高齡者此方面學習需求，最少可以有以下三種類型：

    *1.*邀請一些對自身之生命態度已有相當洞見的高齡者，與參加課程的學員分享其自身的經驗；

    *2.*在課程中拓展高齡者對不同年齡、不同文化生命意義的瞭解；

    *3.*在課程中提供溫暖及支持性的回顧活動，以利高齡者就其自身之生命意義進行反省。

綜合以上的討論，可知馬克拉斯基所提出的這五項學習需求，基本上

是以高齡者的發展任務為主軸，而提出的「應然性的學習需求」。所謂應然性，就是指教育學者們認為學習者應該要有的學習需求。既然是一種應然性的學習需求，也就意味著不是所有的高齡學習者都會覺察到或覺得有需要的這五種學習需求。因此，如何引導高齡者覺察並發展出這些學習需求，即是馬克拉斯基的需求概念對高齡教育專業工作最主要的意義。

☪二、朗頓勒的表達性需求與工具性需求

朗頓勒採用哈維赫斯特在社會學的架構中所提出的工具性的教育活動和表達性的教育活動的概念，將高齡者的學習需求分為表達性與工具需求的模式，可說是對高齡者學習需求的描述最具理論架構的一個模式（Jesen, 1999; Peterson, 1983）。事實上，朗頓勒所提出的這兩種需求類型，也是最常被應用在高齡者學習需求研究的一個模式（Merriam & Lumsden, 1985）。正因為該模式被應用的情形相當普遍，隨之而來的爭議也較多，其中最常見的爭議這兩個概念是截然二分的概念或是連續性的概念。以下先就朗頓勒所提出的工具性需求和表達性需求的意義做說明；其次，則說明影響高齡者學習需求的因素；最後即就此一模式所面臨的爭議進行討論。

㈠工具性和表達性的需求

朗頓勒（Londoner, 1990）認為個體的學習需求可以依其滿足感是否立即實現，區分成工具性的需求和表達性的需求。當個體要藉由參與學習活動使其某些欲望得以實現時，其自學習活動中所能得到的滿足感，往往也需要等到個體原先所設定的欲望實現後才能獲得，而這就是所謂的工具性需求的取向。舉例而言，個體參與法語學習的課程乃是為了實現其到法國旅行的夢想，因此，個體自學習活動中所能得到的滿足感，往往需延至個體至法國旅行後才能獲得。

但是當個體的滿足感，可立即從參與學習活動過程中獲得，則此類型的學習需求是一種表達性的需求。同樣以學習法語為例，對於有表達性需求的學習者而言，他們學習法語並不是為了滿足其他的欲望，而只是單純

的享受學習法語的過程中所獲得喜悅感。

㈡影響高齡者學習需求的因素

自朗頓勒提出上述高齡者學習需求的模式後,即有許多的研究試圖瞭解高齡者偏好哪一類型的學習需求。例如,赫曼斯特(R. Himestra)在 1972年時針對 86 個退休高齡者(平均年齡為 70.9 歲)所做的研究,發現高齡者雖然對學習課程的偏好有相當大的差異性,但若將學習者所偏好的課程依其滿足感是否立即實現,而區分成工具性取向和表達性取向兩大類後,則會發現這些高齡者比較偏好工具性取向的課程(Himestra, 1972)。此外,歐克倫爾(D. M. O'Connor)在 1987 年也曾經採用此一需求評估的架構,針對老年寄宿所的學員 88 人及在一般大學裡進修的高齡者 83 人進行研究,發現有 92%的老年寄宿所的高齡者,及 79.5%在大學進修的高齡者表示,他們來參與學習活動是為了學習而學習(O'Connor, 1987)。此一結果顯示,大部分的高齡者參與學習是受到表達性學習需求的影響。

以上兩個研究所反應的一個事實是,同樣採用工具性需求與表達性需求為評估架構的研究,所獲致的結果未盡相同。採用同一個理論架構卻有不同的研究結果,朗頓勒(Londoner, 1990)認為學習者的學習需求本來就會受其社經背景、教育程度、退休前工作型態、以及所處時代背景等變項的影響。事實上,馬庫斯(Marcus, 1978)的研究以多元迴歸分析發現,年齡對於高齡者偏好的學習需求類型最具有預測力,而且愈年長的高齡者愈偏好表達性的學習需求;此外,社經背景與經濟收入也會影響高齡者的學習需求,社經背景愈高以及經濟收入愈高者,愈偏好表達性的學習需求。因此,朗頓勒認為不同研究所發現的結果不同,對高齡教育工作者最主要的意義是,要瞭解自己所服務的高齡者,其可能偏好的學習需求是什麼。

㈢二分化概念與連續性概念的爭議

不同的研究獲致不同的研究結果,雖然可以使高齡教育工作者瞭解,高齡者有不同的學習需求。卻在學術研究中產生一個爭議,即學習需求能

否被工具性需求與表達性需求清楚區隔，抑或這兩個概念只能以連續的方式來描述學習者的學習需求。曼赫海默等人（Manheimer et al., 1995）就認為朗頓勒這種二分法的方式最主要的問題是學習者的學習需求未必能清楚的歸入哪一種類型中。例如，一個報名參加「如何使用網際網路」的高齡者，他的學習目的可以是為了樂在學習，同時也是為了能和孫子女溝通。這樣的問題會使研究所得到的資料無法真正反應學習者的需求。例如在大多數的研究中，智慧成長往往被視為一種表達性的學習需求，但是對於高齡者而言，可能會將這部分的學習視為是一種資訊的取得。同樣的，在這些高齡者當中有些人將資訊的取得視為一種手段，其終極目的是為了讓自己在社交場合中有更多與人交談的話題。

　　有鑑於將學習需求二分的方式會有上述的爭議，有些學者則改採連續性的方式來探討高齡者的學習需求，威爾滋和查諾（Wirtz & Charner, 1989）的研究就是其中的一個例子。他們認為之前的研究會獲致完全相反的結果，一個合理的解釋是高齡者的學習需求其實並不是兩極化的現象。反之，往往是這兩種學習需求的混合體，學習需求的差異主要來自於學習者哪一部分的學習需求較多而已。他們的研究發現，在 490 個接受調查的高齡者中，有 64% 的高齡者認為參與該學習活動的理由同時包括有工具的需求及表達性的需求。此一結果最主要的意義是，單一的學習需求取向未必能解釋大多數高齡者參與某一活動的理由。事實上，朗頓勒（Londoner, 1990）也指出，雖然他過去主張為高齡者設計的課程，應該偏重工具性的學習需求；但是為了提升高齡者繼續學習活動的意願，教學者在設計課程時應儘量包含工具性需求和表達性需求兩種。

　　綜合以上的討論，可知朗頓勒認為只要參與學習是基於能立即自學習活動中獲得滿足感，即為表達性的需求；反之，如果學習者自學習活動中得到的滿足感需要等另一個目的完成後才能獲得的，則為工具性的需求。這兩種學習需求的概念由於其區分的方式清楚，而且也能解釋大多數的高齡者參與學習活動的理由，因此，一直是高齡者需求評估研究領域中廣被應用的一個理論架構。值得一提的是，此一架構也有相當高的實用價值，

其主要的效益是教育專業人員可以用這兩種需求架構,來檢視高齡者的課程,是否符合其學習需求。

☾★ 三、綜合討論

雖然馬克拉斯基所提出的五種學習需求,以及朗頓勒所提出的兩種學習需求,其背後所採取的架構不同。但是這兩個理論架構卻有相似之處。例如,馬克拉斯基所說的應付需求和朗頓勒所說的工具性需求的內涵是相似的。因為依照馬克拉斯基對「應付的需求」之定義,可知此類需求指的是學習者為能解決其日常生活所遭遇的困難的學習需求。很明顯的,基於此類型的學習需求而參與學習活動,學習者並不是為了樂在學習而學習。因此,學習者的滿足感,常常是在遭遇到的問題得到解決後才會獲得。此一情況依朗頓勒的定義而言,即是所謂的工具性的學習需求。此外,兩者也都強調學習者有只為學習而學習的需求,只是朗頓勒並未將此類型的需求進一步的分類。而馬克拉斯基所說的超越的需求,因為學習者往往能自這類型的學習活動中得到立即的滿足,因此以朗頓勒的定義而言,就是一種能滿足學習者表達性學習需求的課程。既然朗頓勒的工具性需求和馬克拉斯基的應付的需求有相似的意義,朗頓勒的表達性需求也可以解釋馬克拉斯基的超越的需求。因此,吾人以為可以用兩個向度的方式(如圖 10-2-1 所示)來描述這兩個架構的關係。而此一矩陣關係相當程度可以提供對高齡者的學習需求有更進一步的瞭解。

第三節 高齡者學習需求的相關研究

誠如朗頓勒(Londoner, 1990)所言,評估高齡者的學習目標和需求不僅是一件費時且吃力的工作,而且也不容易得到令人滿意的結果,以至於甚少有學者願意就此議題進行研究。換言之,在教育老年學的研究領域當中,探討高齡者學習需求的實徵性研究並不多見。然而,由於對高齡者學習需求的瞭解,對於課程的規劃或政策的制定扮演著重要角色。因此,自

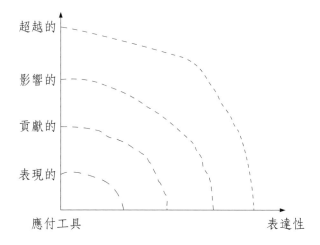

圖 11-2-1 馬克拉斯基的五項需求和朗頓勒的兩種需求的關係

資料來源：自行整理

1970 年代教育老年學開始其專業化的發展以來，即有學者就高齡者的學習需求進行研究，其中赫默斯特於 1972 年時以調查研究法針對 86 個退休高齡者所進行的研究，可說是高齡者學習需求研究中的第一篇實徵性研究。直至今日，仍有學者就此議題進行探討，例如普爾第和波爾頓－勒溫斯（Purdie & Boulton-Lewis, 2003）針對 160 位七十歲以上的高齡者，以半結構式的訪談法及問卷調查進行研究，是目前的高齡者學習需求實徵性研究中新近的一個研究。

　　就研究方法的取向而言，量化的研究仍是研究者們探討高齡者學習需求的主要研究取向（Manhiemer et al., 1995）。但仍偶有以質性方式探討高齡者學習需求的研究，例如傑森（Jensen, 1999）針對七位高齡者以敘述性的訪談方式進行的研究。然而因為質性取向的實徵性研究仍相當少見。因此，本章仍以量化的研究為主要的探討範圍。大體而言，這些探討高齡者之學習需求的實徵性研究，可以依其有無驗證既有之高齡者學習需求理論而大分為兩類。依本章之前所提到的兩種研究取向而言，在研究中如以現有理論來解釋高齡者學習需求的研究，即可以視為是「由上而下」的研究

取向；反之，若研究並未依循任何特定之理論，則可以視為是「由下而上」的研究取向。以下除先分別說明這兩類研究取向中主要的研究發現；最後，並就這些實徵性研究可能面臨的方法論上的議題略做說明。

☾✸ 一、「由上而下」取向的研究結果

自朗頓勒提出其兩種學習需求的理論概念後，即有不少的學者就此理論進行實徵性的研究，一般來說這些實徵性研究依其發表的型態而言，最少包括有兩種，一種是發表在已被「社會科學引用指引資料庫（Social Science Citation Index [SSCI]）」列為前 100 名的名單中的期刊上的研究，例如赫默斯特於 1972 年在《成人教育季刊（*Adult Education Quarterly*）》，所發表的〈高齡期的繼續教育：一個高齡者需求與興趣的調查研究（Continuing education for the aged: A survey of needs and interests of older people）〉，或是歐克倫爾於 1987 年在《教育老年學（*Educational Gerontology*）》，所發表的〈高齡者和高等教育：工具性或表達性目的？（*Elders and higher education: Instrumental or expressive goal*?）〉，就都是屬於這一類型的研究；另一種則是未發表的博士論文，例如馬庫斯（Marcus, 1976）以多元迴歸分析的方式檢驗高齡學習者之社會背景變項對其學習需求類型的影響，或是高德洛（Goodrow, 1974）以卡方考驗的方式檢驗年齡、性別、種族等因素對高齡學習者學習需求類型的影響，就是屬於這類型的實徵性研究（Londoner, 1990）。

通常博士論文的完成其研究的嚴謹性及成熟度上都已具有相當程度的水準，但因為並未正式的發表在被該學術領域社群所接受的期刊上，其學術的可參考性仍不如已發表在重要期刊的那些研究（American Psychology Association, 2001）。此外，專業之學術期刊如能被「社會科學引用資料庫（SSCI）」列為該領域中的前 100 名期刊，其學術的參考價值往往相當高，職是之故，本文在此僅就已發表於社會科學引用資料庫之前 100 名的期刊上的研究進行討論。

整體而言，目前這些以朗頓勒之需求理論為其研究之主要理論架構的

研究，都普遍發現朗頓勒之需求理論的確相當程度可以描述高齡者之學習需求或可以用來解釋高齡者之所以參與學習活動的動機。換言之，這些實徵性研究為朗頓勒的理論提供了相當重要的實徵性資料。有趣的是，不同的研究所獲致的研究結果並不完全相同。例如有的研究發現大多數的高齡者所偏好的是工具性學習需求的課程，但是也有研究獲致完全相反的結果，即大多數的高齡者所偏好的是表達性學習需求的課程。無庸置疑的，不同的研究對象、問卷工具的使用方式、及研究執行的時間就會使其研究的結果有所不同。為能清楚的瞭解不同的研究何以獲致不同的研究結果，以下即就幾個具有指標性的研究做說明。

㈠赫默斯特（Hiemstra, 1972, 1976）的研究

最早提出高齡者偏好工具性學習需求取向的課程的研究，是赫默斯特於 1972 年時所做的研究。其調查對象包括：33 位住在密西根州的退休教師、12 位在愛荷華州之休閒協會中的高齡者、以及內布拉斯加州的 32 位退休公務員及 9 位高齡者，共計 86 位。該研究所使用的研究問卷共有四個部分，其中的第三個部分即是為瞭解高齡者之學習需求。在此部分中，共包括有 12 個針對高齡者日常生活所必需克服的問題所設計的工具性課程題目（例如，「營養及老化的過程」、「如何使你的退休金發揮最大的效益」、或是「退休生活中的醫藥保健」），及 44 個可以增進高齡者生活樂趣的表達性課程題目（例如，「藝術欣賞」、「雕刻入門」、「墨西哥的古文物」）。該研究請填答問卷的高齡者以複選的方式勾選其感興趣或願意參加的課程。經由分別計算高齡者選擇兩大類型課程之平均次數，並以卡方統計的方式比較二者間的差異情形，結果發現高齡者明顯偏好工具性學習需求取向的課程。

赫默斯特有鑑於其第一篇的研究並未就高齡者之背景變項對學習需求的影響進行研究。他即於 1976 年針對 256 位退休的高齡者，就其年齡、性別、地區、教育程度、及工具型態與學習需求偏好的關係進行探討。該研究除了再次發現大多數的高齡者仍然偏好工具性的學習需求的課程外，另

一個主要的研究發現是學習需求的偏好，並不因年齡、性別、及地區的不同而有差異；但該研究也發現退休前從事白領階級工作的高齡者，較退休前從事藍領工作的高齡者偏好表達性學習需求取向的課程，而且擁有大學學位的高齡者也較那些沒有大學學位的高齡者偏好表達性學習需求取向的課程。因此，就實徵性研究的角度而言，此一研究最主要的意義是，有系統的驗證不同人口社經變項對學習需求偏好的影響。

隨著相關實徵性研究的日益累積，赫默斯特發現同樣是屬於工具性學習需求的這類型學習課程，所涵蓋的內容屬性可能也略有不同。有鑑於此，他於 1982 年時，以因素分析的統計方法，重新檢驗其於 1976 年時針對 256 個退休人員調查所得到的資料。在其 1976 年的研究中，共設計有 16 個工具性需求取向的課程及 16 個表達性需求取向的課程。在此研究中，赫默斯特就以因素分析的方式分出 10 大類型課程。這十種類型中有 6 種課程在類別上是屬於表達性需求的課程，分別是：藝術類課程、外語學習課程、博雅教育類課程、攝影課程、旅行類課程、以及嗜好蒐集類課程；另外三類課程是屬於工具性需求的課程，分別是財務規劃的課程、基金投資性的課程、以及休閒健康類的課程；最後一類的課程，則是退休生涯規劃的課程，此種課程在分類上則是同時屬於表達性需求與工具性需求取向的課程。在取得因素分析的資料後，該研究即就這十個因素與不同的社會人口變項間的關係進行分析，發現不同的人口變項與上述的十個因素間的關係並不完全一致。例如不同社經背景雖然同樣都偏好表達性學習需求，但是其偏好的課程需求可能只是表達性需求七個因素中的其中幾個而已。

㈡歐克倫爾（O'Connor, 1987）的研究

歐克倫爾（O'Connor, 1987）的研究，試圖澄清學習者之學習需求是否會因年齡的差異及參與學習活動類型的差異而有不同，也是另一具指標性意義的研究。該研究主要針對 88 個老年寄宿所學員，及 83 個社區大學中的高齡者，及 79 個 40 歲至 59 歲的學習者共 162 位，探討其偏好之課程。其調查的方式是分別將老年寄宿所的課程與社區大學的課程列出，再要求

受訪者勾選其已選修或有興趣選修的課程。同時，在每一個課程選項的下面，即要求受訪者勾選其選修該門課的原因。該研究在此類型問題的選項有三個，分別是：(1)我選擇這門課是為了其他的責任做準備；(2)我選擇這門課是單純的為了學習而學習；(3)其他的原因。

　　該研究將選擇第(1)個選項為其修課理由的學習者，視為是工具性學習需求取向的學習者，選擇第(2)個選項為其修課理由的學習者，則視為是表達性學習需求取向的學習者。該研究結果發現，參與老年寄宿所課程及社區大學課程的高齡者，認為自己參與學習只是為了學習而學習的比率，遠高於社區大學裡 40 歲至 59 歲的這群受訪者。此一資料所顯示的意義有四：(1)高齡者之學習需求取向偏向於表達性的學習需求；(2)高齡者之學習需求取向不受其參與之課程類型的影響；(3)再次則是高齡者之學習需求取向明顯不同於中年期之成人學習者的學習需求；(4)該研究所發現的研究結果和赫默斯特一系列的研究不同的是，歐克倫爾的研究發現在有超過 8 成以上的人是偏好表達性的學習需求。

㈢威爾滋和查諾（Wirtz & Charner, 1989）的研究

　　威爾滋和查諾（Wirtz & Charner, 1989）認為歐克倫爾（O'Connor, 1987）和赫默斯特（Heimstra., 1972; 1976, 1982）的研究發現有完全相反的結果，主要的原因是因為他們的研究都將工具性需求和表達性需求過於二分化，因此威爾滋和查諾主張如欲以朗頓勒的需求理論架構來評估高齡者之學習需求時，應以連續性的概念取代二分化的概念。威爾滋和查諾的研究即因此一主張而具有指標性的意義。他們的研究是針對接受調查時，最少參與一種教育課程的 490 個退休人員進行研究，其研究設計改用 12 個選項，其中有 2 個是屬於朗頓勒所定義的表達性需求，分別是增廣見聞與培養新的興趣；另有 9 個是屬於工具性需求，分別是學習培養新嗜好、認識新朋友、增進對國家社會政治議題的瞭解、改善家庭生活氣氛、找工作、增進聽說讀寫的能力、退休生涯之規劃、修讀高中學位、以及攻讀大學定位；最後一項是休閒時間的運用則是同時屬於兩種需求類型的選項。他以此作為描

述個體參與學習活動的理由，取代只有 2 個選項的方式。該研究發現，當受訪者有 12 個選項可以選擇時，有 63%的受訪者會同時勾選工具性需求及表達性需求的選項。此一結果顯示，過去直接要受試者就兩種學習需求作選擇，不僅無法真正反應出大部分學習者參與學習的理由，也有將這兩種學習需求混為一談的問題。

㈣綜合討論

從以上幾個具有指標性意義的實徵性研究可以發現其研究內涵有兩個明顯的改變，首先是重視社會人口變項對高齡者學習需求偏好的影響，其次是以連續性概念取代原本兩極化的概念。值得注意的是，除了上述這兩個原因會影響其研究結果外，以為另一個可能影響其研究結果的原因則是該研究所處的時代脈絡。舉例而言，赫默斯特第一個研究的時間是 1972 年，當時為高齡者所提供的課程，比 1980 年代的課程，較少表達性需求的課程，而工具性需求的課程較多，而這可能是導致赫默斯特發現高齡者所偏好的學習取向是工具性學習需求的一個原因（Manheimer et al., 1995）。因此，欲引用上述研究結做為課程規劃依據，宜對該研究的時代背景有所瞭解。

☾二、「由下而上」的研究結果

相較於上述「由上而下」的研究，採「由下而上」取向的研究似乎較不受青睞，可能的理由是在沒有完善的理論架構為基礎的情況下，要發展出具有學術價值的實徵性研究並不容易。然而也正因為如此，採此種「由下而上」取向的研究，一旦其研究結果能發表於重要的期刊上，就意味其具有相當的貢獻，並使我們對該議題有不同角度的瞭解，或作不同的思考。以目前和教育老年學領域有關的重要期刊為範圍，所能發現屬於此一取向的研究只有三篇，分別是亞伯拉罕（Abraham, 1998）及普爾第和波爾頓—勒溫斯（Purdie & Boulton-Lewis, 2003）發表於《教育老年學刊（*Educational Gerontology*）》上的研究，以及拜倫和西曼（Bynum & Seaman, 1993）

發表於《繼續高等教育學刊（*Continuing Higher Education review*）》上的研究。

㈠亞伯拉罕（Abraham, 1998）的研究

亞伯拉罕（Abraham, 1998）的研究主要以 300 個參加老年寄宿所課程的高齡者為對象。該研究旨在瞭解持續參與老年寄宿所課程的高齡者，對其生活滿意度的影響。雖然該研究不是以高齡者的學習需求為其主要的研究目的，但該研究有部分探討參與課程滿意度及生活滿意度間的關係。其中主要的研究發現為，課程規劃者如能在知識性的課程中，使參與者有更多與其他學員互動的機會，則會是他們較喜歡的課程，同時對其生活滿意度的提升最具效果。此一研究發現最主要的意義是，高齡者所偏好的學習是「知識性」的需求與「社交性」需求的混合。

㈡拜倫和西曼（Bynum & Seaman, 1993）的研究

至於拜倫和西曼（Bynum & Seaman, 1993）的研究，針對 452 個在退休學習學會中（Learning-In-Retirement, LIR）參與學習課程的學員所進行的研究。該研究最主要的目的是要瞭解這些學員在其退休後，繼續參與學習活動的動機。研究發現「認知性」的動機、「社交性」的動機、及「自我實現」的動機是三個最能解釋高齡者繼續參與學習活動的因素。值得注意的是，拜倫和西曼的研究對象雖然和亞伯拉罕（Abraham, 1998）的研究對象不同，但兩者的研究發現卻極為相似。此一現象所彰顯的意義是，即使在沒有採用特定理論架構的情況下，不同的研究針對不同的研究對象，仍然發現了高齡者之學習需求有某種固定的趨勢。

㈢普爾第和波爾頓─勒溫斯（Purdie & Boulton-Lewis, 2003）的研究

至於普爾第和波爾頓─勒溫斯（Purdie & Boulton-Lewis, 2003）的研究係分兩階段完成。首先針對 17 個七十歲至八十二歲的高齡者進行半結構性的訪談。其訪談的題目共有 8 題，其內容有瞭解高齡者的學習需求及影

響學習需求的障礙。在學習需求的方面，發現高齡者的學習需求依其重要性，依序為：(1)運用新科技的技巧與知識、(2)健康方面的議題、(3)休閒及娛樂、(4)生命意義方面的議題。

在獲得上述的結果後，即進行其第二階段的研究。此一階段之研究主要是以問卷調查160位高齡者的學習需求與學習障礙。有關於學習需求的部分，主要是請受試者就該問卷中，由訪談資料所得到的四個大類衍伸出來的 35 個題目，反應其個人所偏好的學習課程。結果發現最迫切需要的課程，依序是健康、休閒及娛樂、以及生命意義等課程。至於運用新科技的技巧與知識，則被認為是最不需要的。

此一調查研究的結果大致上和訪談的結果相似，但卻有一個相當特別的地方，即運用新科技的技巧與知識，不僅不是第一位，反而成為最不重要的一類。對於兩個階段的研究獲致不同的結果，普爾第和波爾頓—勒溫斯認為和學習新科技的知識及技能的學費偏高有關。而且在學習結束後如欲繼續使用某些技能，也往往意味著需要額外的經濟負擔。因此，當有其他課程可以選擇的情況下，學習新科技的知識及技能的需求，容易被列為較不重要的。

四綜合討論

由以上所列舉的三個研究發現可知，高齡者的學習需求最少包括有「認知」、「社交」、「自我實現或生命意義」、「健康」、以及「休閒娛樂」的需求。至於普爾第和波爾頓─勒溫斯（Purdie & Boulton-Lewis, 2003）的研究中所發現的「運用新科技的技能與知識」的需求，因為和亞伯拉罕（Abraham, 1998）及拜倫和西曼（Bynum & Seaman, 1993）的研究中所發現的「認知取向的學習需求」是相同的，因此不將此類型的學習需求視為單獨的一類。上述的三個研究在未採用任何理論架構的情況下，所發現的學習需求，也不是不能以既有的需求理論架構來解釋或分類。

事實上，這三個研究所發現的學習類型，基本上都可以用馬克拉斯基的五種需求理論，或是朗頓勒的兩種需求理論架構作分類或解釋。例如在

這三個研究都有發現的「自我實現或生命意義」的需求，其實就是馬克拉斯基的超越的需求或是朗頓勒所說的表達性的需求。同樣的，「認知取向」的需求，有一部分的內涵也可以被馬克拉斯基的應付的需求或是朗頓勒所說的工具性需求來解釋。此一現象所彰顯的意義是，馬克拉斯基及朗頓勒的理論架構的確已相當完整的描述了高齡者所需要的學習需求。只是因為不同時空環境下每一個研究所關心的研究對象略有不同，其研究結果難免略有差異。

☪ 三、研究方法的探討

上述的研究，皆已發表在專業的學術期刊上。因此，這些研究因為都經過頗為嚴格的審查制度，其研究法的正確性、嚴謹性及研究結果，應具有相當程度的可信性。然而不可諱言的，這些研究的方法仍有進一步思考的空間。一般而言，在方法上仍需進一步釐清的議題最少有以下的兩個議題：

㈠研究工具本身的侷限性

有關高齡者學習需求評估的研究，主要是採量化的問卷調查。此一方式所得到的資料因其統計考驗力所能解釋的現象，往往較質性研究取向的結果來得更具說服力，因此一直頗受研究者青睞。然而誠如彼特森（Peterson, 1983）所言，問卷調查法不論其使用的問卷工具是否有依循既定的理論架構，都必需在正式實測之前，就研究者所感興趣的範圍設計出一定的題數。由於沒有一個研究可以涵蓋所有可能的選項，因此，不論該問卷所設計的內容是否有包括受訪者真正的學習需求，受訪者在填答問卷時都只能被動的就研究者所設計出來的問題來回答。簡言之，有固定問題的問卷不一定能完整的捕捉到高齡者內心真正的學習需求。

㈡研究所發現的需求並不完全等於學習者真正的參與

一直以來，研究所發現的學習需求，就不完全等於學習者真正參與學

習活動的類型。一般來說,教育專業人員需要瞭解學習者的學習需求,最主要的原因就是要以學習需求,做為課程設計的依據(Merriam & Lumden, 1985)。然而,不論是依循理論所設計出來的問卷,或是研究者經由訪談所發展出來的問卷,所能反應的都只是學習者在填答問卷時,主觀感興趣或有可能參加的課程。換言之,這些資料所反應的只是高齡者的學習需求狀態。由於學習需求只是影響個體參與學習活動的因素之一,因此在為高齡者規劃課程時,就不能單純的以為依學習需求所設計的課程,就能吸引高齡者前來參與。

第四節 高齡者學習需求在教育上的意義

由以上的探討可知,高齡者的學習需求基於其本身對其現況所知覺到的不足或缺乏,例如最常見的如馬克拉斯基所說的「應付的需求」,也就是朗頓勒所說的「工具性的需求」,往往就是高齡者自覺其現有的能力無法解決,或適應其生活上所遭遇到的問題而來。例如對「營養與老化」這類課程有需求的學習者,往往是因為其已知覺到其原有的知識不足以應付生理的老化所帶來的健康上的問題。同樣的情形,也可能發生在「超越的需求」上,當高齡者知覺其現有的知識無法幫助自己完成老年期發展任務時,就會對探討生命意義的課程產生需求。

對於高齡者學習需求的瞭解,除了有助於高齡教育專業人員的課程設計,以及彰顯高齡者與一般成人學習者有不同的學習需求,以確立高齡教育專業發展的必要外。從成功老化的觀點出發,高齡者的學習需求的瞭解還有一個更積極的意義。從本章所探討的幾個實徵性研究結果可知,已有愈來愈多的高齡者偏好表達性需求的課程。不可否認的是,還是有些高齡者僅對工具性學習需求取向的課程感興趣。然而就艾里克遜的發展階段任務論而言,高齡期最主要的發展任務,是對生命過去經驗的統整與超越。個體在其生命的晚年若能順利的完成此一任務,即達成功的老化。因此,高齡教育專業工作者如何促發或激發高齡者產生更高層次的學習需求,將

是高齡教育的專業發展上極為重要的一環。

就實踐的層面而言，過去曾有實際的高齡教育方案成功的促發了高齡者新的學習需求，最明顯的例子是 1975 年時，美國「國家老化委員會（National Council on the Aging[NCOA]）」提出以高齡者為中心之人文發展計畫（Senior Center Humanities Program）時，不論是高齡教育的專業學者或是高齡學習中心的行政主管，都認為此一計畫並不可行。這些持反對意見的人所根據的理由是，國家老化委員會所提出來的計畫，基本上是一種以表達性學習需求為主的教育活動，而當時的學術界所發現的是，高齡者的學習需求是以工具性的學習需求為主。因此這些專業人員預期此項計畫將會無疾而終。然此一教育活動的實施不僅未如專家學者所預期的無疾而終，反而是吸引了許多高齡者的參與。

曼海默爾（Manhiemer et al., 1995）認為這是成功的促發高齡者新的學習需求的案例。至於此一教育方案之所以能成功的吸引許多高齡者的參與，最主要的原因包括其所使用的教材內容相當貼近高齡者的生活經驗，其活動的地點也是以高齡者的近便性為最主要的考量，同時也有專業的工作人員協助高齡者克服其參與的障礙。換言之，該教育方案能成功的促發高齡者產生新的學習需求，與該教育方案能促進高齡參與學習的因素有關。

如何促發或激發高齡者產生更高層次的學習需求，與智慧的成長和成功老化的關係日益密切，而有了新的努力方向（Ardelt, 2000）。雖然在認知科學的研究中，智慧仍然是一種難以清楚界定的能力。但是已有愈來愈多的學者認為，智慧的成長將是高齡者能否成功老化的關鍵因素（Erikson, 1980; Jarvis, 1992; Thornton, 1986）。因此，如何激發或幫助高齡者發展出對「成長智慧」的需求，應是高齡教育人員可以努力的方向。

第十二章

高齡學習的類型與實施方式

　　高齡化的社會已逐漸成為全球各國的共通現象，拜科技、營養、醫療進步之賜，高齡者不只是壽命延長，而且活的更健康。傳統上，認為少年人需要教育，青年人需要工作，老年人需要休閒。由於高齡化的社會中，高齡人口對學習的需求與日俱增，這種傳統的觀念恐怕需要有所修正。因此，如何為高齡者提供良好的學習環境與課程，乃是高齡教育工作者亟需未雨綢繆的課題。本章擬以國外高齡學習的模式和機構做簡介，作為我國高齡教育政策的借鏡，並為高齡教育提供者和工作者提供一些參考。

第一節　高齡學習的類型

　　高齡學習的類型有許多種的分類方式，有的學者從學習型態作分類；有的則從高齡學習的提供者作區分；也有的從學分和學習導向作區隔。

　　費雪（Fisher, 1992）將高齡學習的型態分成四類：成員主導的退休學習學會模式、大學學費減免課程（tuition waiver）模式、老人寄宿所（Elderhostel）模式、和其他模式（如遠距教育和第三年齡大學）。

　　曼海默等人（Manheimer, et al., 1995）把高齡學習的型態依提供者區分成五種：

一、由百貨公司所提供的老人教育課程。

二、由宗教團體所提供的老人教育課程。

三、由退休學習學會所提供的老人教育課程。

四、由社區學院所提供的老人教育課程。

五、由多功能老人中心所提供的老人教育課程。

　　藍丁和富吉特（Lamdin & Fugate, 1997）所作的高齡學習調查（Elderlearning Survey, ES）研究中，將高齡學習活動區分成三類：

一、有組織的學習活動：其中包括老人寄宿所、退休學習學會、教堂的學習團體（如善牧中心）、非學院的正式學習組織（如高齡服務和資訊系統）和老人中心。

二、自我導向的學習活動：包括在家學習、旅遊學習、在圖書館學

習、在博物館或在美術館學習和志工的學習活動。

三、學分或學位課程的學習活動：以大學院校的正規學習活動為主。

艾森（Eisen, 1998）把高齡學習的型態以「學分－非學分課程」為縱軸，以「學習者導向－教師導向」為橫軸，區隔成四個象限：修習學分、方便性、個人興趣和社會化（如圖 12-1-1）。一般而論，學分課程與非學分課程區隔較為明顯；相較之下，學習者導向和教師導向的分野就不是那麼清楚。因為有無學分通常都需要教育主管機關或學術機構（如大學）的認可。然而，學習者導向往往還是需要有教師或專家的涉入或支持。可是為了分類上的方便，教師導向是指專家或教師為學習者所提供的課程。學習者導向指的是個別的和自己調整步調的學習計畫。下面根據艾森的模式來說明高齡學習的類型：

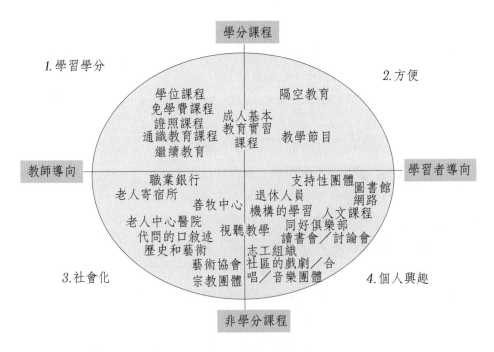

圖 12-1-1　高齡學習的課程類型

資料來源：Eisen, 1998:43.

☪ 一、學分課程

　　第一象限的課程是以學分課程和教師導向為特徵。包括了學位課程、專業課程、證照課程、通識教育文憑學位（General Education Diplomas）課程、和繼續教育等。教師中心乃是專家或教師依據授予學位或學分機構所訂的要求，來設計教育活動。因此，通常採取的方式是傳統的課堂講授的形式，並且有考試和作業。另外，成人基本教育和英語作為第二語言教育（ESL）則橫跨於第一和第二向限之間，這些課程主要目的是使學習者能精熟某些技能（如讀、寫、算），課程進行的方式一般相當具有彈性，而且通常是不被採計為學分。例如，美國識字志工團（Literacy Volunteers of America）所屬的志工並非專業的英文教師，而他們都是採取一對一的教學方式。總之，在第一象限中的課程多屬學分或學位課程，高齡者所以參與這些課程大多是基於專業或個人的理由。

☪ 二、遠距學習課程

　　第二象限所強調的是方便性，其中最具代表性的就是遠距學習。一般而言，遠距教育的提供者通常是大專院校，是由學習者以自我導引的方式（self-guided approach）進行學習活動，以便取得學分、學位或證照。在遠距教育中，雖然有教師的指導和補充的教材，但學習者有相當大的空間可以依照自己的時間、步調和地點來進行學習活動。除了大學之外，有許多的私人機構在發展遠距學習的軟、硬體方面努力卻遠遠超過傳統大學的。方便性指就是容易接近或容易取得，遠距教育對於那些行動不便，家居偏遠和缺乏交通工具的高齡學習者而言無異是相當好的選擇。

　　在接近第二象限中央尚有教學節目和實習課程，這兩程課程都是以個別教學的方式教授一些技術層次較低的技能。有些高齡者基於經濟的因素需要就業，這些訓練可以協助他們尋找事業的第二春，甚至第三春。實習課程通常是由各種職業工會提供。這個象限的課程與第一象限同屬學分課程，但第二象限所強調的是方便性，即容易取得和個別化，以符合高齡學

習者的學習需求。

☾☆三、社會化課程

第三象限中的課程型態可以說是涵概面最廣，而且也是提供最多高齡教育服務的一種模式。其中老人中心、老人寄宿所、善牧中心（Shepherd's Center）、醫院、和代間教育課程（intergenerational education program）。這一類課程模式的共同特色就是教師中心，可是上課的方式卻相當多樣化，有的採正式上課（如講課、演講），也有的用非正式的學習方式（如旅行、參訪）。這種課程模式之所以較受高齡者青睞的原因，是因為許多高齡者不喜歡學分課程所帶來的壓力，但是喜歡有系統、有結構的習學活動。其中，有些人把專家和教師當成知識的來源；有些人則偏好團體學習的情境；另有些人則是喜歡寓教於樂。這也顯示出高齡者對學習課程偏好是多樣性的。知識的刺激固然是吸引高齡者參與學習活動的原因之一，但在這個向限中的課程之所以吸引高齡者則是另外的特性，例如旅遊、保健和娛樂。這個向限課程共通的特性就社會化。

☾☆四、個人興趣的課程

第四象限的共通特性是個人興趣，這也是最能吸引高齡者來參與學習活動的因素。課程型態也相當廣泛，其中包括：圖書館、網路、同好團體、支持性團體和讀書會。這種學習的型態都是非學分課程，而且通常都是由高齡學習者自己或同儕團體來規劃與實施。

總而言之，就高齡學習課程的提供者而言，會因為機構本身的定位與任務而專注於某些特定類型課程的提供，可是常有機構因物換星移而擴大或縮小其所提供的課程類型。但通常單一的機構是無法全方位地提供上述的四種課程類型。相反地，就高齡學習者而言，有可能在同一時期同時選擇四種類型的課程來學習。當然不僅是學習活動提供者會因時勢變遷而修正其所提供的學習服務；高齡者本身的個人需求和學習偏好也會改變。費雪（Fisher, 1993）以 74 位年齡在六十一到九十四的高齡者為樣本，研究高

齡者的發展改變，結果發現高齡者對社會化的需求是與日俱增，而對個別化或同儕支持的需求則是高齡學習兩個重要的轉折點。

第二節　高齡學習的實施方式

從之前的高齡學習型態的介紹中，瞭解到高齡學習的多樣性，而高齡學習的提供者從正規教育的大學課程到非正式的老人中心都涵概在其中。如果就高齡學習的實施方式大體上可以區分為學校式、社區式、民間組織式、自助團體式、開放大學式、網路式、圖書館式、以及旅遊式等。以下僅以國內、外著名的高齡學習為例，將這幾種實施方式分別作簡要的說明。

☾ 一、學校式的高齡學習

學校式的高齡教學習常是由高等教育機構提供學習機會讓老人參與，其中包括特別為老人設計的課程，如法國的第三年齡大學、日本的長壽學園和日本的老人大學；以及透過繼續教育，根據老年人特殊興趣而開設的課程，如美國的老人寄宿所和德國民眾高等學校。學校式的高齡教育成效如何？根據研究調查發現參與高等教育的高齡者僅占高齡人口的1%至3%，而且參與的高齡者以教育背景高、健康狀況良好、經濟情況穩定和女性居多（Danner, et al, 1993; Fisher, 1992）。雖然近年高齡者進入大學選修學分課程有增加的趨勢，可是相較於無學分的課程仍然是偏低。根據一項以超過60 歲的高齡為對象的研究，高齡者參與「減免學費」的大學課程依然不多。主要的理由有：不知道有這種課程或缺乏交通工具，其中最重要的理由是高齡者根本不想要傳統高等教育機構所提供的學習活動或課程（Manheimer, et al.,1995）。

☾ 二、社區式的高齡學習

在所有的高齡學習中最普遍的形式是社區式的高齡學習，由於高齡者往往缺乏交通工具，所以，高齡者通常是以居家附近的學習場所作為優先

的選擇。社區式的高齡學習比較典型的代表機構如美國的老人中心、我國的長青學苑、社會教育館附設的老人社會大學（台東）和高齡學習中心（台南）、以及日本的高齡者教室。雖然社區式的高齡學習提供了老人方便學習的場所，也增加老人參與社區活動的機會。可是也有若干問題值得省思，就以美國的老人中心為例，大多數的老人中心強調應用性的學習和休閒遊憩的課程，這也是為了滿足大多數老人不同的需求。但是艾森（Eisen, 1998）認為這樣一來社區的老人中心只是提供高齡者聚會的空間而非學習的空間。曼海默等人也認為：「在老人中心所提供的課程中找不到具有知識挑戰性的課程，也沒有使成員能投入重要的領導角色。」（Manheimer, et al., 1995: 88）這也是社區式高齡學習的主要缺點。

☾★三、民間組織式的高齡學習

民間組織通常是指非營利組織（non-profit organization, NPO）或非政府組織（non-government organization, NGO），其中包括基金會、協會、學會和宗教團體等，為高齡者提供場地與課程，使高齡者有機會參與學習活動。較著名的組織有：美國的退休學習學會、美國老人服務與資訊系統、美國的的善牧中心、我國的老人教育協會所開設的老人社會大學等。其中美國的退休學習學會和善牧中心的課程完全由高齡者自行設計和施教，所以老人家們除了是教師也是學生，是規劃者也是參與者。課程的目的在於充分利用老人的知識、才藝、技術和興趣與其他同儕老人共同分享。通常由志工組成委員會負責課程的規劃、行銷和評鑑。教師多半由中心裡有特定教育或專業背景的老人擔任。中心所提供的課程是希望在沒有考試、分數和學分的壓力之下，讓老人充分享受學習的樂趣。此外，高齡者因為能主導課程與教學，不但能增強其自信心，亦能奉獻過去的所學和技術給社區中其他的老人，使老人能過著有創造性的、有貢獻的、有意義的和獨立的生活。不但嘉惠社區，也會造福社區中其他的高齡者（Eisen, 1998）。

☪ 四、自助團體式的高齡學習

自助團體乃是由一群志同道合的人以「自助助人」的精神所組成的團體。自助團體的成員和提供學習的對象為老人就是自助團體式的高齡學習。例如英國的第三年齡大學和美國的退休學習學會。

英國的第三年齡大學可以說是自助團體式的高齡學習中最典型的代表。英國的第三年齡大學與法國的模式不同，英國第三年齡大學的的特色係採取「自給自足」和「自助」的概念；法國則偏向正規大學的機構模式（Jarvis, 2001）。英國第三年齡大學並非一個校園內的組織，而是屬於老人自發性的社會運動或自助性的團體（黃富順，1991）。雖然有一些英國的第三年齡大學也與當地的大學建立合作的關係，但是極少接受大學行政支援和教學服務，他們強調自助和互助的原則，大都不傾向與大學建立密切的關係。不同於正規大學的課程規劃，英國第三年齡大學的課程是以小主團體為核心，由學員自行決定其所開設的課程。其師資則以當地退休年長者為主，因此，教師人力十分豐富，課程活動亦相當多元化，只要有人願意教，有人願意學，新的課程就可以開設（劉伶姿，1999）。

☪ 五、開放大學式的高齡學習

開放大學相當於國內的空中大學，其教學的方式主要是利用傳播（電視和廣播）與電子媒體（電腦和網際網路）來進行學習活動，例如英國開放大學和日本的印南野學園。成立於 1969 的英國開放大學可以說是遠距教育中的佼佼者，其註冊選讀的學生中年齡在五十至六十歲的占 19%至 14%之間，六十歲以上占 5%，相較於其他教育機構這比例已經是相當高了。有許多學生都是在八十幾才完成學士學位所要求的課程，最高齡的紀錄是九十一歲（Johnson, 1995）。許多高齡者之所以選讀開放大學，其主要的理由是自我挑戰，成就感、接受新觀念。由於遠距教育具有方便性和彈性，因此，對高齡者尤其是行動不便和家居偏遠的高齡者，無疑是參與教育活動相當好的選擇。

☪ 六、網路式的高齡學習

電腦和網路似乎已經是蒐集資訊與各種學習中不可或缺的工具。根據藍可和富吉特（Lamdin & Fugate, 1997）的調查，發現高齡者並不認為他們已經老到無法學電腦，甚至認為他們對電腦的興趣和運用電腦的能力不輸給年青人，或許是退休的老年人有更多的時間可以去學習電腦的相關知識與技能。在調查中，許多高齡者對學習電腦的反應是：「跟上時代變化的腳步」、「瞭解兒孫們的世界」、「電腦很新奇，很有趣」、「我不想有被拋到後面的感覺」。藍丁和富吉特發現有 13.6%的老人認為電腦是自己所喜好的學習方式，而且，有 32.2%的高齡者會選擇去學習電腦。此外，老人使用網路進行學習活動，已家中擁有電腦、年紀較輕、學歷較高、社經地位較高者居多（莊叔富，2003）。

高齡者網站（Seniornet）是一個專為高齡者學習電腦和網際網路所設立的非營利組織。根據高齡者網站在 1998 年所作的調查發現，在美國約有 72%的老人使用網路個人通訊；59%利用網路來研究特定的主題（莊叔富，2003）。大多數的高齡者認為老人也應和其他年齡層的人一樣，有相同的機會去利用先進的電腦科技和服務。高齡者網站在全美設有許多的學習中心，專門為老人開設電腦方面的課程，除此之外，高齡者可以透過高齡者網站線上參與讀書會或討論會，老人經由網路的交換意見和心得，形成了一個虛擬社群（virtual community）（Lamdin & Fugate, 1997）。一般人總以為老年人對於新科技的接受程度不高，然而有些研究發現事實並非如此（莊叔富，2003），高齡者除了對電腦和網路感興趣之外，在家庭和社區多方積極的推動下，銀髮族在數位科技領域中正扮演著積極與重要的角色。

☪ 七、圖書館式的高齡學習

根據藍丁和富吉特（Lamdin & Fugate, 1997）所作的高齡學習調查研究發現，圖書館是老人最常使用機構之一，約有47.2%的老人會常上圖書館。

此外，當被問道經常使用的社區資源為何時？有 41% 的老人認為是圖書館，同時，圖書館相較於次高教堂（28.5%）比例高出甚多，使用圖書館的高齡者以高中職以上的男性居多（梁秀禎，2003）。高齡者可以說是圖書館的當然主顧，因為對老人而言，閱讀可以說是最主要的學習型態。老人較習慣於文字印刷的書刊，而非電子刊物。另外，高齡者所讀的書刊大體上以休閒、嗜好、消遣、保健居多，而非為準備學校功課或應付工作所需的讀物。

　　近年來圖書館大量應用電子科技，圖書資料的典藏和搜尋都加以數位化，這種數位化和電子化的趨勢對高齡者而言，有利有弊，經過數位化處理的圖書資料可以更方便老人在家學習；另一方面，由於老人已習於舊式人工搜尋資料的方式，如今要學習以電腦搜尋圖書資料對老人而言，需要重新學習運用新科技倒是一項挑戰。

☪八、旅遊式的高齡學習

　　在藍丁和富吉特（Lamdin & Fugate, 1997）的調查研究中，發現老人最喜好的學習方式就是寓教於樂的旅遊學習（見表 12-2-1）。旅遊不但可以增廣見聞更可以開拓個人的視野，也是對抗老化的最佳良方。

　　事實上，高齡者的旅遊學習已經成為很大的商機，除了高齡人口增漸增加外，如今的老人比從前更健康，也有較多的金錢與閒暇，再加上沒有家庭與工作的責任，以及不用配合小孩子的寒暑假。因此，許多營利機構（如旅行社）和非營利組織（如老人寄宿所）都以發展老人的旅遊學習為號召。旅遊學習的形態和內容可以說包羅萬象，型態從博物館或美術館的半日遊，到數天的生態之旅，甚至一個月的深度文化之旅。也許有人認為旅遊學習僅適較有積蓄的老年人，因為旅遊的花費往往相當昂貴。藍丁和富吉特（Lamdin & Fugate, 1997）的研究發現並不盡然如此，因為從參與老人寄宿所旅遊學習的老年收入調查中，發現有許多老人（53.3%）年收入在四萬美元以下。雖然說旅遊學習對高齡學習有其正面的效益，可是藍丁和富吉特仍不主張由政府出資來主辦旅遊學習活動，究其原因可能是政府

表 12-2-1　高齡者對於旅遊的意見

關於旅遊的意見	
1. 最近兩年有參與旅遊學習活動	51.6%
2. 旅遊是我喜歡的學習型式	55.7%
3. 旅遊是我個人學習的方法之一	55.0%

資料來源：Lamidn & Fugate, 1997:139.

對高齡者的預算大都分配在醫療與社會福利，如果增加補助老人旅遊學習勢必會排擠醫療與社會福利的預算分配。

第三節　高齡學習活動的發展趨勢

近年來，全球各國人口高齡化的現象日趨明顯，高齡者參與學習活動成為時勢所趨。從前文的分析中，得知高齡學習活動的型態不但多元化，而且學習的方式也頗具多樣性。歸結起來，高齡學習活動的發展趨勢有下列幾項。

㈠社會化學習課程逐漸增加

一般而論，高齡者不喜歡學分課程所帶來的壓力，但是喜歡有系統、有結構的習學活動。有些高齡者把專家和教師當成知識的來源；有些人則偏好團體學習的情境；另有些人則是喜歡寓教於樂。這除了顯示出高齡者對學習課程偏好是多樣性之外，課程之所以吸引高齡者則是具有社會化的特性。例如美國的老人中心、老人寄宿所、善牧中心、老人服務與資訊中心和退休學習學會的學習活動之所以廣受歡迎與好評的原因，除了課程多樣活潑之外，課程多屬社會導向，使高齡者與社區和社會重新產生連結，讓老人對社會有所貢獻。這種寓教於樂和寓教於服務的學習是未來高齡學習活動主要發展趨勢之一。

㈡個別化的學習活動頗受歡迎

在藍丁和富吉特（Lamdin & Fugate, 1997）的調查研究中，受測的高齡者中有57%的人偏好自己學習。個人化的學習型態相當廣泛，其中包括：圖書館、網路、同好團體、支持性團體和讀書會，其共通的特性是學習活動的個人化，也是這些學習活動最能吸引高齡者來參與重要的因素。個人化的學習型態都是非學分課程，而且通常都是由高齡學習者自己或同儕團體來規劃與實施。由於高齡者依自己的興趣來選擇學習活動，以及參與規劃學習活動，並把自己的學習成果與其他老人，甚至與年輕人分享，如此，不但可以增加老人的自信心，而且可以提升其持續參與學習活動的意願。

㈢專屬的老人教育機構或組織的發展

現今許多老人教育活動的提供者，其主要的任務或使命並非針對高齡者，其所開辦的老人教育僅僅是附加的（add-on）或次要的（second-class）課程，因此，所提供的課程或活動品質可以說是參疵不齊，或者不能契合老人的需求。然而，專屬的老人教育機構並不是指一窩蜂地開辦「長青學苑」或「老人中心」，而是要各自有其特色，例如，針對不同目標人口（退休公務員、原住民），針對不同的學習取向（如休閒、技藝），針對不同的地區（如城市、鄉村），來發展具有不同特色的高齡教育機構。

㈣老人教育的評鑑機制與證照制度的建立

由於老人教育課程的提供者以民間機構居多，難免產生良莠不齊的情況，為了確保高齡學習的品質，因此，需要有公正和公開的評鑑機制。理論上，老人教育的理想之一是「人人可學、人人可教」，可是實務上，不論老人教育的課程設計、教材編纂、教學方法都要有專業的知識與技巧，因此，需要透過政策或立法來建立一套標準或訓練課程，針對從業人員或教師資格加以檢定，使高齡教育的教學品質得以提升。

㈤老人教育經費的成長

　　儘管近年來政府部門的老人政策，除了加強老人的健康、醫療和休閒的照顧，也逐漸對重視高齡學習活動。可是相關的配套措施和經費仍嫌不足，穆迪（Moody, 1993: 221）曾評論美國的高齡教育，說道：「在大部分的重要觀察中，發現美國老人教育仍未受到重視，除非我們認真對待高齡學習，否則在未來我們將無法造就有生產力的高齡人口。」例如，美國國會雖然在 1976 年通過『終身學習法』，來鼓勵成人與老人參與教育活動，但是從未編列預算來推動終身學習，而且聯邦政府也置身事外，所以成效並不顯著（Peterson & Masunage, 1998）。我們可以從高齡教育參與的人數，所投入金錢和資源，以及施教機構的專精程度等看出高齡教育受到忽略的事實。也就是因為高齡教育過去一直不被重視，所以，更需要政府以政策來引導高齡教育的發展，不論是中央或地方政府都應重視老人教育，而且應編列充足的預算來補助老人教育。一般而言，高齡者經濟來源多半是仰賴退休金、存款、子女的奉養，因此，無較多的金錢來支應參與教育活動的費用。因此，為鼓勵老人參與學習活動，應從減輕高齡學習者的經濟負擔開始。當然，政府補助或提供教育經費應採取差別待遇，例如美國的老人參與大學課程的減免學費政策，就有一套篩選標準，即收入和不動產在某一水準之下的老人，才能減免學費，否則仍需付費修課。

　　儘管近年來政府部門的老人政策，除了加強老人的健康、醫療和休閒的照顧外，也逐漸對重視高齡教育，可以從各縣市政府紛紛成立長青學苑看出端倪。可是高齡教育的相關政策卻付諸闕如，高齡教育的提供者也多從休閒娛樂的取向來設計學習活動。因此，如何強化高齡教育的相關政策，以鼓勵高齡教育的提供者提升學習活動的品質，使高齡者不但成為成功的老人（successful aged），更是對社會有貢獻的老人（productive aged）。

第十三章

高齡學習的內容、
方法、時間和地點

　　由於高齡化社會的來臨，導致世界性的人口老化現象，進而造成人口結構之轉變，影響了社會的各個層面，包括：經濟、政治、社會和教育（Fisher & Wolf, 2000）；尤其是對於高齡教育領域而言，人口老化的現象，提醒高齡教育工作者不能再以福利服務的角度來看待老人問題，而應將學習視為高齡生活的一部分（Lamdin & Fugate, 1997），讓高齡者不但能活得長久，更能活得健康、活得有尊嚴。

　　聯合國教科文組織（United Nations Educational, Scientific and Cultural Organization, UNESCO）（2000）即明確指出，針對日益增多的老年人口而言，高齡教育扮演極為重要的角色，藉由學習活動之進行，除能保有高齡者的獨立性之外，也能藉此營造更豐富的晚年生活。有鑑於此，本章即以高齡學習的內容、方法、時間和地點為主題，分別就高齡學習的內容、高齡學習的方法、高齡學習的時間和地點等三節論述之。

第一節　高齡學習的內容

　　由於高齡教育多半屬於自願性的再教育，高齡者在參與學習的過程中，有很大的自我裁量權，可由自己決定要不要去上課，因此，在課程設計方面，應吸引高齡者的興趣（大衛彼得森，1993）。更確切地說，學習內容乃是吸引高齡者參與學習活動之關鍵，為能引發高齡者參與學習活動，實有必要瞭解高齡者想要學習的內容。以下先就國內外的相關研究，探討高齡者偏好的學習內容，進而歸納出高齡學習內容的整體趨勢。

☪一、高齡者偏好的學習內容

　　根據國內外的相關研究（Bryan, 1993; Clennell, 1990; Clough, 1992; Lamdin & Fugate, 1997; Leptak, 1987; Johnson, 1995; Pevoto, 1989; Williamson, 2000；大衛彼得森，1993；黃國彥，1991；賴銹慧，1990），高齡者偏好的學習內容可歸為五類，包括：健康保健、人文藝術、休閒生活、語文、才藝技能，茲分述如下。

㈠健康保健

所謂健康保健類課程係指身體保健、養生或預防疾病方面的內容，包括：營養規劃、健康照護、醫療與疾病資訊、老人疾病的預防與照顧、身心保健常識，以及健身活動等，此為高齡者參與學習的重要內容。

根據伯恩（Bryan, 1993）在其所著「高齡學習者的挑戰」一文中，提出高齡者偏好的學習內容，包括：(1)有助於退休調適之課程，如：休閒時間的安排、生活形態的改變等；(2)有助於豐富個人知識之課程，如：藝術和科學等課程；(3)有關個人規劃和管理之課程，如：理財規劃、營養規劃、健康照護等；(4)有關身心保健、維持記憶力等課程；(5)協助個人及家庭因應晚年生活之課程；(6)有關老年生涯規劃和訓練之課程，如：重回就業市場之訓練、志願服務等。

再者，根據大衛彼得森（D. Peterson）在 1993 年應邀來台演講，論及高齡者教育的機會與挑戰時，提出高齡者的教育課程可約略分為三大類，包括：一般課程、特殊課程和其他等，一般課程的內容包括：退休規劃、財務管理、健康與醫療；特殊課程的內容包括：適應鰥寡生活、駕駛課程、稅務準備、護理之家的選擇；歸為其他類的課程內容包括：藝術、旅遊資訊、社會事件、歷史、服務資訊以及醫療與疾病資訊等（大衛彼得森，1993）。

在國內方面，黃國彥（1991）以台灣地區六十歲以上的老人為研究對象，依內政部統計資料，根據各縣市六十歲以上老人人口分配情形，抽取600 人為訪問對象。此一研究分別就基本教育、專業教育、健康保健、休閒及世代生活倫理系列課程進行研究，以瞭解高齡者想要進修的內容。研究結果指出：

1. **基本教育：**在十一項基本教育選項中，老人比較喜歡的課程，依序為老人生理、老人福利、生活適應及老人心理等。

2. **專業教育：**在六項專業課程中，老人比較喜歡的前三項課程，依序為語言學習、人文社會及手工技藝。

3. **健康保健課程：**比較受歡迎的課程，依序為老人疾病的預防與照顧、醫療常識及健身活動。

4. **休閒教育課程：**比較受歡迎的課程，依序為運動、嗜好、音樂戲劇及課外活動等。

5. **世代生活倫理課程：**比較受歡迎的課程為多代關係及社會關係。

此外，賴銹慧（1990）以六十五至七十九歲的長青學苑學員為研究對象，樣本人數共計 1,079 人。研究發現，高齡者的學習需求，可分為社會與政治、家庭生活與管理、休閒生活與娛樂、身心保健及個人進修等五項，其中，高齡者的學習需求，以身心保健常識為最主要。

綜合上述，國內外的相關研究均指出，健康保健類課程是高齡者偏好的學習內容之一。由於老化所造成的生理功能逐漸衰退，會產生一些健康上的問題，為了預防或延緩老化所帶來的健康問題，使得此類課程成為高齡者參與學習的首要內容。

㈡人文藝術

所謂人文藝術課程係指陶冶身心、涵養興趣方面的內容，包括：音樂、藝術、雕刻、舞蹈、戲劇、文學、歷史等，此為高齡者參與學習的重要內容。

根據美國學者藍汀和弗葛特（Lamdin & Fugate, 1997）所做的高齡者學習調查（Elderlearning Survey, 以下簡稱 ES），主要在於瞭解高齡學習者的社會人口特徵、學習內容、學習地點、如何學習，以及為何學習等議題。此一調查問卷計有 151 個變項。在 1995 年末到 1996 年初，針對五十五到九十六歲的高齡者，共寄出 3,600 份問卷，回收 912 份，回收率為 25.3%，剔除無效問卷後，有效問卷共計有 860 份。

在 860 份有效問卷中，有 78.8%的填答者來自高齡學習組織所提供的名單，這些高齡學習組織包括：老人寄宿所（Elderhostel）、退休學習學會（Institutes for learning in retirement）以及高齡者服務和資訊中心（OASIS）；其餘的 21.2%的填答者來自美國退休協會（American Association of Retired

Person, AARP）以及私人學習機構所提供的名單。研究結果發現，在進修內容方面，排名第一者為音樂、藝術、舞蹈課程，計有505人次，占58.7%；排名第三者為文學、戲劇、人文課程，計有400人次，占46.5%。

此外，根據英國開放大學的統計，超過五十歲的高齡學生比率，已提升到14%，而超過六十歲的高齡學生比率也提升到5%（Johnson, 1995）。由於高齡學生有日漸增加的趨勢，高齡學生研究小組隨即進行了一系列的研究，以期瞭解高齡學習的內容。研究結果指出：整體而言，高齡學生大都喜好古典文學的課程，若進一步細究，約有 25%的學生會選擇藝術課程，其中有一半的學生年齡超過六十歲。

再者，柯雷諾爾（Clennell, 1990）的研究結果指出，高齡者喜歡的學習科目為人文學科；而皮瓦多（Pevoto, 1989）在 33 位研究樣本中，發現他們喜歡的內容包括：戲劇、文學、歷史等人文課程。1982 年克羅絲（K. P. Cross）提出，高齡者通常對於人文學科較有興趣，此外，柯威（H. C. Covey）在 1982 年時，曾針對科羅拉多州的 245 位高齡者進行研究，研究結果發現高齡者喜歡的內容包括傳統藝術類的課程（Leptak, 1987）。

另外，美國馬里蘭大學（University of Maryland）的調查研究發現，有70%的高齡學習者喜歡藝術、音樂、英美文學、歷史等人文學科；再者，根據派利亞等人（Papalia-Finlay et al.）於 1981 年所做的研究結果指出，女性高齡學習者，有89%喜歡人文學科，有5%喜歡藝術和雕刻等課程（Leptak, 1987）。反觀國內，黃國彥（1991）的研究指出，在人文社會方面，比較受歡迎的課程，依序為宗教、鄉土文化及歷史等。

綜合上述國外的相關研究得知，人文藝術類課程是高齡者偏好的學習內容之一，而且在高齡者學習調查中，藝術類和人文類課程分別被列為第一、第三名。根據艾力克遜（E. Erikson）的心理社會發展理論得知，成年晚期（五十歲以上）所面臨的心理社會危機是自我統整對悲觀絕望，高齡者藉由人文藝術課程之學習，有助於他們達到自我實現的理想，進而邁向自我統整（Johnson, 1995）。

(三)休閒生活

所謂休閒生活類課程係指旅遊、娛樂活動方面的內容，包括：旅行、休閒時間的安排、閱讀書報雜誌、聽廣播、看電視、運動，以及體驗大自然等，此為高齡者參與學習的重要內容。

美國藍汀和弗葛特（Lamdin & Fugate, 1997）所做的高齡者學習調查研究結果發現，在進修內容方面，排名第二者為旅遊及其相關課程，計有444人次，占51.6%；另外，根據皮瓦多（Pevoto, 1989）在33位研究樣本中，發現他們喜歡的課程內容包括閱讀。

此外，葛勞（Clough, 1992）為瞭解晚年生活所進行的學習活動，乃以五十五歲以上的高齡者為對象進行調查研究。所謂的學習活動係指：在過去一年中，任何與學習有關的經驗均可。此一研究針對三個不同團體，包括：參與大學開設課程的高齡者、老人中心的高齡者、安養機構的高齡者，共發出1,228份問卷，回收332份（回收率為27%），由高齡者就71項學習活動的檢核表勾選。研究發現，高齡者每年平均約參加36項學習活動，若就最重要的學習活動而言，依序為閱讀（占48.1%），看具有教育性的電視節目（占46.1%），看報紙或雜誌（占45.6%），旅行（占42.3%），與家人或朋友談話（占41.9%），參加社區中心或老人中心的活動（占33.2%），看新聞（占29.0%），觀察自然現象和人生百態（占27.8%），到圖書館瀏覽（占22.4%），聽廣播（占20.7%）。另一方面，伯恩（Bryan, 1993）也指出，休閒時間的安排也是高齡者偏好的學習內容；大衛彼得森（1993）也將旅遊資訊列為高齡者的教育課程之一。

反觀國內，根據賴銹慧（1990）所做的「我國高齡者學習需求及其相關因素之研究」，研究對象為長青學苑中六十五至七十九歲的學員，樣本人數共計1079人。研究發現，高齡者的學習需求，可分為社會與政治、家庭生活與管理、休閒生活與娛樂、身心保健及個人進修等五項；若分別就性別而言，男性高齡者對社會與政治、休閒生活與娛樂、個人進修的學習需求高於女性，但女性在家庭生活與管理的學習需求則高於男性。黃國

彥（1991）也指出，在休閒教育課程方面，比較受歡迎的課程，依序為運動、書畫及課外活動等。

由此可知，在國內外的相關研究中，均指出休閒生活類課程是高齡者偏好的學習內容之一，而且在高齡者學習調查中，旅遊及其相關課程被列為第二名。對高齡者而言，藉由此類課程的參與，能讓他們學會如何充分利用休閒時間，充實退休後的生活，進而協助其適應退休後的生活，延緩老化現象的發生。

㈣語文

所謂語文類課程係指語言或語文方面的內容，包括外國語文、國語正音班、英語、日語等，此為高齡者參與學習的重要內容。

柯雷諾爾（Clennell, 1990）以歐洲四個國家（包括英國、德國、法國和比利時），年滿六十歲的高齡者為研究對象，以瞭解高齡學習的情況。儘管這是一個跨國性的研究，但是在 4,461 份回收問卷中，卻發現許多相同的現象，例如：高齡學習者從過去以來，一直都有參與學習的習慣，而且具有相似的教育程度。大多數的研究樣本均指出，他們喜歡的學習科目為外國語文，而且，來自這四個國家的研究樣本均一致同意，他們在六十歲之後還持續參與學習的主要原因為：保持身心的活躍、培養個人興趣，以及達到個人的自我實現。

此外，皮瓦多（Pevoto, 1989）以六十五至七十四歲的高齡者為研究對象，採質性研究的方法，目的在於探討為何這些高齡者很少參與有組織的教育活動。在此一研究中，共計訪談 33 位居住在休斯頓附近，七個老人安養中心的高齡者，在 33 位訪談對象中，包括 8 位女性白人，6 位女性黑人，9 位女性西班牙人，1 位女性東方人，5 位男性西班牙人，以及 4 位男性黑人，這些研究樣本都未參與有組織的教育活動。研究發現，這 33 位高齡者喜歡的課程包括語言，另外，他們較不喜歡藝術和雕刻等課程，因為他們認為這些課程是專為高齡者所開設的，只能耗時間而無法吸收新知。

雷特克（Leptak, 1987）以文獻探討的方式回顧了 1975 年至今，與高齡

學習有關的文獻，其中有關高齡學習者喜歡的課程內容，指出高齡者通常對於語言類課程較有興趣。黃國彥（1991）的研究指出，在語言學習方面，比較受歡迎的語言課程，依序為國語正音班、日語及英語等。綜合上述，在國內外的相關研究中，均指出語文類課程是高齡者偏好的學習內容之一；誠如皮瓦多（Pevoto, 1989）的研究強調，高齡者喜歡語言課程，因為語言的充實，有助於他們和社會與時俱進，而不至於被淘汰。

㈤才藝技能

所謂才藝技能類課程係指培養嗜好、發揮才華以及技能方面的內容，包括寫作、蘭花栽植、釀酒、民俗技藝、電腦操作等，此為高齡者參與學習的重要內容。

威廉森（Williamson, 2000）為探究高齡學習是否有性別上的差異，以座落於雪梨西南方的利物浦第三年齡大學（Liverpool U3A）進行個案研究。在第三年齡大學管理委員會的支持下，共發出 380 份問卷，回收率為 50%；其後，再根據回收問卷中的受訪同意書，針對 56 名願意受訪的學員進行深度訪談，在 56 名受訪學員中，包括 41 位女性和 15 位男性。

深度訪談的目的，在於瞭解受訪學員對於第三年齡大學的看法、參與第三年齡大學的理由、學員的學習興趣、先前的學習經驗、偏好的學習型態、學習成果、性別議題、社會上對於老化和學習的刻板印象等，每位學員的訪談約進行 45 分鐘，且在受訪者的同意之下進行錄音。研究結果發現，高齡學習確有性別上的差異，女性參與學習活動之意願高於男性。在利物浦第三年齡大學中，男性高齡者較喜歡的課程包括：寫作、油漆和蘭花栽植等課程，女性高齡者較喜歡的課程包括：電腦、當地文史和釀酒課程等。

此外，根據英國開放大學，高齡學生研究小組的研究結果指出：約有 30%的高齡學生會選擇數學、科學和科技等課程（Johnson, 1995）。再者，根據皮瓦多（Pevoto, 1989）歸納訪談資料得知，在 33 位研究樣本中，喜歡的內容包括電腦和寫作課程。國內方面，黃國彥（1991）的研究指出，在

手工技藝方面，比較受歡迎的課程，依序為民俗技藝、剪紙、中國結、藝術造花及字畫裝裱等。

誠如柯雷諾爾（Clennell, 1990）的研究強調，高齡者在六十歲之後還持續參與學習的主要原因為：達到個人的自我實現；由於才藝技能類課程能夠延續高齡者在年輕時代所擁有的才華，進而朝自我實現的方面邁進，使得此類課程也成為高齡者偏好的學習內容之一。

☪ 二、高齡學習內容的整體趨勢

綜觀國內外有關高齡學習內容的相關研究，本文歸納出高齡學習內容的四項結論，包括：保健課程受關注、偏好實用課程、休閒課程逐漸受歡迎、學習內容因個人背景變項而有不同，茲分述如下。

㈠保健課程受關注

在高齡期中，隨著年齡的增加，生理和認知功能難免會有衰退的現象，再加上「不用」常是次級老化產生的原因，因此，高齡者應藉由學習活動的參與，以提升其生活滿意度。在各類學習課程中，有關老人疾病的預防與照顧、醫療常識及保健的課程備受高齡者關切，因為，參與此類課程能獲得有關健康、醫療、養生的資訊，讓高齡者知道如何預防疾病或延緩老化的發生，進而協助其安享健康的晚年生活。

㈡偏好實用課程

在皮瓦多（Pevoto, 1989）的研究結果指出，高齡者喜歡的學習內容是能協助他們和社會與時俱進、不至於被社會淘汰的課程。由此可知，高齡學習者比較著重實用導向的學習內容，舉凡能夠幫助高齡者解決財務問題的課程，或是能夠幫助他們適應新環境的課程，均能吸引高齡者藉由這些課程，以瞭解並適應晚年生活；因此，有關理財規劃、退休調適，以及老年生涯規劃等課程，都可能是高齡者喜好的學習內容。

㈢休閒課程逐漸受歡迎

週休二日的實行，帶動國內注重休閒活動的風潮。由於休閒參與量較高的退休老人其生活滿意度較高，不論何種休閒活動類型，參與率較高者其生活滿意度也較高，尤其是七十五歲以上的退休老人，以社交類及個人嗜好/興趣類和生活滿意度之間的相關性較高（蔡長清，1998）。由於休閒課程能讓高齡者在參與過程中，獲得興趣或嗜好的滿足，同時也可以讓他們充實有關休閒旅遊的相關資訊，協助他們藉由休閒活動的參與以提高生活滿意度，這些助益將使得此類課程漸受歡迎。

㈣學習內容因個人背景變項而有不同

威廉森（2000）和賴銹慧（1990）的研究結果，均指出高齡學習內容會因性別而有所不同，因此，實有必要開設多元化的課程，以滿足高齡者因個人背景變項不同而產生的不同需求；例如男性高齡者對社會與政治、休閒生活與娛樂、個人進修的學習需求高於女性，但女性在家庭生活與管理的學習需求則高於男性（賴銹慧，1990）。尤其是當女性的高齡學習者多於男性時（Lamdin & Fugate, 1997），應多開設與家庭生活有關的課程，以滿足女性高齡學習者的需求。

第二節　高齡學習的方法

為了因應知識社會的挑戰，個人必須進行終身學習，而學習如何學習乃是個人進行終身學習之關鍵。所謂學習如何學習即是根據自己生涯發展的不同階段，找到最佳的學習方法。由於學習方法與學習成效有關，良好的學習方法，將有助於提高學習成效，尤其是針對高齡者而言，若能瞭解高齡者偏好的學習方法，將有助於高齡學習方案之設計，進而吸引更多的高齡者參與學習。以下先說明高齡者偏好的學習方法，進而歸納出高齡學習方法的整體趨勢。

☪ 一、高齡者偏好的學習方法

根據國內外的相關研究（Clough, 1992; Imel, 1997; Lamdin & Fugate, 1997; Leptak, 1987; McGraw, 1982; Swindell, 1990；陳清美，2001），高齡者偏好的學習方法可歸為四類，包括：自學、課堂上課、小組討論、以及講述和討論併用，茲分述如下。

㈠自學

所謂自學係指學習者未與他人進行互動，也未獲得他人的協助，獨自一人進行學習，包括自己研讀、自行蒐集資料解決問題、閱讀、網路學習、旅遊學習、觀看錄影帶、聽錄音帶等方式，此為高齡者參與學習的重要方法。

藍汀和弗葛特（Lamdin & Fugate, 1997）的調查研究結果發現，在學習方式的偏好方面，排名第一者為閱讀，計有 642 人次，占 74.7%。此外，1982 年柯威（H. C. Covey）曾針對科羅拉多州的 245 位高齡者進行研究，研究發現，有 12%的高齡者對自我學習有興趣（Leptak, 1987）。

麥克葛羅（McGraw, 1982）為了瞭解高齡者參與有組織的學習活動之原因及其偏好，乃在密西根州以立意抽樣的方式，調查 134 位六十五歲以上的高齡者，共計回收 108 份問卷，回收率為 80.6%，剔除廢卷之後，有效問卷計有 100 份。根據這 100 份問卷進行統計分析發現，自己研讀是高齡者偏好的學習方法之一。

根據皮瓦多（Pevoto, 1989）的研究指出，在 33 位高齡學習者中有 25 位表示，自學是他們最喜歡的學習方法，且強調此一方法對他們而言非常重要。由此可知，自學是高齡者偏好的學習方法之一。

㈡課堂上課

所謂課堂上課係指在機構或組織內，在固定的上課時間與地點，由專人來進行的學習活動。此一方式較具結構性，較偏重講述法，亦為高齡者

參與學習的重要方法。

藍汀和弗葛特（Lamdin & Fugate, 1997）的調查研究發現，在學習方式的偏好方面，排名第二者為班級上課，計有 588 人次，占 68.4%。此外，柯威（H. C. Covey）在 1982 年所做的研究結果亦發現，有 35%的高齡者偏好具結構性的課堂上課（Leptak, 1987）。

史溫德（Swindell, 1990）為了瞭解澳洲第三年齡大學參與學員的特徵，乃進行了一項調查研究，此一研究的目的有四：第一、描述第三年齡大學參與者的特徵；第二、提供相關資料給第三年齡大學的管理委員會，以供其課程規劃之參考；第三、記錄第三年齡大學參與會員的基本資料，以供未來變更之參考；第四、瞭解高齡學習者參與第三年齡大學的現況。

此項調查研究的樣本來自新南威爾斯（New South Wales）、昆士蘭（Queensland）和南澳（South Australia）等地共十二所第三年齡大學的參與會員，總計樣本數為 771 位，回收率為 73%。當第三年齡大學的高齡者被問及，他們較喜歡傳統在教室的上課方式還是小團體的上課方式時，有 19.1%的高齡者喜歡傳統在教室的上課方式（Swindell, 1990）。

霍伯（J. O. Hooper）於 1981 年時，以威斯康辛大學的高齡學習者進行研究，結果發現在旁聽生之中，有 41%的高齡者（其中女性占 51%）偏好講述法，但在正規生之中，只有 29%的高齡者偏好講述法；旁聽生之所以偏好講述法的原因有二，其一為講述法讓他們覺得在課堂中較有安全感，其二為講述法能享受聆聽專家學者演講的樂趣（Leptak, 1987）。由此可知，具結構性的課堂上課為高齡者偏好的學習方法之一。

(三)小組討論

所謂小組討論係指參與學習的成員，分別組成不同的小組，對於學習內容進行討論與經驗交流，進而獲得共識的方式，此為高齡者參與學習的重要方法。

在史溫德（Swindell, 1990）的調查研究中，發現 14.0%的高齡者喜歡小團體的上課方式。此外，柯威（H. C. Covey）在 1982 年所做的研究結果發

現，有35%的高齡者想進行非正式的小組討論方式（Leptak, 1987）。再者，根據麥克葛羅（McGraw, 1982）的結果指出，參與有組織的學習活動時，小組研討，占43%，是高齡者最偏好的學習方法。在國內方面的研究亦發現，討論法是高齡者偏好的學習方式之一（陳清美，2001）。由此可知，非正式的小組討論為高齡者偏好的學習方法之一。

㈣講述和討論併用

所謂講述與討論併用係指在教學過程中，除了教師的講授之外，輔以參與學員討論的方式，讓參與者有機會對於講授的內容進行反思，以利學習者的舊經驗與新經驗之結合，此為高齡者參與學習的重要方法。

根據麥克葛羅（McGraw, 1982）的研究結果指出，參與有組織的學習活動時，高齡者偏好的學習方法，包括：講述和討論併用，占41%；在國內方面的研究亦指出，高齡者偏好講述與討論併用的方法（陳清美，2001）。由此可知，講述和討論併用，是高齡者偏好的學習方法之一。

由於高齡者帶著豐富的經驗來參與學習，藉由討論的過程，不但可以達到社交的目的，同時也可以增強自己的價值，因此，高齡教師應瞭解高齡學習者的特性，採用講授與討論併用的教學方法，讓高齡者在學習活動中有參與互動的機會，進而提高其學習興趣。

☾二、高齡學習方法的整體趨勢

由前述國內外相關研究的分析，可以發現高齡學習方法的五項結論，包括：自學方式運用最廣、講述法仍為偏好、網路學習逐漸興起、代間學習漸受重視、旅遊學習普受歡迎。茲分述如下：

㈠自學方式運用最廣

自學是高齡者最喜歡的學習方法（Pevoto, 1989），因為藉由閱讀書報雜誌、收聽廣播電視，可以讓高齡者吸收最新的訊息，掌握時代變遷的脈動。由於高齡者的學習特性之一為，學習活動講求確度重於速度，以自學

的方式更能讓高齡者在沒有時間限制的情境中，悠遊自在地進行學習；而且，運用自學的方式也能有效克服參與學習的障礙，如交通不便、行動不便等。

㈡講述法仍為偏好

除了自行閱讀之外，偏重講述法的課堂上課，被高齡者列為第二偏好的學習方式（Lamdin & Fugate, 1997）。由於高齡者的學習特性之一為，自尊心強學習的信心低，儘管高齡者擁有豐富的生活經驗，但仍然不習慣發表自己的看法，再加上，高齡者相當重視授課老師的專業知識，期待藉由講述的過程多吸收一些新知，因此仍偏好講述法。

㈢網路學習逐漸興起

艾梅爾（Imel, 1997）在其所著「對高齡者的新觀點：趨勢和議題」一文中，指出結合網際網路已成為高齡學習的新發展趨勢。由於網路學習的特色之一，在於強調以學習者為中心，注重學習者的個別需求，使學習者可以依據自身的學習需求、學習進度來訂定學習目標，此一特色相當適合異質性大的高齡學習者。高齡期是異質性最大的階段，使得學習活動的實施相形困難，因為同一套教材、教法，並不能適合每一個高齡者，而網路學習的特色有助於突破此一限制。因此，可以預期的是網路學習將逐漸興起，成為高齡者偏好的學習方法之一。

㈣代間學習漸受重視

代間學習不僅強調終身學習，也強調二代之間共同歸屬感的重要性。儘管社會變遷帶動家庭結構的改變，進而影響代間接觸的機會，但是他們卻不曾因此而各自為政或互不往來，因為二代之間有許多的共同性—他們都需要有歸屬感、需要被關注，也想要與別人分享自己的知識，且希望藉由經驗進行學習。若能讓高齡者體驗代間學習過程中，與下一代互為所需、相互為用的經驗，將有助於提供高齡者一個具體實踐終身學習的途

徑。因此,在強調終身學習的現代社會中,代間學習將日漸受到重視且廣泛推行。

㈤旅遊學習普受歡迎

根據高齡學習調查研究發現,旅遊學習方式在問卷的主要問題上都出現一枝獨秀的現象,有 51.6%人次表示,曾參與跟旅遊有關的學習活動,有 55.7%人次將它視為偏好的學習方式,有 55%人次表示,他們透過旅遊自我學習(Lamdin & Fugate, 1997)。由於旅遊可以作為正式或非正式學習的方式之一,例如規劃旅程、研究地圖、查詢有興趣的景點、閱讀有關的歷史、傳說、和目的地的文化等,因此,鼓勵高齡者將旅遊作為學習方式,除了可以擴大視野之外,也讓學習變得更生動有趣,尤其是在強調休閒的現代社會中,旅遊學習將普遍受到高齡學習者的歡迎。

第三節　高齡學習的時間和地點

高齡者參加學習活動的主要動機,通常非基於工具性目的。對高齡者而言,是否參與學習課程,最重要的考量因素並不是學費的多寡,而是上課地點的近便性(Moore & Piland, 1994),因此高齡學習時間和地點安排,相當重要。時間的安排能具彈性,地點的選擇能具方便性,都有利於高齡者參加學習活動。茲就高齡學習的時間和地點,分別說明如下。

☾一、學習的時間

有關高齡者的學習時間,可分為上課時間、頻率及長度等說明如下:

㈠上課時間

上課時間係指一週或一天當中,高齡者偏好的時間。史溫德(Swindell, 1990)的研究指出:在上課時間方面,共計有 761 人回答,其中希望上課時間在早上者,有 444 人,占 58.3%;在下午者,有 139 人,占 18.3%;在

傍晚者，有 10 人，占 1.3%；並無特別偏好者，有 168 人，占 22.1%。此外，麥克葛羅（McGraw, 1982）的研究指出：在上課時間方面，希望安排在早上者，有 48%；在下午者，有 31%；在早上和下午均可者，有 25%；在傍晚者，有 1%；在週末者，有 1%。在國內方面，陳清美（2001）歸納相關研究指出，高齡者在上課時間方面偏好秋天，週一至週五的白天，及上午 9:30 後至下午 4:00 前。

由此可知，相關研究均指出在上課時間方面，安排在週一至週五的上午較佳。一般而言，高齡者都有早起的習慣，若能利用週一至週五的上午進行學習，除能打發時間之外，也能讓生活更豐富；再加上，高齡者多半不喜歡夜間外出，因此，宜將上課時間安排在週一至週五的上午。

(二)上課頻率

上課頻率係指間隔多久上一次課，例如：一星期上一次課或二星期上一次課。史溫德（Swindell, 1990）的研究指出：在上課頻率方面，共計有 759 位回答，其中希望一個星期上三次課以上者，有 14 人，占 1.8%；一個星期上二次課者，有 92 人，占 12.1%；一個星期上一次課者，有 578 人，占 76.2%；二星期上一次課者，有 70 人，占 9.2%；二星期以上者，有 5 人，占 0.7%。此外，麥克葛羅（McGraw, 1982）的研究結果指出：在上課頻率方面，希望一星期上一次課者，有 43%；上二次課者，有 31%；上三次課者，有 13%；上四次課者，有 11%；上五次課者，有 1%。

由此可知，相關研究均指出在上課頻率方面，以一星期上一次課為宜。由於高齡者的學習動機並非基於工具性目的，因此在上課頻率方面，不需密集地排定。一般而言，一星期一次的課程安排，較受高齡者歡迎，因為一星期上一次課，除能達到社交目的，也不至於因為學習而倍感壓力。

(三)課程長度

課程長度係指一次上課的時間，例如：一次上 1 小時或 2 小時，以及整個課程持續的期間，例如：為期三個月或五個月。史溫德（Swindell,

1990）的研究指出：在課程長度方面，共計有 758 位回答，其中希望課程
長度為 1 小時者，有 82 人，占 10.8%；2 小時者，有 591 人，占 78.0%；3
小時者，有 77 人，占 10.2%；3 小時以上者，有 8 人，占 1.1%。此外，陳
清美（2001）歸納相關研究指出，在課程長度方面，以為期三至五個月較
適當，每週上課一次，每次 50 分鐘。

　　由此可知，相關研究均指出在課程長度方面，每次上課以 50 分鐘為
宜，一次上二堂課為佳。由於高齡者受到生理功能退化之影響，如：膀胱
功能減弱，注意力無法維持太久等，使得高齡者在學習過程中不宜久坐；
基於學習效果之考量，課程長度一般以 2 小時為宜，且中途必須有休息時
間，讓高齡者走動、活絡一下筋骨，進而提振注意力。

☾★ 二、學習的地點

　　學習地點相當影響高齡者的學習參與。莫爾和彼蘭德（Moore & Piland,
1994）為了瞭解學習環境對於高齡者所造成的影響，乃以 197 位年滿五十
五歲的高齡者為研究樣本，這些樣本來自聖地牙哥社區大學（San Diego
Community College District, SDCCD）的高齡學習者。在此一研究中，特別
針對學習場所的近便性、舒適性和方便性進行探究。研究結果指出，影響
高齡者是否繼續參與學習活動的三項重要因素，分別為：停車設施、校園
安全、學習環境的舒適性。

　　有關高齡者偏好的學習地點，歸納相關研究可分為：老人活動中心、
社區活動中心、學校以及在家中等地點說明之。

㈠老人活動中心

　　高齡者對於學習地點，偏好近便性的場所，而且以容易到達和熟悉作
為選擇學習地點的理由，喜歡交通方便的鄰近地點；在學習地點方面，偏
好老人中心（陳清美，2001）；此外，大衛彼得森（1993）分別針對不同
的課程性質，指出不同的學習地點，就一般課程而言，適合的地點包括老
人中心。再者，黃國彥（1991）的研究結果更指出，老人認為比較適當的

進修地點，排名第一者為老人活動中心。

　　由此可知，相關研究均指出應善加運用老人活動中心，使其發揮學習功能。基於方便到達、離家近，以及對於機構的熟悉感，使得老人活動中心易成為高齡者聚集的場所，若能善加利用此一機構的特性，並加入一些適合高齡者的學習活動，如：書法、國畫、插花、下棋等課程，將更能發揮老人活動中心之學習功能。

㈡社區活動中心

　　在學習地點方面，高齡者也偏好社區中心（陳清美，2001）。黃國彥（1991）的研究結果亦指出，老人認為比較適當的進修地點，排名第二者為社區活動中心。由於近便性是高齡者選擇學習地點的首要考量因素，因為交通問題是高齡者參與學習活動的障礙之一，若能掌握此一要點，將高齡學習課程開設在住家附近的社區活動中心，並且將上課地點延伸到每個社區之中，將有助於克服交通障礙之問題，進而提高其參與動機。

㈢學校

　　高齡者對於學習地點，偏好鄰近的大學院校（陳清美，2001）；此外，大衛彼得森（1993）指出就一般課程而言，適合的地點包括學校。再者，黃國彥（1991）的研究亦指出，老人認為比較適當的進修地點，排名第三者為學校。由此可知，相關研究均指出學校也是適合高齡學習的地點之一。

　　由於高齡者有其獨特的學習特性，因此，在學習場所上也有其獨特的學習需求，例如對於照明、字體大小、以及麥克風的需求，都是源自於生理功能的退化所產生的。因此，在學習環境的舒適性方面，尤應考量高齡者的身體結構，提供合適的課桌椅，同時也應提供足夠的燈光照明設備和舒適的學習空間和空調設施，以提升高齡者的學習成效。此外，在停車設施方面，應強調停車的方便性、足夠的停車位；在校園安全方面，亦應注重停車場到上課地點的指標和照明。

㈣在家中

　　由於自學是高齡者偏好的學習方法（Lamdin & Fugate, 1997; Leptak, 1987; McGraw, 1982）且認為此一方法非常重要（Pevoto, 1989），因此，高齡者的住所也就隨之成為高齡者偏好的學習地點之一，因為包括自學、網路學習，以及各種非正式的學習，都可能是在學習者的家中進行的；再加上資訊科技的發達與普及，更使得高齡者在家學習成為未來的一種趨勢。

第十四章

高齡學習的編組

　　高齡學習的型態，類別繁多，可以由機構辦理，也可以由自主性團體承擔，也可以由高齡者進行獨立的或自我的學習。唯就高齡學習活動的發展而言，有組織、有計畫的學習活動，類皆以團體的方式進行施教。因此，團體式的學習方式，一直在高齡學習活動上居極為重要的地位。團體式的學習活動，涉及到團體組織的問題，亦即在學習團體的安排，究由那些成員來組成？從歷史上來看，高齡學習團體的組成有二種類型：一為成員由同一年齡者組成，即將同為高齡者編成一班進行施教，此為分齡（age-segregated）的做法；另一為學習團體的組成，包含不同年齡的成員，即採取合齡（age-integrated）的做法。近年來，基於社會融合的觀點，在政策上則有強調代間學習（intergenerational learning）的趨向。本章特就高齡學習的編組，究竟採取何者為宜？兩種編組所適用的時機為何？又代間學習的目的與作用何在等進行探討。

第一節　分齡學習的編組

　　從歷史上來看，有組織、有計畫的學習活動，以採分齡的居多，尤其是歷史上有名的高齡學習型態，幾乎都以分齡的方式實施。因此，分齡的學習活動相當普遍，且頗富盛名。本節就其意義及採行的理由與適用時機等說明之。

一、意義

　　所謂分齡係指由同一年齡的成員所組成的學習團體，亦即將不同世代的學習者，在學習編組予以作分隔處理，相同世代者組織成一個學習群體。就高齡學習而言，通常係採同屬高齡的成員納為一個學習群體。甚多著名的高齡學習活動，均採取此種做法。例如：美國的老人寄宿所活動，以滿六十五歲以上的高齡者為對象；退休學習學會活動，以退休人員為對象；法國的第三年齡大學，以招收五十五歲以上學員為對象；英國的第三年齡大學，亦以五十五歲以上為入學的下限；日本的高齡學園，則規定年

滿六十三歲者始得報名入學；台灣地區的長青學院及老人大學，亦採取須年滿五十五歲者，始得入學的規定。

☪二、支持分齡編組的觀點

不少的學者支持分齡的觀點，包括費斯坦和斐爾（J. C. Fishtein & C. D. Feier）、彼得遜（D .A. Peterson）、馬科斯和哈維赫斯特（E. E. Marcus & R .J. Havighurst）、依奧（G. Yeo）等人。馬科斯和哈維赫斯特（Marcus & Havighurst, 1980）及彼得遜（Peterson, 1983）等均指出高齡者採取分齡的做法比合齡教學更為普遍。年記較大的學員較偏好分齡的課程和能支持他們學習的活動，因此，他們類皆期望或要求提供分齡的課程。其原因，在於高齡者不喜歡與其他年齡群的學習者作比較，這將使他們備感壓力，呈現焦慮感。他們離開學習活動已久，且對自己的學習能力沒有信心，分齡的學習對他們而言，較不具威脅感，且可以營造班級的良好氣氛。依奧（Yeo, 1982）也支持此種看法，他認為老年人不願在物質和精神上和年輕人作比較，他們希望在年齡相當的班級中找到共同的樂趣。

另外，哈維赫斯特等學者，則從完成發展任務的觀點，支持高齡學習活動採行分齡的做法。他們認為高齡者的發展任務相同，分齡的做法，可以依據發展任務設計課程，安排教學，而有助於發展任務的完成。此外，高齡者有大致類似的生活作息、生理狀況、興趣及嗜好等，分齡的編組，可在課程的時間、長度及次數等，針對高齡者的身心狀況作特別的規劃。例如，可依高齡者的生理狀況，安排在上午或下午授課，每節課程的長度以不超過五十分鐘為宜，每週上課次數不宜過密，課程的設計宜動態及靜態活動妥適調配。

茲就有關學者的研究結果及其觀點，歸結支持分齡的理由如下：

㈠同一年齡的學習者在身心發展、發展任務具有共同性，分齡可以獲得同輩間更大的支持。

㈡分齡使學習活動的實務操作較方便。例如可以安排在白天上課，課程次數、長度、每節時間、收費及註冊手續等，均可依高齡者的生

理、心理和社會發展作特別的考量，以適應高齡者的身心狀況。

㈢分齡使課程的內容，可依同年齡參與者的學術、職業、娛樂、社
　會、心理和興趣而定，更能符合高齡者的學習需求。

㈣分齡的安排，可以使高齡者有參與課程規劃的機會，進而從中體會
　參與、控制和領導的機會，滿足其參與感與獨立感。

第二節　合齡學習的編組

雖然從歷史上來看，有名的高齡學習活動類皆採取分齡的編組，但是
有些學習活動，或基於特定的目的，或針對特定的對象，也有採取合齡的
做法。

☾ 一、意義

所謂合齡的編組，係指由不同年齡的人混合組成的學習團體，通常以
某一年齡為準，包括高或低於此年齡的學習者均有。如以六十歲為準，在
學習活動的安排上，有六十歲以上的學習者，也有六十歲以下的學習者，
兩者均含括之。

☾ 二、支持合齡學習的觀點

支持合齡學習的學者亦不少，包括道登（Dowding, 1995）、柯洛富
（Clough, 1992）、卡威（Covey, 1982）、迪爾曼‧詹金斯、富魯特及藍伯
特（Dellman-Jenkins, Fruit & Lambert, 1994）以及赫伯（Hopper, 1981）等人。
他們認為在合齡的環境中，不同世代的人都會以積極正向的態度相對待，
並將自己的經驗來分享給他人。事實上，社會係由不同年齡的人組織而
成，每一個年齡的人在社會中，無論生活或工作，均要面對不同年齡的
人，每個人都要學會與不同年齡的人相處，共同工作，共同生活。因此，
強將不同年齡的人分隔在不同的環境中學習，勢必彼此均無法學習如何與
不同世代者相處的技巧或態度。不同年齡的人所具有的經驗，也無法彼此

分享，失去了寶貴的學習資源。道登（Dowding, 1995）曾以 178 位參與大
學課程的高齡者為調查對象，調查他們偏好與那一種年齡的人一起上課。
其選項包括「不在意」、「混合年齡」、「相同年齡」、「視情況而定」、
「比自己老」、「比自己年輕」等，結果如下表：

1995 年道登（Dowding）對高齡者分齡與合齡學習的調查統計表

區分	人數	百分比
1. 不在意	68	38
2. 混齡	60	34
3. 分齡	48	27
4. 視情況而定	2	1
5. 比自己大	0	0
6. 比自己小	0	0
7. 沒有回答	0	0
合　計	178	100%

資料來源：Dowding,1995:83.

由上表可知，反應「不在意」、「混齡」者較多，各占 38%、34%，
反應分齡者亦屬不少，占 27%，其餘選項均極少或沒有。可見高齡者對一
起學習者的年齡，主要的反應可分為「不在意」、「合齡」及「分齡」等
三種。而反應「不在意與任何年齡者在一起學習」比「不反對、或持積極
看法者」多。

綜上所述，可知支持合齡學習編組的主要理由，可以歸結如下：

1. 合齡符合社會的實況：社會由不同年齡的人組成，彼此宜自然在一
   起，不宜刻意隔離。

2. 合齡可以學習到如何與不同齡的人相處。

3. 合齡可以消除對不同世代的負面形象，培養正向而積極的態度。

4. 合齡可以使不同世代有相互學習的機會。彼此分享經驗，而使學習
   的效果得以提高。

◐ 三、綜合探討

　　經由上述的探討，可知合齡、分齡的學習編組，各具價值，各有其適用的地方。因此，支持分齡的學者，如彼得遜（D. A. Peterson）也懷疑，分齡學習是否真正為高齡者所偏好（Broomall, 1992）。而佛克科和吉利斯（Fox & Giles, 1993）也指出，合齡並不必然保證出現正面的學習結果。因此，有一些學者提出折衷的看法，主張分齡或合齡的編組宜依課程內容、課程目標及對象而定。如果課程目標在於促進兩代融合，培養代間的積極態度，增進彼此的認識，以及課程內容需要不同代間的經驗交換，則宜採取合齡的編組。如果課程的目標在於增進高齡者特定主題的知能，內容以符應高齡者身心的發展狀況，不強調代間經驗的交流，為滿足高齡者學習需求，營造良好班級氣氛，增進友誼，及完成發展任務等，宜採分齡的編組。馬可斯和哈維赫斯特（Marcus & Havighurst, 1980）指出，在成人教育的領域中，年齡的獨特性只有在某些特定目的下才具有價值，而最後仍將走向以合齡為本位的方向發展。

　　基於上述，成人教育工作者對於合齡或分齡的學習編組，宜採取下列態度：

㈠成人教育工作者如能瞭解分齡、合齡的學習組織，將有助於課程的設計、教學方法的運用。對分齡、合齡的選擇應依課程內容或學習者需求而定。

㈡成人教育工作者無論採用合齡或分齡的設計，都要在課程結束後檢討利弊得失，並能留下紀錄，以作為下次選擇之參考。

㈢對於合齡課程的實施，成人教師要能善於利用社會資源，並適當的選擇不同年齡的成員參與。

㈣對於合齡的編組，成人教育工作者要慎用不同的評量方法及評語。

㈤成人教師在實施合齡課程前，要能事先瞭解不同代間的人格特徵、需求，俾成為兩年齡群互動的促進者，並培養良好的態度和觀念。

㈥成人教育工作者應注重學習環境的安排，對於合齡課程的環境必須

考慮周全。要顧慮各年齡群的方便性及多元性。例如教具、媒體的應用要面面俱到。

(七)需要採用合齡課程時,應考慮究竟採用混合年齡的編組或男女混合的編組。

(八)成人教師在運用年輕人來協助指導高齡者時,要減除高齡者心理的負擔,並協助建立其信心,使彼此均能心存感激。

第三節 代間學習

與合齡學習極其相近的一個名詞為代間學習。近年來,代間學習受到相當的重視,成為高齡學習活動上的重要政策。不少的國家相當鼓勵高齡學習活動的提供者,多開設代間學習的課程,並以經費補助之,以引導此種高齡學習活動的發展。例如美國政府早在 1963 年,就由聯邦政府支持開設第一個代間學習課程。1980 年代,代間學習課程在政府支持下大為發展,甚多的研討活動、專論、文章和通訊等紛紛針對此一主題進行探討。至 1990 年代,代間課程持續發展。1995 年,白宮老人會議,特別強調代間相互依賴的重要性,並建議列為施政的重點。時至今日,數以百計的代間課程,在各州內進行,由各種不同的機構贊助實施。究竟代間學習的意義如何?其與合齡學習有無不同?其必要性如何?及支持代間學習的理由與效果何在等,乃為本節探討的重點,茲分述如下。

★一、代間學習的意義

所謂代間學習係指安排不同世代者,一起進行學習活動。它強調在不同情境中進行溝通、互動、分享彼此感受與意見,藉由彼此的合作,而完成有意義的任務。亦即指有意的安排不同世代間的學習者一起進行學習活動,與前節所述之合齡學習,似乎在內涵上頗為雷同,然而代間學習與合齡學習兩詞在用法上,仍具有若干不同。使用「代間學習」乙詞有下列特點:

㈠**強調方向性**：即在學習活動中，著重在由某一代來幫助另一代的學習。例如在人生發展課程中，強調高齡者提供兒童、青少年對人生看法，協助年輕世代瞭解人生，並將自己的經驗分享之。在電腦課程的學習中，則作有意的規劃，透過年輕世代的學習者，將其電腦的知能提供給高齡者，以提高其學習效果。因此，代間學習特別強調方向性。在合齡學習活動中，並不刻意凸顯方向性，亦即學習的目標不在於不同世代間，作何種方向上的協助與指導。

㈡**較強調機構所扮演的角色**：代間學習課程類皆由機構主導，由學習活動的提供者來規劃辦理。通常係機構基於某些特定的目的，如要讓不同世代的人能相互接觸，增進瞭解，培養積極正向的態度，消除歧視或刻板化印象，或產生經驗分享的作用，因而在學習活動上作有意的設計與安排。此類課程通常為政府政策所鼓勵，常以經費的補助引導之。而使用「合齡」乙詞，通常不強調機構的角色，也許是高齡學習組織自行安排或為其設計的活動，或可能是高齡者自行發起的學習活動。

㈢**不強調學習的內容**：代間學習通常較不強調內容的學習，亦即不以教材的傳播作為核心。其所強調的學習結果為不同世代間的指導、輔導與協助。而使用「合齡」乙詞，通常較強調內容的學習，係以教材的傳授為學習的核心。

經由上述的探討，可知代間學習與合齡學習，在方向性、機構角色、及學習內容的觀點上有所不同，或在這些層面的強調有輕重程度之別。但是二者的實質內涵，均包括不同年齡者或不同世代的成員，因此，二者有相當的雷同。尤其近年來，在政府政策的引導下，代間學習課程有如雨後春筍，逐漸漫延幾乎成為高齡學習活動上的一種主流，而「代間學習」一詞也逐漸取代了「合齡學習」一詞，而成為與分齡學習相對應的另一個名詞。

☾ 二、推動代間學習的必要

代間學習，在政府的支持之下，自 1980 年代初開始逐漸有多樣化的

趨勢，有很多的研討會、通訊和期刊論文等經常探討此一主題。就美國而言，僅老人寄宿所的活動，就開設有關旅行的、住宿的、和大學程度的代間學習課程 140 個，大多數的代間學習課程，類皆包括祖、孫二代。

代間學習課程之所以受到政府的支持，主要從社會融合的觀點出發。蓋社會係由不同年齡的人組成，不同年齡者宜自然地生活、工作、學習在一起，不宜作有意的分隔。就美國而言，近年來在文化、經濟、社會、歷史、科技和生物上的改變，已使得年輕人、中年人、老年人有越加分離的趨勢。伴隨收音機一起生長的那一世代，與在電視機世紀成長的世代，有相當大的不同；同樣的，生存於電腦時代中的兒童，也與父母輩有別。採取代間學習，可以使不同世代的距離與隔閡縮小，而有助於社會的融合。如果不同世代趨向兩極化，將是社會的雙輸。

☾ 三、代間學習的理由

代間學習的理由，可以歸結如下：

㈠透過代間學習可以使年輕人和老年人消除偏見，及改變對另一世代的刻板化印象。

㈡藉由代間學習，可以使某一世代對另一世代，提供免費的或獎助學金的服務，亦即透過相互交換服務的模式，而有助於代間的瞭解和照顧。

㈢藉由對生活議題的分享、挑戰和問題的解決，建立了代間的連結。

㈣藉由二代間對生活歷史的描述，生命旅程的詮釋，交流不同代間的觀點，可以開啟高齡教育的新概念架構。

上述的理由，可以置放在一直線的某一點上，此一直線的一端為服務取向的理由，另一端為發展取向的學習，二者並不互斥。代間學習課程的設計者，往往從線中的某一點開始向比較接近的另一端移動。

服務取向　　　　　　　　　　　　　發展取向

◀─────────────────────────────▶

服務取向模式傾向認為個體都有助人的需求與願望；而發展性的模式，則把個體視為可經由共同成長而形塑成為社會人。

老人願意參與代間服務或共同學習課程的動機，主要是基於以下的理由：(1)幫助下一代，使國家持續強盛及具有競爭力；(2)回饋社會，下一代才有未來；(3)與年輕人在一起，使其感覺年輕；(4)基於為自己種族的小孩提供服務；(5)基於自己過去是中輟生（青少年犯、未婚懷孕等），現在想要幫助這些同樣境遇的孩子。

穆德和迪斯克（Moody and Disch, 1989）指出大多數的代間課程都過於窄化，只把目標放在提供服務、消除年齡的刻板化印象、和促進代間友誼與接觸。除了這種工具性目標之外，他們指出更重要的是在處理代間問題、解決暴力、種族歧視、貧窮和老年人的社會問題上，應將年輕人與老年人放在同等位置上來對待。代間課程不宜僅以某一個觀點出發（如獲取生活的滿意、改變態度、雙方具有更好的感情等），或僅侷限在利他的觀點，事實上它有助於「公民教育」的達成。

此外，那索遜（Paul Nathanson）則提出道德與政治的代間課程論，呼籲高齡者要成為貧苦兒童的夥伴及支持者。那索遜認為從貧苦兒童的觀點而言，這是一種必要的工作。如果老年人與貧苦兒童結為一體，則年輕人與老年人間的競爭關係便可消除。而且老年人具有相當的智慧，故老人族群及其組織應有引導社會發展的任務，俾嘉惠社會全體成員。因此，那斯遜於 1986 年支持建立代間聯盟（Generations United），1986 年全美此類聯盟已超過 100 個，透過課程的開設或政治的改革，共同致力於代間的和諧。

☪ 四、代間學習的課程

代間學習有其特定的目的，亦確實產生了效應。因此，在特定目的之下，要進行代間學習，課程的性質居於相當關鍵的地位。究竟何種課程適合採取代間學習，將是學習成敗的重要因素。

㈠代間學習課程的類型

由大學院校所提供的代間學習課程,一般而言,大致可歸分為二種類型:一為學術性課程,強調智能或認知的發展;另一為社區服務課程,強調情意的發展或對社會的貢獻。這二種型式的代間課程均有助於校園的多樣性和豐富性。

此外,代間學習往往具有服務或指導的方向性,故如從服務的角度而言,代間課程可分為三種型式:由年輕者服務年長者、由年長者服務年輕者、年輕者和年長者共同合作等。

1. **由年輕者指導或服務年長者**:此類課程係由年輕一代的參與者,扮演服務或指導年長者的角色。例如由年輕者指導年長者電腦及語言的學習課程即屬之。

2. **由年長者指導或服務年輕者**:此類課程係由年長者扮演指導或服務的角色。一般而言,其課程包括提供生命經驗的分享、扮演助教的角色、提供歷史見證或協調者的角色。

3. **由二代間相互合作**:此類課程係在社區中創造機會,使不同世代者以共同合作的方式進行學習,包括共同討論影響二代間的社區問題,發展社區美化計畫,共同創作(藝術創作、代間唱詩班)等。

㈡代間學習課程的發展趨勢

代間學習課程在政府的支持及鼓勵之下,已有愈來愈多的趨勢,但不管其性質及型式為何,代間課程呈現以下的發展趨勢:

1. 在課程設計方面,由機構扮演主導者的角色。

2. 代間學習課程的成敗關鍵,在於二代間的團體動力關係。

3. 代間學習課程,就參與者而言,年輕一代或年長者均反應不論在情意或學術方面,均獲有正面的效益。

4. 機構開辦代間學習課程較多者,其辦理分齡課程者就相對減少。

☪ 五、代間學習的效果

代間的學習效果，依據研究的結果發現，對不同代間的學習者均有積極的效應。不少的學者曾進行代間學習效果的研究，其對象包括老年人與十多歲的非裔美國人（Aday, McDuffie and Sims, 1993）、大學生（McGown and Blakenship, 1994）、兒童（McGuire, 1986）、醫科學生（Reinsch and Tobis, 1991）及中年人（Glass and Knott, 1982）的共同學習活動。研究的結果頗為一致，類皆指出特定的代間學習課程，可使不同代間者具有更大的容忍力，增進安全感和親密性，有助於改變僵化的刻板印象，對其他世代者較不感到害怕。年長者藉由代間學習課程指導或協助年少者，有助於去除其老而無用的感覺；而年少者藉由代間學習課程，也能獲得高齡者的關愛與教導，或透過協助高齡者學習，建立自尊與能力感。不但雙方互享其利，而且有助於建構更具關懷的社區。但研究者也都指出這些改變可能只是短期的，如果讓他們又回復到日常生活中的相對隔離狀況，已獲致的成果可能會被侵蝕掉。當個人在日常生活中，又再度接觸報紙、電視和其他媒介的報導，則刻板化印象不可避免的將再度出現，但迄至目前為止，尚無縱貫性的研究足以提出確切的資料。

此外，麥格恩和布蘭肯希伯（McGowan and Blankenship, 1994）兩人採用現象學的研究方法，以大學生為對象，要他們每週去拜訪年長者，與他們晤談生命史，提出他們生活經驗意義的看法，進而觀察這些大學生態度上的改變。學生為了處理這些經驗的意義，而將其紀錄寫成日誌以便進一步處理。研究者則利用內容分析的技巧進行研究。他們發現大多數的學生在觀點上均產生了改變。其觀點改變的過程歷經四個階段：(1)預期（anticipation）：包括憂慮（由害怕、不確定和神經質特性組成）；(2)衝突：與年長者在非真實生活中相處所帶來的挑戰；(3)重估：包括對自我的重行評估（個人的頓悟和內化）、對代間關係的重估、和對老化和老人的重估（刻板化開始崩潰）；(4)轉換：學生的觀點改變，將老人從一個研究對象轉變為朋友。

　　麥格恩和布蘭肯希伯的研究相當獨特，他們不但教導學生進行生命歷史晤談的方法，也讓學生瞭解到社會和歷史的改變對個人生命的影響，並透過撰寫日誌內化到自己的經驗中。其研究結果提出二份資料，一為日誌，作研究分析之用；另一為生命歷史的描述，為報導性的資料。可見他們倆人的研究偏重在代間學習的過程，包括其運作情形、階段的發展及強調的痛苦或失衡的存在，此即為意義或觀點的轉換。顯然此一研究較偏重在學生方面的轉換，對高齡者方面誠較欠缺，有違其研究的目的。但其研究也指出代間相處會產生自我的改變，及在地位上的重行調整，使學生不僅成為研究對象的朋友，而且也似乎將其形塑為同時代的人。

　　總之，由於文化、經濟、社會、歷史、科技和生物上的改變，已使得年輕一代、中年人及老年人更加分離。在收音機一代成長的人，不同於在電視機世紀成長的一代；今日電腦時代成長的兒童，也愈來愈與其父母相異。代間學習在這種時代發展的情況之下，越顯得有推動的必要。代間課程也並非能解決有關社會犯罪、貧窮、中輟、吸毒、未婚媽媽、或學業成就低落的問題，然參與者無論是年輕一代或年長者均會作積極的改變，使彼此對不同世代者有更多的認識與瞭解，造成態度上的改變，它也能發揮不同代間的相互服務與學習，而有助於社會的融合與發展，讓不同世代者真正感受到其他世代的生活、學習與問題，而非來自報紙或政治人物的觀點。

第四節　代間學習課程的決定模式

　　代間學習的成功，與課程性質有關。因此，課程的內容，乃為進行代間學習的關鍵因素之一。決定是否採取代間學習，就課程的設計者而言，相當重要。基於此，學者安斯及尤雅特（Ames & Youatt,1994）曾提出一個選擇及評鑑代間教育與服務課程的模式，作為決定的參考。但代間方案相當多樣與具獨特性，無論在目標、情境和辦理機構及活動結果等均各異。活動的目標從最簡單的玩樂到防止虐待小孩的批判性思考均有。辦理團體可能是社區組織、宗教團體、教育機構、和政府單位等。在情境上，可能

是正式的或非正式的、政府的或私人的環境。亦即代間方案是一個廣泛的名詞，可以應用到各種活動中。因此，要提出一種選擇活動的決定模式，是相當困難的。安斯和尤雅特所提出的決定模式，就希望能應用各種對象、機構及活動的目標。模式係由參與「兒童及年少者的照顧人員」代間訓練方案中發展出來的。

安斯及尤雅特所發展的「代間教育和服務方案規劃」（Intergenerational education and service programming）模式，可以分成三大部分：對象、課程及選擇標準。其關係如下圖。

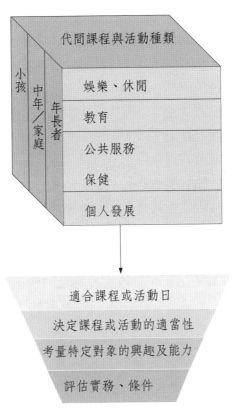

圖 14-4-1　安斯及尤雅特的選擇代間教育與服務活動模式

資料來源：Ames & Youatt, 1994:760

☾★一、對象

　　安斯及尤雅特兩人所提出的決定模式，指出代間課程或活動的對象，包括兒童、青年、年長者及家庭。在課程或活動的安排上，可能有二代或三代的人參與，極具挑戰性。甚且每一年齡群均有相當大的異質性。例如年輕一代的範圍就可能從嬰兒至大學生，而年長世代可能從五、六十歲至八、九十歲不等。每一年齡群均有其獨特的需求、資源與能力。參與者可能是資賦優異、平庸或屬於中才者，均要能對活動的進行有所幫助，或能從活動中獲益。因此，首先在對象上，要進行瞭解，確認活動的對象所在。

　　在對象上，他們兩人特別強調中年世代，在發起、執行及獲致最後結果的重要性。因中年人一般具有兩種角色，即媒介者及接受者。在媒介者角色上，中年世代常是活動的發起者或催化者。在家庭中，中年者也常是年輕及年老者兩代間的媒介者。兩代間關係的品質高度受到中年者角色的影響，他們參與代間活動也受到中年者的激發。因此，機構人員在代間課程上，也扮演著促進者的相似角色。在接受者角色上，中年人無論是直接或間接，都是代間活動的獲益者。中年人扮演父母、高齡父母的子女、社區成員、教師、或繳稅者等的角色，均會體驗到代間活動的好處。

☾★二、課程的種類

　　決定代間方案的第二步，就是選擇適合的課程。適當而有意義的課程，可以增強活動，助長滿意的結果。代間活動的課程可分為五類：(1)休閒娛樂、(2)教育、(3)保健、(4)公共服務、(5)個人發展。五類課程並非全然互斥，而以統整的方式彼此相依。

㈠休閒娛樂

　　這是一種相當正當而重要的活動，常作為其他類型代間課程的先趨活動，因為如能先快樂的玩在一起，可以對年齡的刻板化印象產生破冰作用，建立和諧的關係，但不宜過度使用，俾免減少正式活動的機會。要注

意的是不要認為年輕及年長者的參與活動只是為了玩樂，或只作短期的改變，而低估他們的能力與興趣。

㈡教育

教育的課程也是代間學習上常被廣泛使用。傳統上，認為教育是提供給兒童的，直到最近，始將老人列為對象之一。在代間方案中，最通常的方式是由老年人傳授給年輕人技能，分享有關歷史、職業或其他各種領域的知識。當然，有些課程強調互惠的原則，亦即讓兒童也有教導老年人的機會，如電腦的技巧等。在終身學習的時代中，較主張以非傳統的學習方式進行，俾讓兩代能一起學習。透過這種學習方式，經驗和觀點會更具多樣性，將更豐富教育的內容。

㈢保健

保健的課程在多數的代間方案中並不多見，但安斯及尤雅特兩人認為無論在學校、工作場所或社會中，健康和幸福均逐漸受到重視。保健課程以透過提供資訊、技巧、服務和支持他們作生活方式的改變，來增進個人及社會的健康與幸福。保健雖對不同年齡的人有不同的意義，但均具有正向及持久性的結果。

㈣公共服務

公共服務是讓年少者與老年者一起朝共同目標努力的良好方式。在此活動中，年少者可以幫助老年人。多數的課程係將年少者和年長者的力量加以結合，來服務社區或具有特殊需求的人。公共服務是強調中年在方案規劃重要性上很好的例子。中年人可能是家庭成員、社區領導者、或代間課程的行政人員，是方案發展的主要人員，當然他們也能從活動中獲益。

㈤個人發展

來自代間活動的成就感和情誼均有助於個人的發展。個人發展是每一

年齡者的共同需求。事實上，代間活動的主要目的即在於個人發展，這是方案的要素之一。例如在「誰是最重要人士的方案」中，參與者可藉由圖像、口頭或書面歷史來凸顯其事蹟，允許他的家人一同享受此種榮耀，使兒童有機會看到年長者小時候、為人父母時、或擔任工作角色時的樣子；同時兒童也可從被列為「最重要人物」中而感到快樂，而分享其短暫而獨特的歷史給老年人。

總之，這五類課程是一般代間方案常使用者，應用這五類課程可使規劃者在方案設計上達到平衡及獲得滿意的結果。參與代間課程的目的，就兒童而言，旨在習得新角色；就年長者而言，旨在適應改變中的角色，選擇適當的活動正可以幫助角色的學習與適應。

☪ 三、選擇活動的標準

如何決定選取適當的活動，該模式提出四項標準，具有階層性。活動首先要達到第一項標準，再考慮第二項，依此層次進行。

第一層：符合課程或活動的目標

不僅要考慮代間方案的總目標，並且要顧及個別方案的特定哲學與目標。例如社區健康中心的方案，即有強烈的促進健康和增進幸福的哲學與實務的思考，凡與此項哲學思考相衝突的（如在休息時抽煙）活動，應即避免。

第二層：決定活動的適當性

在檢視活動與目標的配合後，其次應評量對目標群體的適當性。代間方案的活動要適合不同世代者的發展水準及具吸引力。活動的規劃要允許成人能自我導向，與其生活有關並具實用價值。對兒童而言，要能有參與探討的樂趣和任務，要能自我選擇。較幼小的兒童，傾向小型的、非正式的團體。而成人的參與，則會受到社會情境和助長者熱忱的高度影響。活動要同時顧到年輕者和年長者的需求。

第三層：考量對象的興趣和能力

　　有些方案係以身體殘障的高齡者為對象，另有些方案則以高教育程度者、身體健康的年長者為對象。參與的兒童在社經地位和學業成就亦有相當大的差異。故在兩世代間或同一世代內的異質性均相當大。例如在烹飪、戲劇、節日宴會、再製造、再利用的活動中，均可能提供給兒童與年輕者。有些活動會獲致成功，有些則否，端視參與者的特性而定。方案規劃者如能瞭解對象的興趣、能力與限制，才能評估活動是否符合參與對象的發展。

第四層：評估實務的條件

　　即要考量對活動具有影響的相關因素，包括教材、設備、空間和時間等。例如在某種特定的方案中，可能需要足夠的空間、可作練習的房間、具有視聽或舞台的設備等。在時間方面，如活動的長度、季節及方案的長度等，也是有待考慮的因素。在人力資源方面，是否有足夠的行政人員、志工和對象等，亦須顧及。在對象方面，要考量是否有活動所需的各種人才、以及團體的大小。團體太大或太小均有礙於活動的進行。太大的團體會妨害參與，太小的團體則缺乏足夠的資源，來成功進行活動。

　　總之，此一模式指出在選擇與評估代間活動時，有四種層次的標準要考量。活動必須對參與者具有意義與價值。良好的方案不僅活動要符合方案的目標，也要顧及對象及內容上的平衡及參與者的多樣性。方案中所提出的五種課程，可以幫助方案設計者瞭解活動的範圍與內涵。此外，應考量對象所要扮演的角色，契合參與者的需求、興趣，以及可資利用的資源。

第十五章

高齡學習的參與
障礙及學習問題

　　在高齡化社會中，高齡者繼續學習已被先進國家視為一項不可或缺的社會福利，因為透過學習，有助於高齡者因應瞬息萬變的生活環境；透過學習，有助於高齡者重新確認個體生命的意義與價值。更確切地說，提供終身學習機會有助於高齡者生活地更有趣、更有用且更能發揮功能（Henry, 1989）。

　　當終身學習已成為未來生活的一部分時，高齡者的教育機會自應受到重視與保障，特別是在「老狗不能教以新花樣」的迷思中，高齡者至今仍是教育參與過程中的少數族群（Talento, 1984; Brandmeyer, 1987; Gregg, 1996；洪錫井，1994），在此一情況下，若能瞭解高齡者在參與學習過程中可能會遇到的障礙與問題，對於促進他們參與學習活動應甚有幫助，同時也使得高齡學習參與障礙議題之探討頗具時代意義。有鑑於此，本章即以參與障礙的定義及其類型，高齡者參與學習活動的障礙，高齡者的學習問題，以及因應高齡學習障礙的策略等四節探討之。

第一節　參與障礙的定義及其類型

　　有關高齡學習的障礙可歸分為二，一為參與障礙，另一為學習問題。所謂參與障礙係指參與者在已有參與教育活動的意向後，所面臨的困難或問題，阻礙其參與行為的實現（黃富順，1995）；所謂學習障礙，係指由於生理機能衰退，例如：健康不佳、視聽能力不良、記憶力不好、學習能力衰退等問題所造成的限制。由於參與障礙所關切的是不利於參與學習活動的原因，若能找到這些阻礙因素並加以排除之後，將能有效地提升參與學習活動的比率。

　　有關參與障礙的類型，茲歸納國內外相關研究（Cross, 1981; Darkenwald & Valentine, 1985; Kamp, 1996；林勤敏，2002；黃富順，1989；張瓊瑩，1994），可分為情境障礙（situational barriers）、機構障礙（institutional barriers）、意向障礙（dispositional barriers）以及訊息障礙（information barrier）等四類，分述如下。

☪★一、情境障礙

　　情境障礙係指個人在某一時期中，當他決定參與教育活動時，所面臨的物質和環境方面的困難與問題，如欠缺費用、沒有時間、交通問題、地區偏僻、兒童無人照顧等。在各種調查研究中，情境障礙往往被列為第一項障礙，約占 10% 至 50% 不等，而且在情境的障礙中，時間與金錢二項是各類研究最常被提到的二種困難，因為有時間參與學習的人，往往沒有錢可以參加，而有錢參與的人，卻又往往沒有時間。根據古特（H. D. Groot）在 1984 年所進行的研究結果指出，費用和參與率之間有正相關存在，一旦調高課程收費標準，會使得參與率隨之下降，由此可知，費用乃是參與障礙的影響因素之一（Kamp, 1996）。

　　高齡者在步入晚年之後，必須面臨退休的調適。許多高齡者或因已從工作職場退休而使其收入減少，若學費太高將減低其參與學習的意願；或因身體健康狀況不佳，不適合離家太遠或不喜歡夜晚外出；或因需照顧孫子或生病的配偶，而使其無法參與學習；或因缺乏交通工具、家人不支持等因素，而降低其參與學習的實際行動。這些因素都是高齡者可能面臨的情境障礙。

☪★二、機構障礙

　　機構障礙係指個人在決定參與教育活動時，由於機構的政策或措施使學習者感到困難或不便，阻礙學習活動的參與。在各類參與障礙中，機構的障礙約占 10% 至 25%，其重要性僅次於情境的障礙。整體而言，常被提到的機構障礙有五項，包括：課程時間安排問題、機構所在地點偏僻或交通不便問題、沒有開設令人感興趣或具實用價值的課程、註冊程序繁雜不便，以及課程時間固定而缺乏彈性等問題。

　　針對高齡者而言，在機構氣氛與同儕關係方面，許多高齡者表示，他們會因機構中的氣氛不佳，或與同儕之間的關係不和諧，而不參與該機構的學習活動；在課程與師資方面，機構所開的課程不符合學習者的需求、

課程的選擇性太少等，教師的專業素養不夠、教學熱忱不足、無法以同理心來對待高齡者等，都是高齡者裹足不前的原因；在教學與編班方面，教師的教學方式未能顧及學習者的個別差異和因材施教的原則，而且部分課程並未分級、分齡開班，使得高齡者因程度不符而不願意參與學習（林勤敏，2002）。另外，教室環境或設備不符合高齡者的身心需求、上課時間不恰當等因素，都是高齡者可能面臨的機構障礙。

☪ 三、意向障礙

意向障礙係指個人所具有的信念、價值和態度等阻礙了學習活動的參與。克羅絲（Cross, 1981）根據1974年美國非傳統學習委員會的調查研究，將害怕自己太老而無法再學習、因過去學習成就之影響而對自己的能力缺乏自信、缺乏學習的動力、對學習不感興趣、厭倦學習、不知道要學習什麼、不想讓別人覺得自己很積極等七項因素列入意向障礙之中。此類障礙屬於心理與態度的問題，如認為自己太老無法再學習、認為自己的學習能力低落、認為受教育沒有什麼用處等。這些信念、價值或態度彼此有交互作用存在。

意向障礙主要包括二類：其一、對於學習活動的消極評價；其二、對自己沒有信心，尤其高齡者，以對自己的學習能力缺乏信心最為普遍。由於受到「老年人沒有學習能力」、「老狗不能教以新花樣」、「學習無用論」等刻板印象的影響，使得高齡者認為參加學習活動對生活沒有什麼助益，所以學了也沒有用；或認為學習會增加壓力或引起緊張、焦慮，以及畏懼新科技、自覺程度不夠或擔心在學習過程中會遭到挫折或失敗等因素，都是高齡者可能面臨的意向障礙。

☪ 四、訊息障礙

訊息障礙係指個人有參與教育活動的意向，但不知道有哪些機構開辦自己想參與的課程，因而未能參加。有訊息障礙的人，以教育程度較低及貧窮的民眾居多。針對高齡者而言，缺乏學習資訊，不知道要到哪裡參加

學習活動,對學習機構的地點、報名方式,以及機構的設備和服務措施等
都不清楚;再加上,高齡者不知道學習機構提供哪些學習活動、上課方
式、內容、開課時間等相關資訊,而使其錯失許多參與學習的機會。這些
因素都是高齡者可能面臨的訊息障礙。

有關訊息的障礙,有賴於機構及個人雙方的努力才能減少。一方面,
機構應儘量設法將教育活動的訊息提供給高齡者,並採取多元的宣傳策
略;另一方面,高齡者也應注意各種活動訊息的獲得,一般而言,獲取訊
息的管道愈多,就越不會產生訊息障礙。

第二節　高齡者參與學習活動的障礙

本文彙整國內外有關高齡者參與障礙的研究(Bryan, 1993; Glass, 1990;
Lamdin & Fugate, 1997; Moore, 1988; Pevoto, 1989; Swindell, 1990;林麗惠,2002),
發現常被高齡者提及的參與障礙,包括:交通問題、沒有時間、課程時間
安排不當、地點太遠、沒有興趣以及缺乏訊息等六項。茲說明如下:

☾ 一、交通問題

葛蕾斯(Glass, 1990)在「宗教信仰、老化以及教育的角色」一文中,
強調交通問題、參加教會活動所需付出的費用、情緒障礙以及民眾對於高
齡者的歧視態度,都會成為參與教會活動的障礙因素;所謂情緒障礙(emo-
tional barrier)係肇因於高齡者剛搬進一個社區,在當地的教會中沒有熟識
的人,或因教會的神職人員更換,而使得高齡者因為不熟悉所產生的參與
障礙。

伯恩(Bryan, 1993)彙整不同的研究指出,沒有交通工具被視為高齡
者未參與學習活動的原因之一。戴維斯(Davis, 2001)在「老化對教育的
影響」一文中,曾經提及高齡者在參與學習活動的過程中,會遇到多樣化
的參與障礙,而交通問題即為其中一項。

藍汀和弗葛特(Lamdin & Fugate, 1997)所做的高齡者學習調查研究中,

以開放性問題蒐集跟參與學習障礙有關的因素，經彙整之後，得知有 10 人次提到交通問題。反觀國內，在林麗惠（2002）的研究中，彙整開放性問題得知，未參與學習活動的高齡者，原因共有七項，而交通不便這一項，在 103 位填答的資料中，有 4 人認為是高齡者未參與學習活動的原因之一。綜合上述，在國內外的相關研究中，均提及交通問題是高齡者參與學習活動的障礙之一。

☾★二、沒有時間

伯恩（Bryan, 1993）彙整不同研究的結果指出，沒有時間被視為高齡者未參與學習活動的原因之一。在藍汀和弗葛特（Lamdin & Fugate, 1997）所做的高齡者學習調查研究中，得知有 6 人次提到因參與志願服務而沒有時間的問題。在國內方面，林麗惠（2002）之研究指出，沒有時間這一項，在 103 位填答的資料中，有 34 人提及，占 33.01%，被列為高齡者未參與學習活動的首要原因。綜合上述，在國內外的相關研究中，均提及沒有時間是高齡者參與學習活動的障礙之一。

☾★三、課程時間安排不當

伯恩（Bryan, 1993）彙整不同研究的結果指出，課程時間安排不當被視為高齡者未參與學習活動的原因之一。史溫德（Swindell, 1990）的研究指出，在高齡者未參與學習活動的原因中，課程時間安排不當這一項，在 136 位填答者中，計有 36 人次勾選，占 26.5%，是除了其他原因之外，所占百分比最高的障礙因素。

藍汀和弗葛特（Lamdin & Fugate, 1997）的研究中，將參與障礙的研究結果，歸納如表 15-2-1 所示。由表中可知，課程時間安排不當是高齡者參與學習的首要障礙，計有 384 人次勾選，占 44.7%。在國內方面，林麗惠（2002）之研究指出，時間無法配合這一項，在 103 位填答的資料中，有 6 人提及，占 5.83%。綜合上述，在國內外的相關研究中，均提及課程時間安排不當是高齡者參與學習活動的障礙之一。

表 15-2-1　參與學習障礙因素彙整表

障礙因素	勾選人次	所占百分比
課程安排時間不當	384	44.7%
距離	227	26.4%
金錢	183	21.3%
缺乏訊息	166	19.3%
缺乏動機	109	12.7%
未提供足夠的課程	108	12.6%
害怕新科技	58	6.7%
身體障礙	54	6.3%
對學習能力缺乏自信	43	5.0%

資料來源：Lamdin & Fugate,1997:82

☪ 四、地點太遠

係指學習場所距離居住地區太遠，導致高齡者不願或無法前往參與學習所構成的參與障礙。伯恩（Bryan, 1993）彙整不同研究的結果指出，上課地點太遠被視為高齡者未參與學習活動的原因之一。藍汀和弗葛特（Lamdin & Fugate, 1997）的研究結果指出，距離是高齡者參與學習的障礙之一，計有227人次勾選，占26.4%。再者，史溫德（1990）的研究結果亦指出，在高齡者未參與學習活動的原因中，距離太遠這一項，在136位受試者填答的資料中，計有 11 人次勾選，占 8.1%。綜合上述，在國外的相關研究中，均提及地點太遠是高齡者參與學習活動的障礙之一。

☪ 五、沒有興趣

係指對參與學習活動不感興趣或缺乏誘因，所導致的參與障礙。摩爾（Moore, 1988）在「為高齡者發展成功的基本教育方案」一文中，提出沒有興趣是高齡者參與學習的障礙之一。伯恩（Bryan, 1993）彙整相關研究，包括：Ventura 和 Worth 於 1982 年的研究，Graney 和 Hays 於 1976 年的研

究，Hiemstra 於 1976 年的研究，March, Hooper 和 Baum 於 1977 年的研究，以及 Wasserman 於 1976 年的研究，這些研究結果均一致指出，高齡者未參與學習活動的首要原因是沒有興趣。皮瓦多（Pevoto, 1989）的研究中，歸納訪談資料得知，在 33 位高齡者中有 21 位受訪者表示，沒有興趣參與教育機構所提供的課程。

史溫德（Swindell, 1990）為了瞭解澳洲第三年齡大學參與學員的特徵，乃進行了一項調查研究，此一研究的目的有四：第一、描述第三年齡大學參與者的特徵；第二、提供相關資料給第三年齡大學的管理委員會，以供其課程規劃之參考；第三、記錄第三年齡大學參與會員的基本資料，以供未來變更之參考；第四、瞭解高齡學習者參與第三年齡大學的現況。此項調查研究的樣本來自新南威爾斯（New South Wales）、昆士蘭（Queensland）和南澳（South Australia）等地共十二所第三年齡大學的參與會員，總計樣本數為 771 位，回收率為 73 ％。茲將未參與學習活動的原因，歸納如表 15-2-2 所示，根據表中得知，未開設自己有興趣的課程，有 21 人次勾選，占 15.4%。

在國內方面，林麗惠（2002）之研究指出，不想參加（含沒有興趣、沒有同伴、沒有合適的課程）有 33 人提及，占 32.04%，被列為高齡者未參與學習活動的第二大原因。綜合上述，在國內外的相關研究中，均提及沒有興趣是高齡者參與學習活動的障礙之一。

表 15-2-2　未參與學習活動的原因彙整表

未參與原因	勾選人次	所占百分比
未開設自己有興趣的課程	21	15.4%
距離太遠	11	8.1%
課程時間安排不恰當	36	26.5%
課程已額滿	8	5.9%
其他原因	60	44.1%

資料來源：Swindell,1990：22

☾★六、缺乏訊息

　　係指欠缺有那些機構提供高齡者學習課程的相關訊息，而形成的參與障礙。伯恩（Bryan, 1993）彙整不同研究的結果指出，缺乏課程的相關訊息被視為高齡者未參與學習活動的原因之一。此外，藍汀和弗葛特（Lamdin & Fugate, 1997）的研究結果指出，缺乏訊息是高齡者參與學習的障礙之一，計有 166 人次勾選，占 19.3%。在國內方面，林麗惠（2002）之研究亦指出，缺乏學習的資訊是高齡者參與學習的障礙之一。綜合上述，在國內外的相關研究中，均提及缺乏訊息是高齡者參與學習活動的障礙之一。

第三節　高齡者的學習問題

　　有關高齡學習的障礙，除了前述的參與障礙之外，值得重視的是高齡者的學習問題。參與障礙關切的是高齡者在決定參與學習活動之前，可能會遇到的困難或障礙，學習問題關切的則是，高齡者在參與學習活動的過程中，有哪些因素會造成學習上的困擾或問題。所謂學習問題，係指由於生理機能衰退，例如：健康不佳、缺乏體力、精神不足、行動不便、記憶力衰退、視力或聽力不良等問題所造成的限制，這些限制對高齡者的學習往往有決定性的影響（Beder, 1990；林勤敏，2002）。

　　摩爾（Moore, 1988）在「為高齡者發展成功的基本教育方案」一文中，提出高齡者參與學習的問題可以分為二類：一為認知因素，另一為非認知因素。在認知因素中包括：記憶力衰退、同時執行多項任務的能力降低、反應遲緩、解決問題的能力衰退；在非認知因素中包括：沒有興趣、低教育程度、心生害怕、不認為學習是重要的。

　　有關高齡者的學習問題，茲歸納國內外相關研究（Bryan, 1993; Glass, 1990; Lamdin & Fugate, 1997; Swindell, 1990；林麗惠，2002；黃富順，1989），分別就健康問題、反應時間與動作的緩慢、視力和聽力的衰退，以及記憶力不佳等四類，說明如下。

☪一、健康問題

　　所謂健康問題係指由於健康不佳，而影響或妨礙學習活動的進行。葛蕾斯（Glass, 1990）在「宗教信仰、老化以及教育的角色」一文中，提出儘管高齡者熱衷於參與教會活動，仍然會受到一些阻礙因素的影響，其中最重要的影響因素即為健康問題，此一健康問題包含了高齡者本身或其家庭成員的健康，如果高齡者的家庭成員之一有健康問題時，也會阻礙高齡者參與教會活動。

　　伯恩（Bryan, 1993）的研究指出，健康狀況不佳被視為高齡者未參與學習活動的原因之一。在藍汀和弗葛特（Lamdin & Fugate, 1997）的研究中，以開放性的問題蒐集與學習問題有關的因素，經彙整後指出：有 8 人次提到健康狀況不佳是高齡者參與學習的問題之一。

　　史溫德（Swindell, 1990）彙整未參與學習活動的原因，指出在其他原因部分，計有 60 人次勾選，占 44.1%，其中包括身體不健康、已承諾要擔任第三年齡大學的教師，以及太忙碌等因素。由此可知，身體不健康乃是高齡者未參與學習活動的原因之一。

　　在國內方面，林麗惠（2002）之研究指出，健康狀況較差這一項，在 103 位填答的資料中，有 23 人提及，占 22.33%，被列為高齡者未參與學習活動的原因之一。綜合上述，在國內外的相關研究中，均提及健康問題是高齡者參與學習活動的問題之一。

☪二、反應時間與動作的緩慢

　　反應時間係指個人看到、聽到或感覺到刺激，並開始作反應所需的時間。一般而言，反應能力自兒童期後，開始快速增長，至青少年期仍有緩慢的進步，至青年期（約二十歲時）達到高峰，在中、老年期則逐漸下降（黃富順，1989）。在實驗研究中，常發現老年人的步調較慢，例如：在配對學習中，發現個體在四十歲以後，對快速反應的任務表現較差。高齡者在實驗室表現欠佳原因之一是過於審慎，使得他們反應較慢，無法將所

學完全表現出來。

　　動作與技能表現，關係到工作的執行與日常生活活動的完成，它需要肌肉的協調與合作，才能完成。一般而言，個人的動作與表現自生命初期持續發展，至三十歲時達到高峰，其後呈直線下降直到生命終了為止。在成年期中，隨著年齡的增長，個体在肌肉的強度、耐力、及骨骼關節系統的功能均有逐漸衰退的現象；再加上自我及社會期望降低，因而促使高齡者的動作趨於緩慢。反應能力的下降以及動作趨於緩慢等因素，都將成為高齡者的學習問題之一。

☾★三、視力和聽力的衰退

　　在老化的過程中，很多高齡者發現在閱讀、認人和察覺面部表情，進行與視力有關的活動（如縫紉、烹飪）、認識環境的特徵及夜間視物等，愈來愈感困難。研究指出六十二歲至九十七歲視力不佳的老人，其閒暇活動減少的主要原因是視力不良而非年齡。由於老年瞳孔縮小症和對強光的敏感，使得他們因視力的衰退而普遍存在不安全感，且儘量避免到不熟悉的環境中。

　　伯恩（Bryan, 1993）的研究也指出視力不良被視為高齡者未參與學習活動的原因之一，因為視力的退化讓他們閱讀書面資料往往感到困難，需輔以其他工具。此外，聽力衰退常使高齡者無法瞭解日常的談話，會對個人的心理產生負面的影響，甚至帶給高齡者在社會關係中有不如人或無助的感覺（黃富順，1989）。不論視力或聽力的衰退，都將成為高齡者的學習問題之一。

☾★四、記憶力不佳

　　許多實務工作者經常聽到高齡者談到自己在認知功能上的限制，尤其是記憶力的衰退，他們常說「今天的事我明天就忘了」（Fisher & Wolf, 2000）。卡提爾（Raymond Cattell）於1963年提出流質與晶質智力的概念，他採用因素分析的方法，發現智力測驗的分數包括二種性質相反，但互相

補充的智力因素。流質智力包括知覺抽象關係、短期記憶、對環境立即的認識或瞭解、形成觀念、從事抽象推理的能力，晶質智力包括一般常識、語文瞭解、數學能力和應付社會情況的能力，它顯示在個人豐富的知識與經驗上（黃富順，1989）。

　　由於流質智力自兒童期開始成長，經青少年達到高峰，至成年期後逐漸下降；反之，晶質智力從兒童期逐漸增長至成年期，多數人在四十歲至五十歲時，如果能作自己控制速度的學習，其認知能力仍與二十至三十歲時相當，在六十歲以後則有下降的現象，使得高齡者進入晚年期時，明顯地感受到自己的記憶力已大不如前。在高齡期中由於記憶能力的衰退，將成為高齡者的學習問題之一。

第四節　高齡學習障礙及問題的因應策略

　　由於高齡學習障礙之議題，可由參與障礙和學習問題二方面進行探討，茲分別就這二方面，提出因應策略如下。

☪一、參與障礙的因應策略

　　以下分別就交通問題、沒有時間、課程時間安排不當、地點太遠、沒有興趣以及缺乏訊息等六項說明之。

㈠交通問題

1. 可考慮將學習課程開在當地的購物中心，或者以提供交通車服務的方式，定點接送高齡者，以利缺乏交通工具的高齡者能順利地抵達上課地點。

2. 可考慮將上課地點設置在當地的社區中心，並儘可能地延伸到每個社區之中，讓高齡者不需離家太遠，能就近參與學習活動，以解決交通不便之問題。

㈡沒有時間

1. 提供電話諮詢的服務，讓高齡者 call in 問問題之外，同時也鼓勵教師 call out，一方面多給予高齡者鼓勵，另一方面也藉此機會瞭解每個高齡學生的學習情況及其困難，以降低因沒有時間參與學習所造成的障礙。

2. 從事高齡學習的研究，深入瞭解沒有時間之原因，同時也應強調高齡者有學習的可能性，也有學習的能力，以強化高齡者對於學習的自信心，進而排除沒有時間之障礙。

㈢課程時間安排不當

1. 基於安全因素之考量，高齡者往往不喜歡夜晚外出，因此，上課時間之安排，應配合高齡者的生活作息，以降低課程時間安排不當所產生的障礙。

2. 善用資訊科技提供更多元、彈性的學習管道，讓高齡者依據自身的需求，隨時能在網路上選擇適合自己的學習時間與內容，以因應時間安排不當之障礙。

㈣地點太遠

1. 可將上課地點延伸到每個社區之中，期能符合近便性之原則，進而克服距離問題所造成的障礙。

2. 可將上課地點選擇在某位學員的家中，或是較便利的場所，只要能聚集足夠的學生人數，就可以邀請教師將課程送到家，以解決地點太遠之問題。

㈤沒有興趣

1. 滿足高齡學習者的需求，例如：提供晚年生活適應所需的知識與技能、開設與健康有關的課程等，以吸引高齡者參與學習活動，提高

其學習興趣。

2. 以高齡學習者為中心進行課程設計，在教學方法上應考慮高齡學習者的特性，避免將傳統學生的課程設計理念及教學方法，全盤移植到高齡學生。

3. 注重高齡學習者的高度異質性，營造安全舒適、無壓力的學習環境，以及信賴互助的氣氛。

4. 讓高齡學習者瞭解教師對於他們的關心，並以協助學生獲得技能、解決問題為要務，以獲得高齡學習者對教師的信任感。

㈥缺乏訊息

1. 運用傳單、報紙、廣播等媒體進行宣傳，將學習資訊傳播出去。

2. 善用口耳相傳的力量，將學習資訊帶入社區，並善用社區資源進行宣傳。

3. 結合當地的社區活動中心、宗教寺廟和商店等地，廣泛地提供學習機會的最新訊息。

4. 與高等教育機構聯盟，以利運用校園內的各項措施與資源，同時也可善用校園內部的訊息發佈管道，以達到宣傳之效果。

☾★二、學習問題的因應策略

以下分別就健康問題、反應時間與動作的緩慢、視力和聽力的衰退，以及記憶能力不佳等四類說明之。

㈠健康問題

1. 鼓勵高齡者多運動，因為運動有益於身心健康。

2. 多吸收與健康保健或養生有關的知識。

3. 多參與學習活動。

4. 保持愉快的心情。

㈡反應時間與動作的緩慢

　　1. 增加刺激強度及持續時間。

　　2. 不要一次給予太多訊息。

　　3. 不要有限制時間的活動，允許學習者以自己的速度進行學習。

　　4. 應瞭解對於高齡學習者而言，強調準確度比強調速度重要。

　　5. 將複雜的內容簡單化，並給予高齡者足夠的反應時間。

㈢視力和聽力的衰退

　　1. 增強照明度、避免強光、增加對比、注意特定場所或地點的照明、鼓勵配戴眼鏡。

　　2. 提供合適的課程教材，並將字體應放大，以利高齡者進行閱讀和學習。

　　3. 遠離吵雜的環境、面對聽力衰退者講話宜放低音調、放慢速度、音量足夠、發音清楚，並避免語音單調、設法消除外在的噪音，以及鼓勵配戴助聽器。

㈣記憶力不佳

　　1. 對數字重新組合，尋找關係或賦予意義，以增強記憶。

　　2. 使用多重感官進行學習。

　　3. 減少干擾。

　　4. 鼓勵使用備忘錄。

　　5. 置物形成規矩，做事講求程序。

　　6. 將學習材料與生活經驗相結合。

第十六章

高齡學習與未來

　　未來的社會，預期高齡人口將持續增加。不少先進國家已從高齡化社會邁入超高齡化的社會，高齡化現象是一種銳不可擋的趨勢。如何因應高齡社會的來臨，若干先進國家已一再提出對策，落實政策的執行，以期消減高齡化社會所帶來的問題。高齡學習是高齡化社會整體現象之一，是老化社會的新領域，將隨社會的快速變遷而益形發展。本章先分析未來人口老化的社會，其次就教育機構的角色、政府及相關組織的角色進行探討。

第一節　未來人口老化的社會

　　科技發展，一日千里，將改變工作的世界；生物科技的快速崛起，將打破人類既有的生命期限，這些改變均將使社會變遷速度加快，幅度加廣。準此而言，未來的社會必然不同於今日的社會。不少預測專家，紛紛根據現在社會發展的現象，對未來社會的走向提出種種的預測，呼籲政府及社會各層面加以重視，並因應之。就人口結構而言，由於個體壽命的不斷延長，未來社會更加高齡化，其所呈現的若干現象值得正視。

☾ 一、高齡人口持續增加

　　由於壽命的延長，人口老化的現象幾已襲捲全球，無論已開發或開發中國家皆然。就已開發國家而言，包括歐洲、北美、日本、澳洲、紐西蘭等，1995 年六十歲以上的人口，占 18.3%，至 2050 年，預估將增至 31.2%，亦即總人口中將有三分之一為老人人口；開發中國家，包括非洲、拉丁美洲、加勒比海地區、亞洲（日本除外）、美拉尼西亞（Melanesia）、密克羅尼西亞（Micronesia）和玻里尼西亞（Polynesia）等，其六十歲以上的人口，1995 年占 7.3%，至 2050 年，預估將增至 19.2%（United Nations, 1996a, 1996b）。由於老人人口的增加，造成人口結構的改變。就開發中國家而言，人口結構將由目前的三角形朝向梯形發展，如圖 16-1-1 和 16-1-2 所示；就已開發國家而言，將由現行的保齡球形，走向長方形的狀態，如 16-1-3 和 16-1-4 所示。

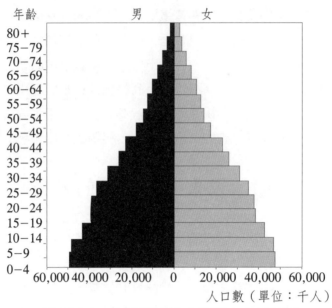

圖 16-1-1　1995 年開發中地區人口統計圖

資料來源：Binstock & George,2001:78

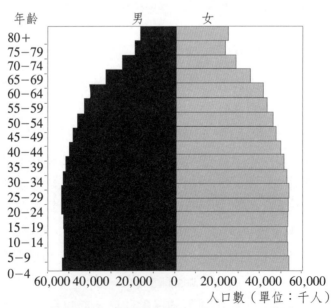

圖 16-1-2　2050 年開發中地區人口預測圖

資料來源：Binstock & George,2001:79

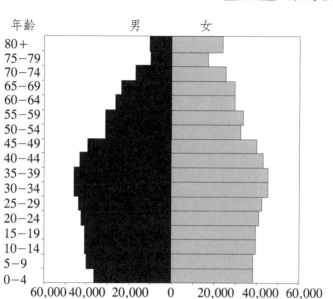

圖 16-1-3　1995 年已開發地區人口統計圖

資料來源：Binstock & George,2001:78

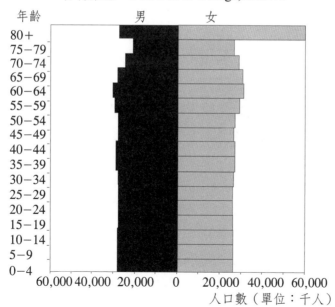

圖 16-1-4　2050 年已開發地區人口預測圖

資料來源：Binstock & George,2001:79

　　經由上述分析可知，未來高齡人口將持續增長。高齡人口的繼續增加，將影響社會的各層面，包括政治、經濟、商業、醫學、建築、職業及教育等。就政治而言，高齡人口增加，任何政黨均不會忽視此一族群人口的存在，紛紛提出有關老年人的福利、保健、醫療等的政策；在經濟上，由於高齡人口的增加，導致社會上依賴人口的上升，是否影響整體經濟的發展，值得關切；在商業上，由於高齡人口增加，高齡相關產業受到關注，將成為商業活動的主流；在醫學上，由於高齡人口的增加，高齡人口的醫療保健自然受到重視，老人科的出現亦為意料中之事。

　　在建築上，勢將有針對高齡者規劃的高齡者公寓、老人住宅或老人村的出現。例如台塑集團就將投資百億元興建長庚養生文化村，將於2003年10月正式推出。該村將座落於林口長庚高爾夫球場，占地三十四公頃，可容納四千戶銀髮族，是一種擁有完整生活機能和四百床社區醫院的安養機構。其重要設施，包括國際級會議中心、美食街、商店街、健身房和各式宗教設施的活動大廈。區內並設有果園、槌球場和綠地公園等休閒設施，擁有獨立的聯外道路和保全系統，生活機能相當完整，均依銀髮族生活而規劃。居住單位分為八坪、十五坪、二十二坪和三十三坪等四種。凡五十五歲以上有行動自理能力，無重大傳染病者均可進住。各住宅擁有完整傢俱、電器和飯店式管理，每人每月收費最低自15,000元起（不含每月膳食費4,500元）。社區內提供銀髮大學進修、鐘點式個人服務、完整全身健康檢查、二十四小時緊急醫療服務、及社區旅館每年四次免費住宿等（中國時報，2003, 4, 25，C1版）。最近內政部基於台灣社會高齡化現象愈趨明顯，社會大眾關心與憂心晚年生活，特別規劃由政府推動建立「老人住宅」，擬以BOT方式興建，租賃價格將遠低於市價，估計反應將相當熱烈（聯合報，2003, 9, 15，A11版）。

　　在職業方面，由於高齡人口的增加，高齡人力的再利用勢必成為社會所關注的主題。未來勢必出現一些適合高齡者就業的新職種，將目前的工作內容作細分切割，依按時、按件等方式提供高齡者工作機會。在教育方面，由於高齡人口的增加，在大學院校中，增設有關高齡照護、保健、教

育、高齡事業經營與管理之專業，勢必逐漸增加，而成為熱門的學門之一。此外，提供高齡學習的機構與活動，亦將持續增多，成為教育領域的重要活動之一，其影響頗為深遠。

☪二、延後退休情形將日趨普遍

由於壽命的延長，生育率的控制，使得高齡人口比率呈現快速上升的現象，導致社會人口結構的改變，造成依賴人口的增加，帶動市場人力不足的問題也逐步浮現。就台灣地區而言，近年來提前退休成為熱潮，此一現象與政府退休政策的不穩定有關，導致人心不安，加上五五專案之鼓勵，以及退休後收入不減等因素的推波助瀾，提前退休乃蔚為風潮。提早退休造成國家財政的不勝負荷，同時讓可用人才虛耗，殊為可惜。目前政府已在進行相關退休法規與政策之檢討，期望能建立更合理的退休制度。

而台灣地區這種提早退休的現象，與先進國家的發展趨勢相反。若干先進國家鑒於老人人口的增加，生育率的減少，為維持勞動力，已有延長法定退休年齡之做法。如荷蘭、紐西蘭均已實施延長法定退休年齡，紐西蘭在十年內，已讓六十歲至六十四歲的勞動人口參與率上升三分之一，荷蘭也已讓退休年齡由平均五十八點六歲延至六十二點一歲。日本在 2000 年，就將退休給付年齡由六十歲延至六十五歲；美國計畫在 2005 年將法定退休年齡由六十五歲延長至六十六歲；德國也打算在 2012 年將男女法定退休年齡，由現行的六十三點六歲延至六十五歲。而台灣地區的勞動人口退休，在最近二十年有明顯提早現象。1978 年，六十歲至六十四歲男性，仍有三分之二在職場工作，至 2001 年，則只剩一半。公務人員退休也由十年前的六十三歲下降至 2002 年的五十六歲，教師也平均在 56 歲退休（聯合報，2003,2,7，六版）。此現象，依先進國家發展趨勢，料將迅速改變。未來的社會，就退休年齡而言，無論是自願或法定退休，勢將有逐漸延後的現象，其影響深遠，值得關注。

☪ 三、老人照護人力不足的問題產生

　　未來的老人係在低生育率、高離婚率的社會中成長，有關老人照顧人力的問題勢將產生。過去在高生育率及老年期不長的情況，對老人的照護，大多由家庭負責。此種現象將隨低生育率、高離婚率及較長老年期的情形而改變，家庭已無法負起照顧老年人的的任務。因此，勢將由社會承擔此一工作，成立專門機構，訓練專業的人員來因應之。此一問題，將是高齡化社會不可避免的現象，宜事先作好規劃工作，擬妥對策。

☪ 四、社會中孤立老人的問題浮現

　　由於生育率的控制，導致家庭結構的改變，由過去的大家庭到核心家庭，或所謂的「竹竿家庭」（pole family）。亦即現在的家庭成員生命期長，而旁支甚少，故社會中孤立的老人，勢將增多。加上老年人離開工作崗位後，參與活動日漸減少，個人生理機能衰退，都將造成老人社交活動的減縮，和社會支持網絡的不足，老年人孤立的問題必將浮現。老人生活能力的不足，更因孤立（isolation）而加重。

　　羅文索（Lowenthal, 1964）曾進行孤立與心理疾病和低士氣關係的研究，對象為醫院中六十歲以上，患有精神疾病的老人534位，和住在社區中的健康老人600位。他將這些老人依其社交狀況分為三組：孤立者、半孤立者及互動者。研究發現醫院中有精神疾病的老人，屬於孤立者的比例多於社區組者；而社區中的互動者（417位）亦遠多於在醫院中的老人（30位）；屬於孤立者，有四分三是男性；屬於互動者，四分之三為女性；孤立者中，單身者高於其他身分的人，他們之中79%為低社經者。其後羅文索和何恩（Lowenthal & Haven, 1968）曾針對80位對象再作追蹤研究，發現在社區組樣本中，七十五歲後，社會孤立者快速增加。在研究中，他們兩人提出有「可資信任的人」（the confidant）對心理健康相當重要。所謂「可信任者」，係指常在身邊，可以信任，能傾聽個人的困難或心情者。男性的信任者大多為自己的配偶，婦女則可能為丈夫、女兒或姊妹。心理

健康者中，69%有信任者，心理有問題者只有3%有信任者。一旦失去信任者，大多數人會成為沮喪者；能繼續擁有信任者的人，生活大多感到滿意。這些早期的研究，也為後來的研究所證實（Kendig, Coles, Pittckow & Wilson, 1988）。

此外，伯克曼和希彌（Berkman & Syme, 1979）也進行有關社會連結（social ties）與生命期關係的研究。歷經九年的追蹤研究，他們發現有社會連結的人，壽命較長。主要的社會連結方式有四種：婚姻、親友、教友和協會會員。來自婚姻和親友的社會連繫比教友和協會會員重要。男性沒有社會連結者，死亡率比具有者高2.3倍；女性則高2.8倍。其餘影響社會連結的因素，包括健康、經濟地位、抽煙、喝酒、身體活動、肥胖和健康服務的利用等。研究也指出，老年人如失去社會的支持，較難適應晚年的生活和壓力。

因此，隨著社會變遷的加速，家庭結構的改變，社會中孤立老人的問題將越加嚴重。這是未來社會中要面對的問題，需要及早因應，教育在社會活動參與上，扮演著重要的角色。

第二節　教育機構在未來高齡學習的角色

未來的社會，高齡者將持續增加。新一代的高齡者，他們健康良好，經濟有保障，且教育程度高，因此，他們參與學習的意願高，動機強。故高齡學習在未來的社會，必將持續增強，成為教育領域中受到重視的學習活動之一。因此，未來高齡學習的型態為何？如何因應此一現象？教育機構所扮演的角色為何？乃為本節探討的重點所在。

一、對未來高齡學習應具的基本觀念

在探討高齡學習型態之前，首先應肯定高齡學習的活動有助於高齡者的健康，增進生活滿意度及維護獨立的生活。此種研究結論，業經甚多的研究所證實（林麗惠，2002; Brady, 1983; OECD, 1996; Schuller, 1993）。因此，

高齡學習在高齡者的生活中扮演重要的角色。以下先提出高齡學習的一些基本觀念。

1. 未來的高齡者將更健康、教育程度高、更有經濟的保障，其參與學習活動將更為積極。而學習活動的參與亦可增進其生活的品質及與社會的聯繫。

2. 學習與發展不能在老年期停止。個人具有終身繼續成長與學習的意願與認知能力，此種能力將越學習愈好。個體的機能無論身、心兩方面，如不使用就會失去作用（use it or lost it），即所謂「用盡廢退」的原理。高齡學習是人生不斷成長與學習的一部分。此一概念，是政策決定或課程設計上極為有用的架構。

3. 高齡學習活動能促進個體的健康，兩者具有正相關。因此，如何減少或排除妨害高齡者參與學習活動的障礙，值得重視。

4. 自我導向學習是高齡者最普遍的學習方式，可因應自己的興趣與需求，且費用低廉。高齡者可依自己的健康情形，在家進行即可。此一學習方式的宣導與機會的提供，值得關注。

5. 工作有關的學習，在高齡者教育活動不宜全然排除。因有些高齡者仍然在工作，或有意願工作。尤其未來社會在延後退休的發展趨勢下，充實高齡者工作相關知能，以培訓其擔任工作顧問、指導者、部分時間或彈性工作者，在學習活動的規劃上，應妥為因應。

6. 高齡者參與志工的情形頗為普遍，故有關志工知能的學習相當重要，可以透過服務學習的方式獲取。高齡者透過志工的角色，可以充實個人的生活，使個人生活更具意義。

7. 學習社會的推展應包括高齡人口在內，否則無以竟其功。因此，政府宜訂定相關政策，有效的結合各種資源來加以推動，才能使學習社會的建構早日實現。

☾★ 二、教育機構在未來高齡學習的角色

由前述未來人口老化社會各相關現象的分析，以及高齡學習基本觀念

的探討中，對於高齡學習在未來社會中所應扮演的角色，已作了初步的描繪。教育機構在此種社會發展之下，如何調適與因應，值得重視。

㈠高等教育機構應瞭解未來將有更多高齡者進入校園中

高齡人口的迅速增加，將帶動高齡學習活動的進一步發展。尤其未來的高齡者，無論在經濟、健康及教育程度上，均將比過去一代更為良好，加上高齡者的成長需求強烈，探尋生命意義的意願高漲，導致他們大量走進教育的行列，這將是一股無法防止與阻擋的趨勢。退休老人重回校園，已成為美國銀髮族的新趨勢。大學提供的退休老人終身學習課程，也大受歡迎。美國麻州拉賽爾學院就採取將終身學習與安養相結合的做法，已引起老人學者和安養機構經營者的興趣，紛在全美各地比照辦理。拉塞爾學院在校園內建了一所安養院—拉塞爾村，提供已功成名就的退休老人，包括教授、科學家和波士頓交響樂團的音樂家共 200 名進住。村民必須買下自己的公寓，價格在 18 萬美元至 65 萬美元之間，每月再付 2,000 至 4,000 美元的伙食、醫療保健、保險和教學費用。每位村民進住時都要簽同意書，必須修滿每年 450 小時之課程，直到醫生證明他不能再參與進修為止。退休老人和大學生一起上課，同時要交報告和接受測驗，但不必參加期末考。此種結合安養的終身大學生計畫，已大受富有的退休老人歡迎，同時引起其他大學院校的興趣與仿效，目前已有近 70 所大學院校所跟進，為退休校友或教授開課（聯合報，2002, 6, 9, 12 版）。

㈡大學院校以終身發展架構進行組織與文化的調整

鑑於未來將有更多的高齡者進入校園中，尤其是大學院校勢將扮演更重要的角色，形成「灰色校園」的現象，勢將引發校園中另一波靜態的革命，包括行政、課程、教學及服務等的重組與調整。大學為高齡者開設課程，吸引更多的高齡者加入校園，將蔚為 1980 年代後成人學生大量進入校園的另一種風潮。目前大學院校的運作，係建基於「青年取向」的架構，採取區隔年齡的人力發展模式，勢將面臨調整，改以採取更廣泛的終

身發展架構，一方面鼓勵年輕人追求豐富的經驗學習，一方面也使老年人對其所獲得的寶貴資源，重行在方法、內容上進行建構，以適應終身發展的需要。

㈢大學院校在高齡學習的研究和人才的提供上扮演更積極的角色

由於高齡學習活動持續擴展，大學院校已注意到此一趨勢，而投入到高齡學習的相關研究上，設置相關的研究中心進行相關的研究，或訓練專業人員投入學習活動的辦理與領導。例如美國北卡大學（University of North Carolina at Asheville）即設有創造性退休中心（North Carolina Center for Creative Retirement），專門從事有關老人問題和老化的研究，為老人的學習活動提供了良好的研究成果，作為實施的理論基礎與依據。此外，杜克大學（Duke University）對有關老人問題的研究，也投入相當的心血，成效卓著。受此流風所及，台灣地區元智大學率先於 1997 年成立「老人福祉科技研究中心」，對高齡者有關生活產品進行研發，使老年人享有健康、舒適與安全的生活。明新科技大學也於 2001 年設置「老人服務專業管理系」。實踐大學於 2002 年設置「老人生活保健研究中心」，開辦「老人生活保健研究班」，培育老人相關領域的領導人才。稻江科學及資訊管理學院於 2003 年設立「老人福祉系」，培養老人活動或事業經營的專業人才。中正大學亦於 2003 年設立「高齡者教育研究所」，正式進行有關高齡教育的研究，培養研究專才。可見，在高齡化社會的時代趨勢中，大學投入高齡學習研究或進行相關專業人才的培訓工作，將會愈來愈受重視，成為一種新趨勢。

㈣培訓臨床教育老人學家（Clinical Education Gerontologist）以應高齡化社會的需要

高齡者參與學習，無論是正規或非正規的學習活動，均在未來社會中更為重要。因此，為協助高齡者評量其學習需求，提供教育的治療和介入，未來將會有一種新的專業人員—臨床教育老人學家—的出現。他們將

與體能治療家、矯正治療家、社會工作者等一樣多，以一種科技整合的團隊提供服務。臨床教育老人學家從事需求評量，提供教育治療，幫助個人克服孤獨，因應感官的衰退，教導高齡者健康的維護，以促進其獨立的生活，提供教育介入，透過多樣化的方法來刺激智能的發展。未來在企業單位、醫院、安養機構，會看到這些單位僱用臨床教育治療學家，進行教育的治療與服務。因此未來教育機構在培訓此一專業人才上，勢將扮演重要的角色，亦為其在高齡化社會中的職責所在。

第三節　政府、僱主及民間組織在未來高齡學習的角色

由於高齡化社會的來臨，高齡學習活動在未來的社會將更為活躍，成為未來社會的重要活動，教育機構在高齡學習活動的角色將更趨積極。然則，政府、僱主及民間組織，在此一情況下，其應扮演何種的角色，以應高齡化社會的來臨，也相當重要的。

☪一、政府的角色

面臨未來高齡化社會的來臨，政府更應積極鼓勵或支持高齡學習活動，大聲疾呼喚起全民的共識，承認高齡者在社會中仍具有積極的角色，是社會的資源。

㈠在對高齡者的稱呼，應喚醒並引導社會大眾採用較積極的稱謂

對於年紀較大的人，一般慣以「老人」稱之。「老」有衰退、衰敗、退化之意，意謂已走到人生的盡頭。因此，「老人」乙詞，向不為高齡者所喜好。名稱關係社會大眾對高齡族群的印象與看法，使用「老人」乙詞有導引對高齡者產生消極、負面印象的作用。因此，在美國的社會中，老人學家也呼籲改以「長者」（senior）、「資深公民」（senior citizen）「退休者」（retiree）、或其他相類似的積極稱謂來代替「老人（older person, older adult）」一詞（Lamdin, 1997）。在日本的社會中也類皆使用「高齡者」乙詞。在台灣地區，無論在政府的官方文書及社會大眾的日常用詞，則常使用「老人」乙詞。相關的立法也以「老人」為名，如「老人福利法」、「中低收入老人生活津貼發給辦法」等。因此，面對未來社會高齡化日趨顯著，政府方面如能帶頭示範以較積極、正向的用詞來稱呼之，將老人視為對社會仍有積極助益的人，當能逐漸喚起社會全體大眾的回響，慢慢消除對老年人的刻板化印象，或消極負面的看法。

㈡解決高齡者工作的問題

今日的老年人健康、教育程度高，且經濟有保障，不少人也顯示對工作仍有強烈的願望。老年人持續工作或再回工作崗位，會使老年人覺得有價值感，生活有重心、有意義，而有助於身心健康的維護。其次，就社會層面而言，由於生育率的減少，若干先進國家已有人口成長趨緩或下降現象，使得青壯勞動者的負荷日趨沉重。為解決此一現象，若干先進國家採取的措施有二，一為採取延後退休的措施，前已述及；另一為創造具有彈性的新工作，即採取將一分全職工作分成數個部分，讓數個人共同分擔，或在工作時間內採取更為彈性的做法，採半日制、間日制、或計時制的方式，讓高齡者便於再回到工作崗位上或繼續仍留在職場上。總之，高齡者期望再工作，卻不能如願；而年輕人工作負荷日趨沉重，卻無法稍卸，二者之間的矛盾對比，政府應列為當務之急，妥為解決。

㈢政府部門對有關高齡學習或其他活動的調查或資料統計的分類，組距宜縮小，以求精確

在有關高齡學習或其他高齡學習活動的資訊呈現，宜採更精確的做法。例如資料呈現的組距，可採 55～59、60～64、65～69、70～74 等，當能使讀者獲得更具體而精確的訊息，避免使用過去相當流行的呈現方式，以五十五歲或六十五歲以上來表示所有的高齡人口。

㈣以經費補助有關高齡學習與健康、生活品質關係的研究

　　高齡學習對生活品質與健康的促進，以及高齡疾病的防患與減少等均為未來社會重要的議題，政府宜採取實際的行動，如補助經費支持此類問題的研究，並列為優先的項目，以高齡學習促進其生活的滿意度與身心健康。因此，對於高齡學習活動相關的研究，政府應提撥更多的資源，以實質的行動支持之。

㈤對公司或組織開拓高齡學習的課程，宜提供減稅的誘因

　　面對未來高齡學習活動的遽增，對於公司行號或其他各種組織開辦有關老年工作的訓練課程、退休前教育課程、或其他各種高齡學習的課程，政府應提供減稅的誘因，以激勵企業或民間組織開拓相關的高齡學習活動。

㈥鼓勵大學院校在高齡學習上扮演更積極的角色

　　政府應將高齡學習列為其整體教育計畫中的一項，並作為優先辦理的項目，立法鼓勵大學院校承擔更積極的角色，以因應未來高齡學習活動的蓬勃發展。

☪二、僱主的角色

　　僱主面對未來高齡學習活動的蓬勃發展，其應扮演的角色為：

㈠對工作與退休界線的劃分更具彈性化

　　在全時工作與停止工作間的轉換，宜有更彈性的機制，可採行的策略為時間的彈性與工作分擔的做法。所謂彈性時間，即由全時工作改為半日制、間日制到計時制，讓高齡者慢慢從工作中釋放出來，使身心皆有調適的機會。所謂工作分擔，即將全職的工作分成幾部分，由同仁來分擔，分擔的比例逐漸增多，高齡者則慢慢的卸下工作。這些策略可使資深工作者的知能獲得傳承，而有助於公司的發展。此外，也可訓練老年工作者或新

近退休者成為工作的指導者（monitor），來指導年輕人。

㈡提供老年工作者的訓練機會

過去僱主對於工作訓練的機會，往往提供給年輕的工作者。但據近年來的研究指出，老年人仍具有學習的能力，因此，僱主宜重行考量對老年工作者的訓練政策，把工作訓練機會也開放給老年人，使其與年輕的工作者有同等的機會。他們將會發現受過訓練的老年工作者，其生產量將大幅提升。

㈢消除對老年人的歧視以及刻板化的印象

透過對受僱者終身訓練機會的提供，企業主正可顯示每個人不管其年齡如何都是繼續的學習者，因而有助於破除對老年人的歧視行為，減低對老年人刻板化的一些思考。

☪三、組織和基金會的角色

鑒於未來高齡學習活動的增加，組織及基金會均可扮演更積極的角色，其可行的途徑包括：

㈠辦理高齡學習活動，協助提供高齡者更多的學習機會；

㈡提供經費支持高齡學習活動的開辦，擴展高齡者在未來社會中扮演更多的角色；

㈢支持舉辦高齡學習活動的工作坊，訓練志工協助高齡學習活動的辦理；

㈣資助相關的研究，如學習與健康、學習與長壽、學習與生活品質的提升等；

㈤圖書館在高齡學習的角色，可以擴展到幫助高齡者的自我導向學習，舉辦電腦搜尋資訊的訓練及提供遠距學習的機會。

總之，由於老年世紀的來臨，未來無論是教育體系、政府機關、機構、民間組織及各種基金會，在高齡學習上均有其新的角色要扮演，新的

措施要運作。這些活動從表面上看，似乎要增加經費的支出，但是由於高齡學習活動的辦理將可節省很多原需要花費在醫療及照護方面的龐大支出，因此，就經費而言，這是一種極有利的投資。

　　老年不是一個「殺時間的生命期」，它與青年、中年一樣，也是一個充滿機會、生長及學習的時期。高齡學習，是老化社會的新領域。對高齡學習的探討，將是一種持續不斷的歷程。國家是否重視高齡學習問題的探究，將決定其是否會被老年世紀的洪流所淹沒，亦或將抵達一個照護、同情和充滿智慧的新國度，而有益於各世代的族群，其結果端視國家的做法而定。

參考文獻

☾ 一、中文部分

大衛彼得森（1993）。高齡者教育的機會與挑戰。成人教育，15，
　　25-32。

中國時報，2003.4.25，C1 版。

內政部（2002）。主要國家 65 歲以上人口占總人口比率。*http://www.
　　moi.gov.tw/W3/stat/national/list.htm*

內政部（2003a）。主要國家 65 歲以上人口占總人口比率。*http://www.
　　ris.gov.tw/*

內政部（2003b）。戶籍登記現住人口數按年齡分組。*http://www.moi.
　　gov.tw/W3/stat/home.asp*

內政部（2003c）。台閩地區老人福利服務。*http://www.moi.gov.tw/W3/
　　stat/year/y04-16.xis*

內政部戶政司（2003d）。*http://www.moi.gov.tw*

吳老德（2003）。**高齡社會理論與策略**。台北縣：新文京開發出版
　　公司。

宋明順（1991）。日本高齡者教育的發展及現況。載於教育部社教
　　司主編，老人教育，405-435。

林天送（2002）。解開細胞凋零程序之謎。**中國時報**，10 月 10 日，
　　34 版。

林振春（1995）。台灣地區老人教育實施現況及發展趨勢。載於中
　　華民國成人教育學會，**兩岸三地老人教育研討會論文集**。

林勤敏（2002）。高齡學習者的障礙與困難。成人教育，65，44-50。

林麗惠（2002）。高齡者參與學習活動與生活滿意度關係之研究。中正大學成人及繼續教育研究所博士論文。

邱天助（2002）。老年符號與建構：老人研究的社會文化轉折。台北市：正中書局。

洪錫井（1994）。我國老人終身教育的現況及其問題，載於黃國彥主編，老人的終身教育，201-228。嘉義：嘉義師範大學。

孫安迪(2002)。胸腺──抗老防癌、調節免疫。中國時報，10 月 8 日，34 版。

徐立忠（1981）。計畫退休與退休計畫。公保月刊，23 (4)，16-21。

張瓊瑩（1994）。成人學習活動參與者、非參與者在參與障礙、教育態度之比較研究：以國立空中大學為例。國立政治大學教育學研究所博士論文。

張鐸嚴（2000）。高齡化社會中高齡者的終身學習策略與規畫。空中大學社會科學學報，8，1-22。

教育部（2002）。推動終身學習社會教育，建構學習社會。該部編印，未出版。

梁秀禎（2003）。高雄市立圖書館老人使用現況及滿意度之研究。國立中正大學成人與繼續較研究所碩士論文。

莊淑富（2003）。高齡者參與電腦學習之研究。國立中正大學成人與繼續較研究所碩士論文。

陳清美（2001）。高齡者對學習環境的偏好。成人教育，64，43-51。

彭駕騂(1999)。老人學。台北：揚智文化。

曾彌七重（2003）。成人的非正規學習──以日本的老人大學為例。研究報告，未出版。

黃國彥（1991）。台灣地區老人學習需求與內涵之研究。嘉義師範學院。

黃富順（1989）。成人心理與學習。台北：師大書苑。

黃富順（1991）。老人教育的意義、目的及發展。刊於教育部社會

教育司編，老人教育。台北：師大書苑。

黃富順(1992)。成人心理。台北：空中大學。

黃富順(1995)。老化與健康。台北：師大書苑。

黃富順(1996)。成人發展與適應。台北：國立空中大學。

黃富順（1997）。高齡學習者的心理特性，載於老人的社區經營與教育參與研討會手冊，119-132。台北：中華民國社區教育學會。

黃富順(2002)。成人心理學。台北：國立空中大學。

黃富順主編（1995）。成人教育辭典。台北：中華民國成人教育學會。

黃錦山（2002）。當代教育哲學的新課程：老人教育哲學之探討及其啟示。教育研究集刊，48(3)，1-33。

劉伶姿（1999）。英國的第三年齡大學。成人教育，49，8-14。

蔡文輝（2002）。老人社會學。台北：五南。

蔡長清（1998）。退休老人休閒參與量及類型與生活滿意度之關係。國科會研究報告，計畫編號：NCS86-2417-H151-001。

蕭羨一（2002）。注射青春之泉，反老還童不是夢？中國時報，11月14日，12版。

賴銹慧（1990）。我國高齡者學習需求及相關因素之研究。台灣師範大學社會教育研究所碩士論文。

聯合報，2003.2.7，6版。

聯合報，2003.9.11，A11版。

☾ 二、英文部分

Abraham, S. (1998). Satisfaction of participants in university: Administered edlerhostel programs. *Educational Gerontology, 24*, 529-536.

Achenbaum, A. W. & Orwoll, L. (1991). Becoming wise: A psycho- gerontol-ogical interpretation of the Book of Job. *International Journal of Aging and Human Development, 32, 21-39.*

Ackerman, P. L. & Humphreys, L. G. (1991). Individual difference theory in industrial and organizational psychology. In M. D. Dunnette & L. M. Hough (Eds.), *Handbook of Industrial and Organizational Psychology*. CA: Consulting Psychologists Press.

Aday, R. H., McDuffie, W. and Sims, C. R.(1993). Impact of an intergenerational program on black adolescents' attitudes toward the elderly. *Educational Gerontology, 19*, 663-673.

Adsm-Price, C. E., Henley, T. B., and Hale, M.(1998). Phenomenology and the meaning of aging for young and old adults. *International Journal of Aging and Human Development, 47*(4), 263-277.

Aldwin, C. M. & Levenson, M. R. (1994). Aging and personality assessment. In M. P. Lawton & J. Teresi (Eds.), *Annual Reviews of Gerontology*, 182-209. New York: Springer.

Aldwin, C.M., Spiro, A. III, Levenson, M. R. & Cupertino, A. P. (2001). Longitudinal findings from the Normative Aging Study. III. Personality, Individual Health Trajectories, and Mortality. *Psychology and Aging*, 16, 450-465.

Allport, G. W. (1961). *Pattern and growth in personality.* New York: Holt, Rinehart, & Winston.

American Psychological Association (2001). *Publication Manual of the American Psychological Association, 5th.* Washington, D. C.: American Psychological Association.

Ames, B. D. & Youatt, J. P,(1994). Intergenerational education and service programming: A model for selection and evaluation of activities. *Educational Gerontology, 20,* 755-764.

Ardelt, M. (2000). Intellectual versus wisdom-related knowledge: The case for a different kind of learning in the later years of life. *Educational Gerontology, 26,* 771-789.

Ardelt, M. (2000a). Antecedents and effects of wisdom in old age: A longitudinal perspective on aging well. *Research on aging, 22* (4), 360-394.

Ardelt, M. (2000b). Intelligence versus wisdom-related knowledge: The case for a different kind of learning in the later years of life. *Educational Gerontology, 26,* 771-789.

Arking, R. (1991). *Biology of aging: Observation and principles.* Englewood, NJ: Prentice Hall.

Assmann, A. (1994). Wholesome knowledge: Concepts of wisdom in a historical and cross-cultural perspective. In D. L. Featherman, R. M. Lerner, & M. Perlmutter (Eds.), *Life-span development and behavior,* 187-224. Hillsdale, NJ: Lawrence Erlbaum.

Au, R., Joung, P., Nicholas, M., Obler, L. K., Kass, R. & Albert, M. L. (1995). Naming ability across the adult life span. *Aging and Cognition, 2,* 300~311.

Baar, J. (1991). The challenge of critical gerontology: The problem of social constitution. *Journal of Aging Studies, 5* (3), 219-243.

Baar, J. (1997a). Concept of time and narrative temporality in the study of aging. *Journal of Aging Studies, 11* (4), 283~295.

Baars, J. (1997b). The reinterpretation of finitude: An introduction to three articles on the philosophy of aging. *Journal of Aging Studies,* 11 (4), 259~261.

Backman, L., & Nilsson, L. g. (1996). Semantic memory functioning across the adult life span. *European Psychologist, 1,* 27~33.

Baltes, P. B. & Baltes, M. M.(Eds.)(1990). *Successful aging: Perspectives from the behavioral science.* New York: Cambridge University Press.

Baltes, P. B. & Smith, J. (1990). Towards a psychology of wisdom and its ontogenesis. In R. J. Sternberg (Ed.), *Wisdom: Its nature, origins, and development,* 87- 120. Cambridge, MA: Cambridge University Press.

Baltes, P. B. & Staudinger, U. M. (1993). The search for a psychology of wisdom. *Current Directions in Psychological Science, 2,* 75-80.

Baltes, P. B. & Staudinger, U. M. (2000). A metaheuristic pragmatic to orchestrate mind and virtue toward excellence. *American Psychologist, 55,* 122-136.

Baltes, P. B. (1993). The aging mind: Potential and limits. *The Gerontologist, 33,* 580-594.

Baltes, P. B. & Meyer, K. U. (Eds.). (1999). *The Berlin aging study: Aging from 70 to 100.* N. Y.: Cambridge University Press.

Baltes, P. B. & Smith, J. (1990). Towards a psychology of wisdom and its ontogenesis. In R. J. Sternberg (Ed.), *Wisdom: Its nature, origins, and development,* 87- 120. Cambridge, MA: Cambridge University Press.

Baltes, P. B., Gluck, J. & Kunzmann, U. (2002). Wisdom: Its structure and function in successful lifespan development. In C.R. Snyder & S. J. Lopez (Eds.), *Handbook of positive psychology,* 327-350. New York: Oxford University Press.

Baltes, P. B., Staudinger, U. M., Maercker, A. & Smith, J. (1995). People nominated as wise: A comparative study of wisdom-related knowledge. *Psychology and Aging, 10,* 155-166.

Beder, H.(1990). Reasons for non-participation in adult basic education. *Adult Education Quarterly, 40* (4), 207-218.

Belsky, J. K. (1990). *The psychology of aging.* Pacific Grove, CA: Brooks/Cole Publishing Company.

Berkmen, L. & Syme, S. L. (1979). Social networks, host resistance and mortality: A nine-year follow up of Alameda County residents. *American Journal of Epidemiologist, 12,* 265-280.

Binstock, R. H. & George, L. K. (2001). *Handbook of aging and the social sciences.* San Diego: Academic Press.

Birren, J. E. and Schroots, J. J. (1996). History, concepts, and theory in the psychology of aging. In J. E. Birren and K. W. Schaie (Eds.), *Handbook of the psychology of aging.* N. Y.: Academic Press.

Birren, J. E. and Woodruff, D. S. (1983). *Aging: Scientific perspectives and social issues.* C. A.: Brooks/Cole publishing Company.

Birren, J. E., & Fisher, L. M. (1990). The elements of wisdom: Overview and integration. In R. J. Sternberg (Ed.), *Wisdom: Its nature, origins, and development,* 317-332. Cambridge, MA: Cambridge University Press.

Blanchard-Fields, F. & Norris, L. (1995). The development of wisdom. In M. A. Kimble, S. H. McFadden, J. W. Ellor & J. J. Seeber (Eds.), *Aging spirituality and religion: A handbook,* 102-118. Minneapolis, MN: Fortress Press.

Bodily, C.(1991). "I have no opinion. I'm 73 years old!": Rethinking agism. *Journal of Aging Studies, 5* (3), 245-264.

Bond, J., Briggs, R. and Coleman, O.(1993). The study of aging. In J. Bond, P. coleman, and S. Peace(Eds.), *Aging in society : Intorduction to social gerontology.* London: Sage.

Botwinick, J. (1984). *Aging and behavior: A comprehensive integration of research finding.* NY: Springer.

Brady, E. M. (1983). Personal growth and the elder hostel experience. *Lifelong Learning, 7* (3), 11-13, 26.

Bramwell, R. D.(1992). Beyond survival: Curriculum models for senior adult education. *Educational Gerontology, 18,* 433-446.

Brandmeyer, D. D.(1987). Higher education activity and life satisfaction in the older adult. Unpublished doctoral dissertation, The University of Georgia.

Broomall, J. K.(1992). Intergenerational synergy. In R. B. Fisher, M. L. Blazey and H. T. Lipman(Eds.), *Students of the third age.* New York: Macmillan.

Bryan, V. C.(1993). Challenges of the older adult learners: Facts and tips for educators. (*ERIC Document Reproduction Service No. ED364 661*).

Bynum, L. L. & Seaman, M. A. (1993). Motivations of third-age students in Learning-In-Retirement institutes. *Continuing Higher Education Review, 57,* 12-22

Byrnes, J. P. (2001). *Cognitive development and learning in instructional contexts,* 2rd ed. Boston: Allyn and Bacon.

Caprara, G. V., Caprara, M. & Steca, P. (2003). Personality's correlates of adult development and aging. *European Psychologist, 8,*

Cattell, R. B., Eber, H. W. & Tatsuoka, M. M. (1970). *Handbook for the sixteen personality factor questionnaire (16PF).* Champaign, Ill.: Institute for Personality and Ability Testing.

Cavanaugh, J. C. & Blanchard - Fields, F. (2002). *Adult development and aging.* Belmont, CA: Wadsworth/ Thomson Learning.

Cavanaugh, J. C. (1997). *Adult development and aging.* Pacific Grove, C. A.: Brooks/Cole Publishing Company.

Clayton, V. (1982). Wisdom and intelligence: The nature and function of knowledge in the later years. *International Journal of Aging and Development, 15,* 315-323.

Clennell, S.(Ed.)(1990). Older students in Europe. A survey of older students in four *European countries.* (ERIC Document Reproduction Service No. ED 344 083)

Clough, B. S.(1992). Broadening perspectives on learning activities in later life. *Educational Gerontology, 18,* 447-459.

Cohen, G. (1993). Comprehensive assessment: Capturing strengths, not just weaknesses. *Generations, 17* (1), 47～50.

Cole, T. R. (1992a). The humanities and aging: An overview. In T. R. Cole, D. D. Van Tassel, & R. Kastenbaum (Eds.), *Handbook of the humanities and aging.* New York: Springer Publishing Company.

Cole, T. R. (1992b). *The journey of life: A Cultural history of aging in America.* New York: Cambridge University Press.

Colsher, P. L., & Wallace, R. B. (1991). Longitudinal application of cognitive function measure in a defined population of community-dwelling elders. *Annals of Epidemiology, 1,* 215~230.

Costa, P. T. & McCrae, R. R. (1994). Set like plaster? Evidence for the stability of adult personality. In T. F. Heatherton & J. L. Weinberger (Eds.), *Can personality change?* Washington, D.C.: Academic Psychological Association.

Costa, P. T. & McCrae, R. R. (1997). Longitudinal stability of adult personality. In R. Hogan, J. Johnson, & S. Briggs (Eds.), *Handbook of personality psychology,* 269-290. San Diego, CA: Academic Press.

Covey, H.(1982). Preliminary findings on designing higher education programs for older people. *Gerontology, 8,* 463-471.

Craik, F. I. M., & Salthouse, T. A. (2000). Cognitive fucnctioning in very old age. In F. I. M. Craik, & T. A. Salthouse, (Eds.), *The handbook of aging and cognition,* 2rd edition. Mahwah, NJ: Lawrence Erlbaum Associates Publishers.

Craik, F. I., & Jennings, J. M. (1992). Human memory. In F. I. Craik & T. A. Salthouse (Eds.), *Handbook of aging and cognition.* Hillsdale, NJ: Lawrence Erlbaum Associates.

Creighton, S. & Hudson, L. (2002). *Participation trends and pattern in adult education: 1991 to 1999.* National Center for Education Statistics, U. S. Department 0f Education, Washington, D. C..

Cross, K. P.(1981). *Adults as learners: increasing participation and facilitating learning.* San Francisco: Jossey-Bass.

Csikszentmihalyi, M. & Rathunde, K. (1990). The psychology of wisdom: An evolutionary interpretation. In R. J. Sternberg (Ed.), *Wisdom: Its nature, origins, and development,* 25-31. Cambridge, MA: Cambridge University Press.

Culbertson, J. (1998). Elderhostel serves the changing educational goals of seniors, *Aging International,* 126～142.

Dale, L. (2001). Learning in the third age. In Aspin, D., Chapman, J., Hatton, M., Sawano, Y. (2001), *International handbook of lifelong learning,* 777-798. Boston: Kluwer Academic Publishers.

Danner, D. D., Danner, F. W. & Kuder L. C. (1993). Late-life learners at the university: The donovan scholars program at age twenty-five. *Educational Gernotology, 19,* 217～239.

Darkenwald, G. G. & Valentine, T.(1985). Factor structure of deterrents to public participation in adult education. *Adult Education Quarterly, 35* (4), 177-193.

Davenport, J. A. (1986). Learning style and its relationship to gender and age among elderhostel participants. *Educational Gerontology, 12,* 205-217.

Davis, A.(2001). The impact of aging on education. (*ERIC Document Reproduction Service No. ED458 405*).

Dellman-Jenkins, M. L., Fruit, D., Lambert, F. D. & Richardson, R.(1994). Intergenerational sharing seminars: Their impact on young adult college students and senior guest students. *Educational Gerontology, 20,* 579-588.

Dickerson, B. E., Seelbach, W. C. and Dietz, S. J.(1990). A 21st century challenge to higher education: Integrating the older person into academia. In R. H. Sherron and D. B. Lumsden(Ed.), *Introduction to educational gerontology,* 297-331. New York: Hemisphere.

Dixon, R. A. (2003). Themes in the aging of intelligence. In R. J. Sternberg, J. Lautrey & T. I. Lubar (Eds.), *Models of intelligence: International perspective,* 151-168. Washington, DC: American Psychological Association.

Dowding, K.W. K.(1995). Older adult learning environment preferences. Dissertation of University of Alberia.

Eccles, J. S., Wigfield, A., Schiefele, U. (1998). Motivation to succeed. In W. Damon & N. Eisenberg (Eds.), *Handbook of child psychology: Social, emotional, and personality development,* 1018-1095. New York: Wiley.

Eisen, M-J. (1998). Current practice and innovative programs in old adult learning. In J. C. Fisher & M. A. Wolf (Eds.), *Using learning to meet the challenges of older adulthood.* San Francisco: Jossey-Bass Publishers.

Engle, R.W., Kane, M. J., & Tuholski, S. W. (2000). Individual differences in working memory capacity and what they tell us about controlled attention, general fluid intelligence, and function of prefrontal cortex. In F. I. M. Craik & T. A. Salthouse (Eds.), *Handbook of aging and cognition,* 2rd edition. Mahwah, NJ: Lawrence Erlbaum Associates Publisher.

Ericsson, K. A.(1993). Peak performance and age. In P. P. Baltes and M. M. Baltes (Eds.), *Successful aging: Perspectives from the behavioral sciences.* Cambridge: Cambridge University Press.

Erikson, E. H. (1980). *Identity and the life cycle.* New York: Norton.

Erikson, E. H., Erikson, J. M. & Kivnick, H. Q. (1986). *Vital involvement in old age: The experience of old age in our time.* New York: Norton.

Ershler, W. B. & Longo, D. L.(1997). The biology of aging. *Aging and Cancer, 87*(7), 1284-1293.

Fisher, J. C. & Wolf, M. A.(2000). Older adult learning. In I. Wilson & L. Arthur (Eds.), *Handbook of adult and continuing education,* 480-492. San Francisco: Jossey-Bass.

Fisher, J. C. (1993). A framwork for describing developmental change among older adult. *Adult Education Quarterly, 43*(2), 76～89.

Fisher, R. B. (1991). Higher education confront the age wave. *Educational Re-*

cord, 15, 14～17.

Fisher, R. B. (1992). Post-retirement learning. In R. B. Fisher, M. L. Blazey & H. T. Lipman (Eds.), *Students of the third age.* NY: Macmillan Publishing Company.

Fishtein, J. C. and Feier, C. D.（1982）. Education for older adult: Out of the college and into the community. *Educational Gerontology, 8,* 243-249.

Foos, P. W. (1997). Effect of memory training on anxiety and performance in older adults. *Educational Gerontology, 23,* 243～252.

Fox, S. andGiles, H.(1993). Accommodating Intergenerational: A critique and theoretical model. *Journal of Aging Studies, 7*(4), 423-451.

Gelndenning, F. (1995). Education for older adults: Lifelong learning, empowerment, and social change. In J. F. Nussbaum & J. Coupland (Eds.), *The handbook of communication and aging research* (pp. 467-498). Mahwah, NJ: Lawrence Erlbaum Associates.

Gilinsky, A. S., & Judd, B. B. (1994). Working memory and bias in reasoning across the adult life span. *Psychology and Aging, 9,* 356～371.

Glaser, R. (1991). Intelligence as an expression of acquired knouledge. In H. A. H. Rowe (Ed), *Intelligence: Reconceptualization and measurement.* Hillsdale, NJ: Lawrence Erlbaum Associates.

Glass J. C. Jr., and Knott, E. S.(1982). Effectiveness of a workshop in aging in changing middle-aged adults attitudes toward the aged. *Educational Gerontology, 8,* 359-372.

Glass, J. C. Jr. (1996). Factors affecting learning in older adult. *Educational Generotology, 22,* 359～372.

Glass, J. C.(1990). Religion and aging and the role of education. In R. H. Sherron and D. B. Lumsden (Ed.), *Introduction to educational gerontology,* 109-134. New York: Hemisphere.

Glendenning, F. & Stuart-Hamilton, I. (1995). Introduction. In F. Glendenning,

& I. Stuart-Hamilton (Eds.), *Learning and cognition in later life*. Vermont: Ashgate Publishing Company.

Glendenning, F. (2000). Changing attitudes to aging. In F. Glendenning (Ed.), *Teaching and learning in later life: Theoretical implication*. Vermont: Ashgate Publishing Ltd.

Gregg, J. P.(1996). Psychological implications and personal perceptions of lifelong learning for adults in life satisfaction and self-esteem. Unpublished doctoral dissertation, Wayne State University.

Guire, F. A. Boyd, R. K. & Tedrick, R. T. (1996). *Leisure and aging*. Champaign, TL: Sagamore Publishing.

Hann, T. (1962). *The bergsonian heritage*. Garden City, N. J.: Doubleday Anchor.

Hanna, F. J. & Ottens, A. J. (1995). The role of wisdom in psychotherapy. *Journal of Psychotherapy Integration, 5*, 195-219.

Hart, L.(2001). *Lifelong learning-providing a framework for older adults*. *http://home.macau.ctm.net/~tsui/thesis/doce_02.htm*

Hartman. P. S. (2000). Women developing wisdom: Antecedents and correlates in a longitudinal sample. (Doctoral Dissertation, University of Michigan), *Dissertation Abstracts Database* (AAT 3000957 Pro-Quest Digital Dissertations Full Citation & Abstract).

Havighurst, R. J.(1972). *Developmental tasks and education*. New York: David Mckay.

Hayflick, L. (1994). *How and why we age*. New York: Ballantine Books.

Henry, N. J.(1989). A qualitative study about perceptions of lifestyle and life satisfaction among older adults. Unpublished doctoral dissertation, Syracuse University.

Hertzog, C. (1996). Research design in studies of aging and cognition. In J. E. Birren & K. w. Schaie (Eds.), *Handbook of the psychology of Aging*, 3rd edition, San diego, CA: Academic Press.

Hiemstra, R. (1972). Continuing education for the aged: A survey of needs and interests of older people. *Adult Education, 22*, 100-109.

Hiemstra, R. (1976). Older adult learning: Instrumental and expressive categories. *Educational Gerontology: An International Quarterly, 1*, 227-236.

Hiemstra, R. (1982). Elderly interests in the expressive domain. *Educational Gerontology: An International Quarterly, 8*, 143-153.

Hiemstra, R. (1998). From whence have we come? The first twenty-five years of educational gerontology. In J. C. Fisher & M. A. Wolf (Eds.), *Using learning to meet the challenges of older adulthood*, 5-14. San Francisco, CA: Jossey-Bass Inc.

Hill, R. D., Gurt, M., Wahlin, A., Herlitz, A., Winblad, B., & Backman, L. (1995). Predicting memory performance in optimally health very old adults, *Journal of Mental Health and Aging, 1*, 57~67.

Holliday, S. G. & Chandler, M. J. (1986). *Wisdom: Explorations in adult competence*. Basel: Karger.

Hooyman, N. R. & Kiyak, H. A. (2002). *Social Gerontology: A multidisciplinary perspective*. Bonston, MA: Allyn & Bacon.

Hopper, J. V.(1981). Education of elderly. *International Encyclopedia of Education*. London, UK.

Hoyer, W. J., Rybash, J. M., and Roodin, P. A. (1999). *Adult development and aging*. N. Y.: McGraw-Grill Company.

Hultsch, D. F., Hammer, M., & Small, B. J. (1993). Age differences in cognitive performance in later life: Relationships to self-reported health and activity life style. *Journal of Gerontology*, 48, 1~11.

Hultsch, D. F., Hertzog, C., Small, B. J., McDonald-Miszczak, & Dixon, R. A., (1992). Short-term longitudinal change in cognitive performance in later life. *Psychology and Aging, 7*, 571～584.

Imel, S.(1997). A new look at older adults. Trends and issues alerts. (*ERIC Document Reproduction Service No. ED 409 444*)

Jarvis, P. (1989). Being, learning, and aging. *Educational Gerontology, 15*, 161～170.

Jarvis, P. (1992). *Paradoxes of learning: On becoming an individual in society*. San Francisco, CA: Jossey-Bass Inc.

Jarvis, P. (2001). *Learning in later life*. London: Kogan Page.

Jarvis, P. (2001). The public recognition of learning. In P. Jarvis(Ed.), *The age of learning: Education and the knowledge society*. London: Kogna Page.

Jesen, R. W. (1999). Altering perceptions of aging: Pursuing a degree as an older adult learner. (Doctoral Dissertation, University of Wisconsin-Madison, 1999). *Dissertation Abstracts Database*. (AAT 9923455 Pro-Quest Digital Dissertation Full Citation & Abstract).

Johnson, M. L. (1995). Lesson from the open university: Third-age learning. *Educational Gerontology, 21*, 415～425.

Jonse, C. J. & Meredith, W. (1996). Patterns of personality change across the life span. *Psychology and Aging, 11*, 57-65.

Kamp, M. V.(1996). Participation: Antecedent factors. In A. C. Tuijnman(Ed.), *International encyclopedia of adult education and training*, 565-570. Paris: OECD.

Kekes, J. (1983). Wisdom. *American Philosophical Quarterly*, 20, 277-286.

Kendig, H. L., Coles, R., Pittckow, Y & Wilson, S. (1988). Confidants and family structure in old age. *Journal of Gerontology, 31*, 327-332.

Kirkwood, T. B. L. (2000). Evolution of aging: How genetic factor affect the end of life. *Generation, 24* (2), 12～18.

Knowles, M. S. (1980). *The modern practice of adult education*. New York: Cambridge Book Company.

Knowles, M. S.(1990). *The adult learner: A neglected species*. Houston: Gulf Publishing Company.

Korten, A. et al. (1997). A prospective study of cognitive function in elderly. *Psychological Medicine, 27*, 919～930.

Kramer, D. A. (1990). Conceptualizing wisdom: The primacy of affect-cognition relations. In R. J. Sternberg (Ed.), *Wisdom: Its nature, origins, and development*, 279-313. Cambridge, MA: Cambridge University Press.

Kuhn, T. (1970). *The structure of scientific revolutions*. Chicago: University of Chicago Press.

Kunzmann. U. & Baltes, P. B. (2003). Wisdom in action. In R. J. Sternberg, J. Lautrey & T. I. Lubar (Eds.), *Models of intelligence: International perspective*, 329-344. Washington, DC: American Psychological Association.

Labouvie-Vief, G. (1990). Wisdom as integrated thought: Historical and developmental perspectives. In R. J. Sternberg (Ed.), *Wisdom: Its nature, origins, and development*, 52-83. Cambridge, MA: Cambridge University Press.

Lamdin L. & Fugate, M.(1997). *Elderlearinig: New frontier in an aging society*. Phoenix, Arizona: Oryx Press.

Laslett, P. (1989). *A fresh map of life: The emergance of the third age*. London: Weidenfield and Nicholson.

Lemme, B. H. (2002). *Development in adulthood*, 3rd edition. Boston: Allyn and Bacon.

Leptak, J.(1987). Older adults in higher education: A review of the literature. (*ERIC Document Reproduction Service No. ED 283 021*)

Levenson, M. R., & Crumpler, C. A. (1996). Three models of adult development. *Human development, 39*, 135-149.

Levinson, D.J., Darrow, C., & Levinson, M. (1978). *The seasons of a man's life*. New York: Knopf.

Lipman, H. T. (1992). Instructional program design. In R. B. Fisher, M. L. Blazey, and H. T. Lipman (Eds.), *Students of the third age*. New York: MacMillian Publishing Company.

Londoner, C. A. (1990). Instrumental and expressive education: From needs to goals assessment for educational planning. In R. H. Sherron & D. B. Lumsden (Eds.), *Introduction to educational gerontology*, 85-107. New York: Hemisphere Publishing.

Lowenthal, M. F. & Haven, C. (1968). Integration and adaptation: Intimacy as a critical variable. *American Sociological Review, 33*, 93-110.

Lowenthal, M. F. (1964). Social isolation and mental illness in old age. *American Sociological Review, 29*, 54-70.

Lumsden, B. D. (Ed.) (1985). *The older adult as learner.* N. Y.: Hemisphere Publishing Corporation.

Manheimer, R. J. (1989). The narrative quest in qualitative gerontology. *Journal of aging studies, 3* (3), 231-252.

Manheimer, R. J. (1992). Wisdom and Method: Philosophical contribution to Gerontology. In T. R. Cole, D. D. Van Tassel, & R. Kastenbaum (Eds.), *Handbook of the humanities and aging.* New York: Springer Publishing Company.

Manheimer, R. J. (1998). The promise and politics of old adult education. *Research on Aging, 20* (4),391-414.

Manheimer, R. J., Snodgrass, D. D. & Mskow-Mckenzie, D. (1995). *Older adult education: A guide to research, programs, and policies*. London: Greenwood.

Marcus, E. E. & Havighurst, R. J.(1980). Education for the aging. In W. S. Griffith & H. Y. McClusky (Eds.), *The AEA Handbook Series in Adult Education*, 22-46. San Francisco: Jossey-Bass.

Marcus, E. E. (1978). Effects of age, sex and status of perception of the utility of educational participation. *Educational Gerontology, 3*, 295-319.

Mattingly, S. J.(1989). *A study of the characteristics of college students over age 65*. Unpublished doctoral dissertation, The University of Texas at Austin.

McCrae, R. R. (1989). Age differences and changes in the use of coping mechanisms. *Journals of Gerontology, 44*, 161-164.

McGown, T. G. and Blakenship, S.(1994). Intergenerational experience and ontological change. *Educational Gerontology, 20*, 589-604.

McGraw, E. D.(1982). *Older adult learners: Reasons and preferences for participating in organized learning activities*. Unpublished doctoral dissertation, Michigan State University.

McGuire, S. L.(1986). Promoting positive attitudes towards adding among children. *Journal of Social Health, 56*, 322-324.

McLeod, J. D. (1996). Life events. In J. E. Birren (Ed.), *Encyclopedia of gerontology*, San Diego, CA: Academic Press.

Meacham, J. A. (1990). The loss of wisdom. In R. J. Sternberg (Ed.), *Wisdom: Its nature, origins, and development*, 181-211. Cambridge, MA: Cambridge University Press.

Merriam, S. & Lumsden, D. B. (1985). Educational needs and interests of older learner. In D. B. Lumsden (Ed.), *The older adult as learner: Aspects of educational gerontology*, 51-71. New York: Hemisphere Publishing Corporation.

Monette, M. L. (1979). Needs assessment: A critique of philosophical assumptions. *Adult Education Quarterly, 29*, 83-95.

Moody, H. R. & Disch, R.(1989). Intergenerational programming in a policy. In S. Newman and S. W. Brummel(Eds.), *Intergenerational programs: Imperatives, impacts, trends*. New York: Haworth Press.

Moody, H. R. (1985). Philosophy of education for older adult. In D.B. Lumsden(Ed.), *The old adult as learner: Aspect of educational gerontology*. New York: Hemisphere Publishing Corporation.

Moody, H. R. (1986). Late life learning in the information society. In D. A. Peterson, J. E. Thornton, & J. E. Birren (Eds.), *Education and aging*, 122-148. Englewood Cliffs, N. J.: Prentice-Hall.

Moody, H. R. (1988). *Abundance of life: Human development policies for a aging society*. NY: Columbia University Press.

Moody, H. R. (1988). Toward a critical gerontology: The contribution of the humanities to theories of aging. In J. E. Birren & V. L. Bengton (Eds.), *Emergent theories of aging*. New York: Springer Publishing Company.

Moody, H. R. (1993). A strategy for productive aging: Education in later life. In S. A. Bass, G. Caro, and Y. P. Chen (Eds.), *Achieving a productive aging society*. Wastport, Conn.: Auburn House.

Moody, H. R. (1998). *Aging: Concept and controversies*. Thousand Oaks, C. A.: Pine Forge Press.

Moody, H. R.(1976). Philosophical re-suppositions of education for old age. *Educational Gerontology, 1* (1),1-16.

Moody, M. R. (1990). Education and the life cycle: A philosophy of aging. In R. H. Sherron & D. B. Lumsden (Eds.), *Introduction to educational gerontology*. London: Hemisphere Publishing Corporation.

Moody, M. R. (1992). Gerontology and critical theory. *The Gerontotogist, 5* (3), 219-295.

Moore, J.(1988). Developing successful adult basic education programs for older adult. (*ERIC Document Reproduction Service No. ED 303 644*).

Moore, M. L. & Piland, W. E.(1994). Impact of the campus physical environment on older adult learners. *Educational Gerontology, 20*, 129-138.

Morgan, L. and Kunkel, S. (1998). *Aging: The social context*. Thousand Oaks,

C. A.: Pine Forge Press.

Neugraten, B. L. (1979). Time, age , and the life cycle. *American Journal of Psychiatry, 136*, 887-894.

Nilsson, L. G., Backman, L., Erngrund, K., Nyber, L., adolfsson, R., Bucht, G., Karlsson, S., Widing, M., & Winbald, B. (1997). The Betula prospective cohort study: Memory, health, and aging. *Aging, Neuropsychology, and Cognition, 4*, 1～32.

Nyberg, L., Nilsoon, L. G., Olofsson, U. & Backman, L. (1997). Effects of division of attention during encoding and retrieval on age differences in episodic memory. *Experimental Aging Research, 23*, 137-143.

O'Connor, D. M. (1987). Elders and higher education: Instrumental or expressive goals? *Educational Gerontology, 13*, 511-519.

Organization for Economic Cooperation and Development (1996). *Lifelong learning for all*. Paris：OECD.

Orwoll, L. & Achenbaum, W. A. (1993). Gender and the development of wisdom. *Human development, 36*, 274-296.

Papalia, D. E. & Olds, S. W. (1992). *Human Development*. New York: McGraw-Hill.

Pearce, S. D. (1991). Toward understanding the participation of older adults in continuing education. *Educational Gerontology, 17*, 451-464.

Perlmutter, M. & Orwoll, L. (1990). The study of wise persons: Personality perspective. In R. J. Sternberg (Ed.), *Wisdom: Its nature, origins, and development*, 160-177. Cambridge, MA: Cambridge University Press.

Permulter, M. & Hull, E. (1992). *Adult development and aging* (2nd ed). New York: John Wiley & Sons.

Permultter, M. & Hall, E. (1985). *Adult development and aging*. New York: John Wiley & Sons.

Peterson, D. A. (1983). *Facilitating education for older learners*. San Francisco, CA : Jossey-Bass.

Peterson, D. A. (1990). A history of the education of older learners. In Sherron R. and Lumsden, D. B. (Eds), *International education gerontology*, 1-21. New York: Hemisphere Publishing Corporation.

Peterson, D. A.(1983). *Facilitating education for old learners*. San Francisco: Jossey-Bass.

Peterson, D. A.(1985). A history of education for older learners. In D. B. Lumsden(Ed.), *The older adult as learner: Aspect of educational gerontology*, 1-23. New York: Hemisphere.

Pevoto, A. E.(1989). An exploratory study of nonparticipation by older adults in organized educational activities. (*ERIC Document Reproduction Service No. ED312 445*).

Piaget, J. & Inhelder, B. (1969). *The psychology of child*. London: Routledge and Kegan.

Purdie, N. & Boulton-Lewis, G. (2003). The learning needs of older adults. *Educational Gerontology, 29*, 129-149.

Reinsch, S. and Tobis, J. S.(1991). Intergenerational relations-premed students at senior centers. *Archives of Gerontology and Geriatrics, 13*, 211-214.

Rentsch, T. (1997). Aging as becoming oneself: A philosophical ethics of late life. *Journal of Aging Studies, 11* (4), 263～271.

Roberts, B. W. & Delvecchio, W. F. (2000). The rank-order consistency of personality traits from childhood to old age: A quantitative review of longitudinal studies. *Psychological Bulletin, 126*, 3-25.

Robinson, D. N. (1990). Wisdom through the ages. In R. J. Sternberg (Ed.), *Wisdom: Its nature, origins, and development*, 13-24. Cambridge, MA: Cambridge University Press.

Rogers, A. (1996). *Teaching adults*. Buchingham, Philadephia: Open University Press.

Rowe, J. L. & Kahn, R. L. (1997). Successful aging. *The Gerontologist, 37*, 433-440.

Rybash, J. M., Roodin, P. A. and Santrock, J. W. (1991). *Adult development and aging*. N. Y.: Wm. C. Brown Publishers.

Ryff, C. D., Kwan, E. & Singer, B. (2001). Middle age and well-being. In H. S. Friedman (Ed.), *Encyclopedia of mental health*, 709-719. San Diego, CA: Academic Press.

Salthouse, T. A. (1991). *Theoretical perspectives on cognitive aging*. Hillsdale, NJ: Erlbaum.

Salthouse, T. A. (1992).Reasoning and spatial abilities. In F. I. Craik & T. A. Salthouse (Eds.), *Handbook of Aging and Cognition. Mahwah*, N. J.: Lawrence Erlbaum Associates Publishers.

Salthouse, T. A. (1996). Constraints on theories of cognitive aging. *Psychonomic Bulletin & Review, 3* (3), 287～299.

Sargant, N. (1997). *The learning divide: A study of participation in adult learning in the UK*. Leicester: National Institute for Adult Continuing Education.

Schaie, K. W. & Willis, S. L. (2002). *Adult development and aging*. Englewood, NJ: Prentice Hall.

Schaie, K. W. (1989). The hazards of cognitive aging. *Gerontologist, 29*, 484-493.

Schaie, K. W. (1990). Intellectual development in adulthood. In Birren & K. w. Schaie (Eds.), *Handbook of the psychology of Aging*. San Diego, CA: Academic Press.

Scheider, E. L. (1992). Biological theories of aging. *Generations, 16*(4), 7～10.

Schneider, B. A. and Pichora-Fuller, M. K. (2000). Implications of perceptual deterioration for cognitive aging research. In F. I. Craik & T. A. Salthouse (Eds.), *Handbook of aging and cognition*. Mahwah, NJ: Lawrence Erlbaum.

Schneider, B. A., Daneman, M., Murphy, D. R., & See, S. K. (2000). Listening to discourse in distracting settings: The effects of aging. *Psychology and Aging, 15* (1), 110~125.

Schooler, C., Mulatu, M. S., & Oates, G. (1999). The continuing offects of substantively complex work on intellectual functioning of older workers. *Psychology and Aging, 14* (3), 483~506.

Schroots, J. & Birren, J.(1990). Concept of time and aging in science. In J. E. Birren and K. W. Schaie (Eds.), *Handbook of the psychology of aging*. San Diego, CA: Academic Press.

Schuller, T. (1993). Education, democracy and development for older adults. Journal for *University Adult Education, 22* (3), 1-22.

Schulz, R. & Salthouse, T. (1999). *Adult development and aging*. Englewood, NJ: Prentice Hall.

Small, B. J., Hultsch, D. F., & Masson, M. E. J. (1995). Adult age differences in perceptually based, but not conceptually based implicit tests of memory. *Journal of Gerontology, 50*, 162~170.

Smith J., Staudinger, U. M. & Baltes, P. B. (1994). Occupational settings facilitating wisdom-related knowledge: The sample case of clinical psychologists. *Journal of consulting and clinical psychology, 62*, 989-999.

Smith, A. D. (1996). Memory. In J. E. Birren & K. W. Schaie (Eds.), *Handbook of the psychology of aging*. San Diego, CA: Academic Press.

Smith, J., & Baltes, P. B. (1990). Wisdom-related knowledge: Age/cohort differences in response to life-planning problems. *Developmental psychology, 26*, 494-505.

Smith, M. & Pourchot, T. (1998). *Adult Learning and Development: Perspectives from Educational Psychology*. NJ: Lawrence Erlbaum Associates, Inc.

Staudinger, U. M. (1999). Older and wiser? Integrating results on the relationship between age and wisdom-related performance. *International Journal of Behavioral Development, 23*, 641-664.

Staudinger, U. M., & Baltes, P. B. (1996). Interactive minds: A facilitative setting for wisdom-related performance? *Journal of Personality and Social Psychology, 71*, 746-762.

Staudinger, U. M. & Baltes, P. B. (1996). Interactive minds: A facilitative setting for wisdom-related perfomance? *Journal of Personality and Social Psychology, 71*, 746-762.

Staudinger, U. M., Smith, J. & Baltes, P. B. (1992). Wisdom-related knowledge in a life review task: Age differences and the role of professional specialization. *Psychology and aging, 7*, 271-281.

Stern, P. C., & Carstensen, L. L. (Eds.), (2000). *The aging mind.* Washington, D.C.: National Academy Press.

Sternberg, R. J. (1990). Wisdom: Relations to intelligence and creativity. In R. J. Sternberg (Ed.), *Wisdom: Its nature, origins, and development*, 142-159. Cambridge, MA: Cambridge University Press.

Sternberg, R. J. (1998). A balance theory of wisdom. *Review of General Psychology, 2*, 347-365.

Sternberg, R. J. (2000). Intelligence and wisdom. In R. J. Sternberg (Ed.), *Handbook of intelligence*, 629-647. New York: Cambridge University Press.

Sternberg, R. J. (2001). Why schools should teach for wisdom: The balance theory of wisdom in educational settings. *Educational Psychologist, 36* (4), 227-245.

Sternberg, R. J. (2003). Construct validity of the theory of successful intelligence. In R. J. Sternberg, J. Lautrey & T. I. Lubar (Eds.), *Models of intelligence: International perspective* (pp. 55-80). Washington, DC: American Psychological Association.

Stine, E. A. L. & Wingfield, A. (1990). The assessment of qualitative age differences in discourse processing. In T. M. Hess (Ed.), *Aging and cognition: Knowledge organization and utilization* (pp. 33-92). Amsterdam: Elseview Science Publishers.

Strijbos, S. (1995). How can systems thinking help us in bridging the gap between science and wisdom. *Systems Practice, 8*, 361-376.

Stuart-Hamilton, I. & McDonald L. (2001). Do we need intelligence? Some reflections on the perceived importance of "G". *Educational Gerontology, 27*, 399-407.

Stuart-Hamilton, I. (1995). Problems with the assessment of intellectual change in elderly people. In F. Glendenning, & I. Stuart-Hamilton (Eds.), *Learning and cognition in later life*. Vermont: Ashgate Publishing Company.

Swindell, R.(1990). Characteristics and aspiration of older learners from twelve U3A campus in New South Wales, Queensland and South Australia. (*ERIC Document Reproduction Service No. ED 326 715*).

Talento, B. N.(1984). *The impact of lifelong learning on the life satisfaction of the older adult*. Unpublished doctoral dissertation, Claremont Graduate School.

Thoame, H. (1980). Personality and Adjustment to aging. In J. E. Birren and R. B. Sloane (Eds.), *Handbook of Mental health and aging*. Englewood Cliffs, N. J.: Prentice - Hall.

Thomas, J. L. (1992). *Adulthood and aging*. Boston: Allyn and Bacon.

Thorton, J. E. (1986). Life span learning and education: A conceptual progression in the life course. In D. A. Peterson, J. E. Thornton, & J. E. Birren (Eds.), *Education and aging*, 62-92. Englewood Cliffs, NJ: Prentice-Hall.

Twitchell, S., Cherry, K. C., & Trott, J. W. (1996). Educational strategies for older learners: Suggestions from cognitive aging research. *Educational Gerontology, 22*, 169~181.

UNESCO(2000). Adult learning and ageing populations. Adult learning and groups with special needs. A series of 29 booklets. (*ERIC Document Reproduction Service No. ED 435 015*).

United Nations (1996a). *World population prospects: The 1996 revision. Annexi: Demographic indicators*. New York: Department for Economic and Social Information and Policy Analysis, Population Division.

United Nations (1996b). *World population prospects: The 1996 revision. Annexii and iii Demographic indicators by major area, region and country*. New York: Department for Economic and Social Information and Policy Analysis, Population Division.

Vakil, E., Melamed, M. D., & Even, N. (1996). Direct and indirect measures of contextual information: Older versus young adult subjects. *Aging, Neuropsychology, & Cognition, 3*, 30-36.

Van Gerven, P. W. M., Paas, F. G. W. C., & Schmidt, H. G. (2000). Cognitive elderly: Toward an integration of framework. *Educational Gerontology, 26*, 503~521.

Walker, J. (1996)(Ed). *Changing concept of retirement: Educational implications*. Hants, England: Arena.

Weiland, S. (1995). Critical gerontology and education for older adult. *Educational Gerontology, 21*, 593~611.

Weiss-Farnan, P.(1989). Learning by elderly women. Unpublished doctoral dissertation, The University of Minnesota.

Wikelund, K. R., Reder, S. & Hart-Landsberg, S.(1992). Expanding theories of adult literacy participation: A literature review. (*ERIC Document Reproduction Service No. ED355 389*).

Williams, F. T. (1992). Aging versus disease. *Generations, 16* (4), 21~25.

Williamson, A.(2000). Gender issues in older adults' participation in learning: Viewpoints and experiences of learners in the university of the third age (U3A). *Educational Gerontology, 26*, 49-66.

Wirtz, P. W. & Charner, I. (1989). Motivations for educational participation by retirees: The expressive-instrumental continuum revisited. *Educational Gerontology, 15*, 275-284.

Withnall, A. & Derey, K. (1994). *Good practice in the education and training of older adults*. Aldershot, England: Arena.

Wolf, M. A.(1990). Older learners: Inner reflections. (*ERIC Document Reproduction ervice No. ED326 744*).

Wrightsman, L. S. (1994). *Adult personality development: Theories and concepts*. Thousand Oaks, CA: Sage.

Yeo, G.(1982). Eldergogy a specialized approach to education for elders. *Lifelong Learning: Adult Years*, 4-7.

Young, K. E. (1992). LIR program and organization models. In R. B. Fisher, M. L. Blazey, and H. T. Lipman (Eds.), *Students of the thrird age*. New York: MacMillan Publishing Company.

Zelinski, E. M., & Burnight, K. P. (1997). Sixteen-year longitudinal and time lag change in memory and cognition in older adults. *Psychology and Aging, 12*, 503~513.

索　引

☪一、名詞索引

☪ 二、人名索引

國家圖書館出版品預行編目資料

高齡學習／黃富順主編.
--初版.--臺北市：五南，2004 [民93]
面；　公分
參考書目：面
含索引
ISBN 978-957-11-3544-1（平裝）

1. 老人－教育

528.44　　　　　　　　　　93001593

1IMU
高齡學習

主　　編 －	黃富順
發 行 人 －	楊榮川
總 經 理 －	楊士清
副總編輯 －	陳念祖
編　　輯 －	蔣和平

出 版 者 － 五南圖書出版股份有限公司

地　　址：106台北市大安區和平東路二段339號4樓

電　　話：(02)2705-5066　傳　真：(02)2706-610

網　　址：http://www.wunan.com.tw

電子郵件：wunan@wunan.com.tw

劃撥帳號：01068953

戶　　名：五南圖書出版股份有限公司

法律顧問　林勝安律師事務所　林勝安律師

出版日期　2004年 2 月初版一刷
　　　　　2018年 3 月初版五刷

定　　價　新臺幣460元